BIBLIOTHÈQUE MARTINISTE

Louis-Claude de SAINT-MARTIN

(Le Phil... Inc...)

TABLEAU NATUREL

DES RAPPORTS QUI EXISTENT ENTRE

DIEU, L'HOMME ET L'UNIVERS

Préface de PAPUS

PARIS
EDITION DE L'ORDRE MARTINISTE
CHAMUEL, ÉDITEUR
5, RUE DE SAVOIE, 5

1900

TABLEAU NATUREL

BIBLIOTHÈQUE MARTINISTE

Louis-Claude de SAINT-MARTIN

(Le Phil.... Inc...)

TABLEAU NATUREL
DES RAPPORTS QUI EXISTENT ENTRE
DIEU, L'HOMME ET L'UNIVERS

Préface de PAPUS

PARIS
EDITION DE L'ORDRE MARTINISTE
CHAMUEL, ÉDITEUR
5, RUE DE SAVOIE, 5

1900

PRÉFACE

T∴ C∴ F∴

Chacun des Membres de cette grande chevalerie de l'Idéal que constitue l'ordre Martiniste, chacun des soldats du Christ formant nos groupes et nos loges, travaille de son mieux à l'évolution spirituelle de ses frères, autant qu'à celle des profanes. Le Désir de se perfectionner par l'épreuve et le sacrifice, et le zèle apporté dans des études souvent arides, l'étude constante de soi-même pour éviter de juger les autres sévèrement, alors qu'on est si tolérant pour ses fautes personnelles, donnent naissance, peu à peu dans l'homme de Désir aux facultés mystérieuses qui vont en faire un Nouvel Homme.

C'est, en général, par l'action individuelle, par l'as-

sistance morale à un frère désespéré que s'exerce le Martiniste à cette époque de lutte sauvage et sans pitié pour les joies matérielles.

Et nous n'avons pas, dans cette vie, de meilleur guide que le Philosophe Inconnu et son incarnation effective dans notre maître Claude de Saint-Martin.

Mais les ouvrages du maître sont rares et, partant, peu abordables aux moyens matériels des membres d'un ordre dont la pauvreté physique est l'honneur. Aussi faut-il remercier nos maîtres qui vous ont choisi comme l'instrument de la diffusion de leurs idées en vous inspirant la pensée de mettre le « Tableau Naturel » à la portée de tous nos frères.

Nous savons trop quel honneur incombe à cette fonction de dispensateur de vérités, choisi par l'invisible, pour vous décerner des éloges que votre modestie et votre désir de rester inconnu ne sauraient tolérer.

Mais laissez-moi remercier au moins ces guides qui maintiennent l'Ordre contre toutes les attaques et savent au moment voulu lui donner l'extension nécessaire. Soldats de l'Idéalité chrétienne dans une époque de scepticisme et de matérialisme, sortis presque tous des centres d'instruction contemporaine sans aucune croyance, nous nous sommes élevés du positivisme néantiste jusqu'à l'illuminisme en laissant à la Raison et au Libre Examen la grande place à laquelle ils ont légitimement droit.

Et si nous laissons de côté les superstitions et les erreurs, répandues par les divers clergés, nous en-

tendons nous défier autant du cléricalisme de Loyola que de celui de Voltaire, et nous ne voulons pas fuir les lisières d'une Foi aveugle, pour tomber dans l'esclavage d'une Négation et d'un athéisme aussi aveugles.

Simples soldats d'une grande cause, pauvres garçons de ferme du Grand Fermier, nous aspirons à établir le domaine de Notre Seigneur là où règne le Prince de ce Monde, le Dieu d'Argent et d'Egoïsme qui guide la plupart des êtres terrestres. Et, dans cette action, nous savons que nous ne pouvons rien par nous-mêmes, écrasés par nos fautes et notre ignorance, sans l'assistance d'En Haut.

C'est, en effet, quand l'homme s'est rendu compte que les clefs de la science actuelle sont les simples « clefs d'argent » dont parle Claude de Saint-Martin et que les « clefs d'or » sont en nous et non dans les livres, c'est quand l'homme a l'entière conscience de son infériorité, que se lève le voile d'Isis et que l'Illuminisme vient récompenser le courage dans les épreuves, l'humilité réelle et la confiance inébranlable en l'assistance du Réparateur.

Alors la Science terrestre s'évanouit brusquement dans la vitalité intense de la Science Intégrale, immédiatement perçue; alors s'éloigne bien loin ce monde d'injures, de luttes et de calomnies quand on atteint le plan où le Pardon et la Pitié prouvent la Paix du cœur.

Et c'est là qu'il faut chercher l'explication de cette tranquillité d'âme avec laquelle Saint-Martin, deux fois prisonnier au moment le plus aigu de la Révolution, s'occupait seulement de discuter l'importance de l'action de la Vierge céleste dans la génération du Verbe vivant en nous. Le « Philosophe Inconnu » s'inquiétait aussi peu de sa vie physique que de celle d'une poule; car il vivait tout entier dans l'autre vie. C'était un « Participant des Deux Plans » un deux fois né, un Dwidja.

On comprend comment de telles discussions dans un moment pareil étonnent les critiques, comment de telles facultés les déroutent et les déconcertent. Et notre vieux maître écrivit le Crocodile à leur intention car il a su enfermer sa pensée sous le triple voile initiatique chaque fois qu'il l'a voulu.

Et dans aucun de ses ouvrages cette habileté n'éclate plus finement que dans ce « Tableau Naturel des Rapports qui existent entre Dieu, l'Homme et l'Univers » composé sur les clefs secrètes des vingt-deux arcanes de l'Alphabet primordial et du Tarot.

Un des plus grands maîtres intellectuels contemporains, Saint Yves d'Alveydre, a reconstitué, par l'assistance incessante d'un ange de l'invisible, toutes les clefs de cet Archéomètre qui fut la THEBA ou, en lisant de droite à gauche l'A Be Th (l'Aleph-Beth-Thau) de toute la Science vivante dans l'antiquité.

Bientôt, sans doute, ce travail paraîtra, à titre de glose d'une vie de N. S. Jésus Christ, et alors, seront dissipées bien des obscurités et seront détruites bien des erreurs.

Que chacun des frères de l'Ordre Martiniste médite ces commentaires des vingt-deux, écrits par Saint-Martin, en attendant l'apparition prochaine des autres ouvrages du célèbre réalisateur de Notre Ordre, que d'autres frères dévoués se préparent à remettre au jour.

Salut en יהשרה à tous les membres de l'Ordre répandus dans l'Univers, qu'ils travaillent tous à la Gloire du Philosophe Inconnu, Notre Vénérable Maître.

PAPUS.

AVIS DES ÉDITEURS

Sur les marges du Manuscrit de cet Ouvrage, que nous tenons d'une personne inconnue, il existait un grand nombre d'Additions d'une écriture différente. Ayant observé que non seulement ces Additions ne liaient point le discours, mais que quelquefois même elles en interrompaient le fil; que d'ailleur elles étaient d'un genre particulier qui semble différer de celui de l'Ouvrage, nous avons cru devoir les désigner par des guillemets placés au commencement et à la fin des différents morceaux de ce genre: en sorte que s'ils ne sont point de l'Auteur, et qu'ils aient été ajoutés par quelqu'un à qui il aurait confié son Manuscrit, chacun pourra facilement les discerner.

(NOTE DE L'ÉDITION D'EDIMBOURG, 1782)

TABLEAU NATUREL

Des rapports qui existent entre Dieu, l'Homme et l'Univers

I

Les vérités fécondes et lumineuses existeraient moins pour le bonheur de l'homme que pour son tourment, si l'attrait qu'il se sent pour elles était un penchant qu'il ne pût jamais satisfaire. Ce serait même une contradiction inexplicable, dans le premier *Mobile*, auquel tiennent radicalement ces Vérités, qu'ayant voulu les dérober à nos regards, il les eût écrites dans tout ce qui nous environne, ainsi qu'il l'a fait dans la force vivante des éléments; dans l'ordre et l'harmonie de toutes les actions de l'univers, et plus clairement encore, dans le caractère distinctif qui constitue l'homme.

Il est bien plus conforme aux lois de cette Cause primitive, de penser qu'elle n'a pas multiplié à nos yeux les rayons de sa propre lumière, pour nous en interdire la connaissance et l'usage et que, si elle a placé près de nous et dans nous-mêmes tant d'objets instructifs, c'est pour nous les donner à méditer et à comprendre; et afin de nous amener, par leur moyen, à des résultats éclatants et généraux, qui pussent calmer nos inquiétudes et nos désirs.

Ces Vérités cesseraient de nous paraître inaccessibles si par des soins attentifs et intelligents, nous savions saisir le fil qui nous est sans cesse présenté; parce que ce fil, correspondant de la lumière à nous, remplirait alors le principal objet qu'elle se propose, qui est sans doute de nous rapprocher d'elle et de réunir les deux extrêmes.

Pour concourir à un but si important, commençons par dissiper les doutes qui se sont élevés sur la vraie nature de l'homme, parce que c'est de là que doit résulter la connaissance des lois et de la nature des autres êtres.

L'homme ne peut donner l'existence à aucune œuvre matérielle, sans y procéder par des actes, qui en sont, pour ainsi dire, les Puissances créatrices, et qui, malgré qu'ils s'opèrent intérieurement et d'une manière invisible, sont néanmoins aussi faciles à distinguer par leur rang successif que par leurs différentes propriétés : par exemple, avant que d'élever un édifice, j'en ai conçu le plan, ou la pensée, j'ai adopté ce plan, et enfin j'ai fait choix des moyens propres à le réaliser.

Il est évident que les facultés invisibles, par lesquelles j'ai eu le pouvoir de produire cette œuvre, sont, par leur nature, très supérieures à leur résultat et qu'elles en sont tout à fait indépendantes. Car cet édifice aurait pu ne pas recevoir l'existence sans que les facultés qui me rendaient capable de la lui donner en fussent altérées. Depuis qu'il l'a reçue, elles conservent la même supériorité, puisqu'ayant le pouvoir, de le détruire ne pas le détruire c'est en quelque sorte lui continuer l'existence; enfin, s'il venait à périr, les facultés qui lui ont donné l'Être resteraient après lui ce qu'elles étaient avant et pendant sa durée.

Non seulement ces facultés sont supérieures à leurs productions; mais je ne puis me dispenser de reconnaître qu'elles sont supérieures et étrangères à mon propre corps, parce qu'elles opèrent dans le calme de tous mes sens, parce que mes sens peuvent bien en être les organes et les ministres, mais non le principe radical et générateur; parce que mes sens n'agissent que par impulsion, au lieu que mon être intellectuel agit par délibération; parce que mes facultés intellectuelles ont un pouvoir réel sur mes sens, en ce qu'elles en étendent les forces et l'usage par les différents exercices que ma volonté peut leur imposer; au lieu que mes sens n'ont qu'un pouvoir passif sur ces facultés, celui de les absorber: parce qu'enfin, en Géométrie, la précision la plus scrupuleuse et la plus satisfaisante pour les sens, laisse toujours quelque chose à désirer à la pensée, comme dans cette multitude de figures dont nous connaissons les rapports et les relations corporelles; mais dont les nombres et les rapports vrais sont absolument hors du sensible.

Cette marche des œuvres de l'homme doit nous éclairer sur des objets d'un ordre supérieur; car si nos faits les plus matériels et les plus éloignés de la *Vie* tiennent ainsi leur être de puissances stables et permanentes qui en sont les agents nécessaires, pourrions-nous refuser d'admettre que des résultats matériels plus parfaits, tels que l'existence de la Nature physique générale et particulière, sont également le produit de Puissances supérieures à ces résultats? Plus une œuvre renferme de perfections, plus elle en indique dans son Principe générateur. Pourquoi nous défierions-nous donc de cette idée à la fois simple et vaste, qui nous offre une seule et même loi pour la production des choses, quoiqu'elles soient toutes distinguées par leur action et par leur caractère fondamental?

La supériorité des productions de la Nature ne les dispense donc pas d'être le résultat de Puissances ou facultés analogues en essence et en vertu à celles qui se manifestent nécessairement dans l'homme, pour la production de toutes ses œuvres. Car, quoique ces œuvres ne soient formées que par des transpositions ou modification, on ne peut se dispenser de les regarder comme des espèces de créations, puisque, par ces divers arrangements et combinaisons de substances matérielles, nous réalisons des objets qui n'existaient auparavant que dans leurs principes.

Si l'édifice universel de la Nature ne peut être que l'œuvre visible de facultés antérieures à sa production, nous avons la même certitude de l'existence de ces facultés, que de la réalité de celles qui se manifestent en nous ; et nous pouvons affirmer que les faits de la Nature étant matériels comme les nôtres, quoique d'un ordre supérieur, les organes physiques de la Nature universelle ne doivent pas plus connaître les facultés qui les ont créés et qui les dirigent, que ni nos œuvres, ni notre corps ne connaissent celles que nous savons évidemment exister en nous.

De même l'œuvre universelle de ces facultés invisibles, leur résultat, la Nature enfin pourrait n'avoir jamais existé, elle pourrait perdre l'existence qu'elle a reçue, sans que les facultés qui l'ont produite, perdissent rien de leur puissance ni de leur indestructibilité, puisqu'elles existent indépendamment de leurs productions matérielles, comme mes facultés invisibles existent indépendamment des œuvres que je produis.

« Arrêtons-nous un moment et lisons, dans l'Univers même, la preuve évidente de l'existence de ces Puissances Physiques, Supérieures à la Nature. »

« Quel que soit le centre des révolutions des Astres *errants*, leur loi leur donne à tous une tendance à ce centre commun par lequel ils sont également attirés. »

« Cependant nous les voyons conserver leur distance de ce centre, s'en approcher tantôt plus, tantôt moins, selon des lois régulières, et ne jamais le toucher ni s'unir à lui. »

« En vain l'on oppose l'attraction mutuelle de ces Astres planétaires, qui fait que se balançant les uns par les autres, ils se soutiennent mutuellement et résistent tous par-là à l'attraction centrale ; il resterait toujours à demander pourquoi l'attraction mutuelle et particulière de ces Astres ne les joint pas d'abord les uns aux autres pour les précipiter tous ensuite vers le centre commun de leur attraction générale ; car, si leur balancement et leur soutien dépend de leurs différents aspects et d'une certaine position respective, il est sûr que par leurs mouvements journaliers cette position varie et qu'ainsi depuis longtemps, leur loi d'attraction aurait dû être altérée, de même que le phénomène de permanence qu'on leur attribue. »

« On pourrait avoir recours aux Etoiles fixes, qui, malgré l'énorme distance où elles sont des autres Astres, peuvent influer sur eux, les attirer comme ceux-ci attirent leur centre commun, et les soutenir ainsi dans leurs mouvements. Cette idée paraîtrait grande, sage, elle semblerait entrer naturellement dans les lois simples de la saine physique ; mais, dans le vrai, elle ne ferait que reculer la difficulté. »

« Quoique les Etoiles fixes paraissent conserver la même position, nous sommes si éloignés d'elles, que nous n'avons sur ce point qu'une science de conjecture. »

« En second lieu, quand il serait vrai qu'elles sont fixes, comme elles le paraissent, on ne pourrait nier, qu'en différents endroits du Ciel, il n'ait paru de nouvelles Etoiles, qui ensuite ont cessé de se montrer ; et je ne cite que celle qui fut remarquée par plusieurs Astronomes en 1572, dans la constellation de Cassiopée ; elle égala d'abord en grandeur la claire de la Lyre, puis Sirius, et devint presque aussi grande que Vénus Périgée, de sorte qu'on la voyait à la vue simple en plein midi. Mais ayant perdu peu à peu sa lumière, on ne l'a plus revue. D'après d'autres observations, on a présumé qu'elle avait fait des apparitions précédentes, que sa période pourrait être de trois cents et quelques années, et qu'ainsi elle pourrait reparaître sur la fin du dix-neuvième siècle. »

« Si nous observons de telles révolutions, de tels changements parmi les Etoiles fixes, on ne peut douter que quelques-unes d'entre elles n'aient un mouvement. Il est certain aussi que la variation d'une seule de ces Etoiles doit influer sur la région à laquelle elle appartient et y porter assez de prépondérance pour en déranger l'harmonie locale. »

« Si l'harmonie locale peut se déranger dans une des

régions des Étoiles fixes, ce dérangement peut s'étendre à toutes leurs régions. Elles pourraient donc cesser de garder constamment leur position respective et céder à la force de l'attraction générale qui, les réunissant comme tous les autres Astres à un centre commun, anéantirait successivement le système de l'Univers. »

« On ne voit point arriver de semblables désastres; et si la Nature s'altère, c'est d'une manière lente, qui laisse toujours un ordre apparent régner devant nos yeux. Il y a donc une force physique invisible, supérieure aux Étoiles fixes, comme celles-ci le sont aux planètes, et qui les soutient dans leur espace, comme elles soutiennent tous les êtres sensibles renfermés dans leur enceinte. Joignant donc cette preuve aux raisons d'analogie que nous avons déjà établies, nous répèterons que l'univers n'existe que par des facultés créatrices, invisibles à la Nature, comme les faits matériels de l'homme ne peuvent être produits que par ses facultés invisibles; qu'au contraire les facultés créatrices de l'univers ont une existence nécessaire et indépendante de l'univers, comme mes facultés invisibles existent nécessairement et indépendamment de mes œuvres matérielles. »

Tout se réunit ici pour démontrer la supériorité de l'homme, puisqu'il trouve dans ses propres facultés, de quoi s'élever jusqu'à la démonstration du Principe actif et invisible dont l'univers reçoit l'existence et ses lois; puisque dans les œuvres même matérielles qu'il a le pouvoir de produire, il trouve la preuve que son Etre est d'une nature impérissable.

Qu'on n'oppose point à ces réflexions, les actes sensibles et matériels qui sont communs à l'homme et à la bête. En parlant de ses œuvres, nous n'avons point eu en vue ces actes naturels qui l'assimilent aux animaux, mais ces actes de génie et d'intelligence, qui le distingueront toujours par des caractères frappants et par des signes exclusifs.

Cette différence de l'être intellectuel de l'homme d'avec son être sensible ayant été démontrée avec une entière évidence dans l'écrit dont j'ai tiré l'épigraphe de cet Ouvrage, nous nous bornerons à faire remarquer ici que nous ne pouvons faire exécuter la moindre de nos volontés sans nous convaincre que nous portons partout avec nous-mêmes *le Principe de l'être et de la vie.* Or comment *le Principe de l'être et de la vie* pourrait-il périr?

Cependant, malgré ce caractère distinctif, l'homme est dans une dépendance absolue, relativement à ses idées physiques et sensibles. On ne peut nier qu'il ne porte en lui toutes les facultés analogues aux objets qu'il peut connaître; car que sont toutes nos découvertes, sinon la vue intime et le sentiment secret du rapport qui existe entre notre propre lumière et les choses mêmes; néanmoins, nous ne pouvons avoir l'idée d'aucun objet sensible si cet objet ne nous communique ses impressions; et nous en avons la preuve en ce que le défaut de nos sens nous prive, soit en entier soit en partie, de la connaissance des objets qui leur sont relatifs.

Il est vrai que souvent, par comparaison, par la seule analogie, les idées premières nous conduisent à des idées secondes et que, par une sorte d'induction, la connaissance des objets présents nous fait former des conjectures sur des objets éloignés; mais alors nous sommes encore soumis à la même loi, puisque c'est toujours le premier objet connu qui sert de mobile à ces pensées et que, sans lui, ni l'idée seconde ni l'idée première n'auraient été produites en nous.

Il est donc certain qu'en ce qui concerne les objets sensibles et les idées qui leur sont analogues, l'homme est dans une véritable servitude; principe dont nous tirerons dans la suite de nouvelles lumières sur sa véritable loi.

Indépendamment des idées que l'homme acquiert journellement des objets sensibles par l'action de ces objets sur les sens, il a des idées d'une autre classe, il a celle d'une loi, d'une Puissance qui dirige l'univers et ces mêmes objets matériels; il a celle de l'ordre, qui doit y présider; il tend enfin, comme par un mouvement naturel, vers l'harmonie qui semble les engendrer et les conduire.

Il ne peut se créer une seule idée ; et cependant il a celle d'une force et d'une sagesse supérieure, qui est à la fois comme le terme de toutes les lois, le lien de toute harmonie, le pivot et le centre d'où émanent et où aboutissent toutes les *Vertus* des Êtres. Car tel est le véritable résultat de tous les systèmes, de tous les dogmes, de toutes les opinions, même les plus absurdes, sur la nature des choses et sur celle de leur Principe. Il n'est aucune doctrine, sans en excepter l'Athéisme, qui n'ait pour but cette étonnante *Unité*, comme nous le verrons dans la suite.

Si ces dernières idées forment une classe absolument différente de celle que nous avons des choses matérielles ; si aucun des objets sensibles ne peut les produire ; puisque les animaux les plus parfaits n'en annoncent point de semblables, quoiqu'ils vivent tous, ainsi que l'homme, au milieu de ces objets ; si, en même temps, aucune idée dans l'homme ne se réveille que par des moyens qui sont hors de lui, il résulte que l'homme est dans la dépendance, pour ses idées intellectuelles comme pour ses idées sensibles, et que, dans l'un et l'autre ordre, quoiqu'il ait en lui le germe de toutes ces idées, il est forcé d'attendre que des réactions extérieures viennent les animer et les faire naître. Il n'en est ni le maître, ni l'auteur, et avec le dessein de s'occuper d'un objet quelconque, il ne peut, malgré ses efforts, s'assurer de remplir son but et de n'en être pas détourné par mille idées étrangères.

Nous sommes tous exposés à recevoir involontairement de ces idées déréglées, pénibles et importunes, qui nous poursuivent, comme malgré nous, par des inquiétudes, par des doutes de toute espèce, et qui viennent se mêler à nos jouissances intellectuelles les plus satisfaisantes.

De tous ces faits, il résulte que si les œuvres matérielles de l'homme ont démontré en lui des facultés invisibles et immatérielles, antérieures et nécessaires à la production de ces œuvres, et que, par la même raison, l'œuvre matérielle universelle, ou la Nature sensible, nous ait démontré des facultés créatrices, invisibles et immatérielles, extérieures à cette Nature et par lesquelles elle a été engendrée ; de même, les facultés intellectuelles de l'homme sont une preuve incontestable qu'il en existe encore d'un ordre bien supérieur aux siennes et à celles qui créent tous les faits matériels de la Nature : c'est-à-dire, qu'indépendamment des facultés créatrices universelles de la nature sensible, il existe, encore hors de l'homme, des facultés intellectuelles et pensantes, analogues à son être, et qui produisent en lui les pensées ; car les mobiles de sa pensée n'étant pas à lui, il ne peut trouver ces mobiles que dans une source intelligente, qui ait des rapports avec son être ; sans cela, ces mobiles n'ayant aucune action sur lui, le germe de sa pensée demeurerait sans réaction et par conséquent sans effet.

Cependant, quoique l'homme soit passif dans ses idées intellectuelles comme dans ses idées sensibles, il lui reste toujours le privilège d'examiner les pensées qui lui sont présentées, de les juger, de les adopter, de les rejeter, d'agir ensuite conformément à son choix et d'espérer, au moyen d'une marche attentive et suivie, d'atteindre un jour à la jouissance invariable de la pensée pure ; toutes choses qui dérivent naturellement de l'usage de la liberté.

Mais il faut bien distinguer la liberté ainsi dirigée d'avec la volonté esclave des penchants, forces ou influences qui déterminent ordinairement les actes de l'homme. La liberté est un attribut qui lui est propre et qui appartient à son être, tandis que les causes de ses déterminations lui sont étrangères.

Nous la considèrerons donc ici sous deux faces : comme principe et comme effet. Comme principe, la liberté est la vraie source de nos déterminations, c'est cette faculté qui est en nous de suivre la loi, qui nous est imposée, ou d'agir en opposition à cette loi : c'est enfin la faculté de rester fidèle à la lumière qui nous est sans cesse présentée. Cette *liberté principe* se manifeste dans l'homme, même lorsqu'il s'est rendu esclave des *influences* étrangères à sa loi. Alors on le voit encore, avant de se déterminer, comparer entre elles les diverses impulsions qui le dominent, opposer ses habitudes et ses passions les unes les autres et choisir enfin celle qui a le plus d'attraits pour lui.

Considérée comme effet, la liberté se dirige uniquement d'après la loi donnée à notre nature intellectuelle; alors elle suppose l'indépendance, l'exemption entière de toute *action*, *force* ou *influence* contraire à cette loi, exemption que peu d'hommes ont connue. Sous ce point de vue, où l'homme n'admet aucun autre motif que sa loi, toutes ses déterminations, tous ses actes sont l'effet de cette loi qui le guide, et c'est alors seulement qu'il est vraiment libre, n'étant jamais détourné par aucune impulsion étrangère de ce qui convient à son Être.

Quant à l'Être principe, à cette force pensante universelle, supérieure à l'homme, de laquelle nous ne pouvons pas surmonter ni éviter l'action, et dont l'existence est démontrée par l'état passif où nous sommes envers elle relativement à nos pensées, ce dernier Principe a aussi une liberté qui diffère essentiellement de celles des autres Êtres; car étant lui-même sa propre loi, il ne peut jamais s'en écarter et sa liberté n'est exposée à aucune entrave ou impulsion étrangère. Ainsi il n'a pas cette faculté funeste par laquelle l'homme peut agir contre le but même de son existence. Ce qui démontre la supériorité infinie de ce Principe universel et Créateur de toute loi.

Ce Principe suprême, source de toutes les Puissances, soit de celles qui vivifient la pensée dans l'homme, soit de celles qui engendrent les œuvres visibles de la nature matérielle, cet Être nécessaire à tous les autres Êtres, germe de toutes les actions, de qui émanent continuellement toutes les existences : ce terme final vers lequel elles tendent, comme par un effort irrésistible, parce que toutes recherchent *la Vie*; cet Être, dis-je, est celui que les hommes appellent généralement Dieu.

Quelles que soient les idées étroites que la grossière ignorance s'en est formée chez les différents Peuples, tous les hommes qui voudront descendre en eux-mêmes et sonder le sentiment indestructible qu'ils ont de ce Principe, reconnaîtront qu'il est le Bien par essence et que tout bien provient de lui ; que le mal n'est que ce qui lui est opposé ; qu'ainsi il ne peut pas vouloir le mal et qu'au contraire il procure sans cesse à ses productions, par l'excellence de sa nature, toute l'étendue de bonheur dont elles sont susceptibles relativement à leurs différentes classes, quoique les moyens qu'il emploie soient encore cachés à nos regards.

Je ne tenterai pas de rendre plus sensible la nature de cet Être, ni de pénétrer dans le Sanctuaire des *Facultés divines* ; il faudrait, pour y parvenir, connaître quelqu'un des nombres qui les constituent : or comment serait-il possible à l'homme de soumettre la Divinité à ses calculs et de fixer son Nombre principal ? Pour connaître un nombre principal, il est nécessaire d'avoir au moins une de ses aliquotes : et quand, pour représenter l'immensité des Puissances divines, nous remplirions un livre, tout l'Univers, de signes numériques, nous n'en aurions pas encore la première aliquote, puisque nous pourrions toujours y ajouter de nouveaux nombres, c'est-à-dire, que nous trouverions toujours dans cet Être, de nouvelles *Vertus*.

D'ailleurs il faut dire ici de Dieu, ce que nous aurions pu dire de l'Être invisible de l'homme. Avant de songer à découvrir ses rapports et ses lois, nous avons dû nous convaincre de son existence, parce que, être, ou avoir tout en soi, selon sa classe, ce n'est qu'une seule et même chose ; en sorte qu'avoir reconnu la nécessité et l'existence du Principe éternel de l'infini, c'est lui avoir attribué en même temps toutes les facultés, perfections et puissance, que doit avoir en soi cet Être universel, quoiqu'on ne puisse en concevoir ni le nombre ni l'immensité. Ces premiers pas étant assurés, essayons de découvrir de nouveaux rapports par la considération de la Nature physique.

II

Pourrions-nous contempler sans admiration le spectacle de l'Univers? Le cours régulier de ces flambeaux errants, qui sont comme les âmes visibles de la Nature; cette espèce de création journalière que leur présence opère sur toutes les Régions de la Terre, et qui se renouvelle dans les mêmes climats à des époques constantes; les lois inaltérables de la pesanteur et du mouvement, rigoureusement observées dans les chocs les plus confus et dans les révolutions les plus orageuses. Voilà sans doute des merveilles qui sembleraient donner à l'Univers des droits aux hommages de l'homme.

Mais en nous offrant ce spectacle majestueux d'ordre et d'harmonie, il nous manifeste encore plus évidemment les signes de la confusion, et nous sommes obligés de lui donner, dans notre pensée, le rang le plus inférieur: car il ne peut influer sur les facultés actives et créatrices auxquelles il doit l'existence, et il n'a pas de rapport plus direct et plus nécessaire avec Dieu, à qui appartiennent ces facultés, que nos œuvres matérielles n'en ont avec nous. L'Univers est, pour ainsi dire, un être à part; il est étranger à la Divinité, quoiqu'il ne lui soit ni inconnu, ni même indifférent. Enfin, il ne tient point à l'essence divine, quoique Dieu s'occupe du soin de l'entretenir et de le gouverner. Ainsi il ne participe point à la perfection, que nous savons appartenir à la Divinité; il ne forme point unité avec elle; par conséquent il n'est pas compris dans la simplicité des lois essentielles et particulières à la Nature Divine.

Aussi aperçoit-on partout dans l'Univers des caractères de désordre et de difformité; ce n'est qu'un assemblage violent de sympathies et d'antipathies, de similitudes et de différences, qui forcent les Êtres à vivre dans une continuelle agitation, pour se rapprocher de ce qui leur convient, et pour fuir ce qui leur est contraire : ils tendent sans cesse à un état plus tranquille. Les corps généraux et particuliers n'existent que par la subdivision et le mélange de leurs principes constitutifs ; et la mort de ces corps n'arrive que lorsque les émanations de ces principes, qui étaient mutuellement combinées, se dégagent et rentrent dans leur unité particulière. Enfin, pourquoi tout se dévore-t-il dans la création, si ce n'est parce que tout tend à l'unité d'où tout est sorti ?

« Nous voyons même un Type frappant de la confusion et de la violence où est toute la Nature, par cette loi physique qui, quatre fois par jour, agite le bassin des mers et ne leur a pas laissé un instant de calme depuis l'origine des choses ; image caractéristique par laquelle l'homme peut, au premier coup d'œil, expliquer l'énigme de l'Univers. »

Comment s'est-il donc trouvé des hommes assez peu attentifs pour assimiler à Dieu cet Univers physique, cet être sans pensée, sans volonté, à qui l'action même qu'il manifeste est étrangère ; cet être, enfin, qui n'existe que par des divisions et par le désordre ?

Les mélanges dont la Nature physique est formée, ont-ils quelques rapports avec le caractère constitutif de l'Unité universelle ? et l'existence de cet être mixte et borné, sujet à tant de vicissitudes, peut-elle jamais se confondre avec le Principe Un, éternel et immuable, source de la vie, et dont l'action indépendante s'étend sur tous les Êtres et les a tous précédés ?

L'imperfection attachée aux choses temporelles, prouve qu'elles ne sont ni égales ni coéternelles à Dieu, et démontre en même temps qu'elles ne peuvent être permanentes comme lui : car leur nature imparfaite ne tenant point de l'essence de Dieu, à laquelle seule appartient la perfection et la *Vie*, doit pouvoir perdre la vie ou le mouvement qu'elle a pu recevoir ; parce que le véritable droit que Dieu ait de ne pas cesser d'être, c'est de n'avoir pas commencé.

Et, en effet, si la *vie* ou le mouvement était essentiel à la matière, il n'aurait pas fallu, comme l'ont fait les plus fameux Philosophes, demander, pour former un Monde, de la matière et du mouvement; puisque d'après ce principe, en obtenant l'une, ils auraient eu nécessairement l'autre.

Si les hommes ont erré sur ces objets, c'est qu'ils ont fermé les yeux sur les grandes lois des Êtres, et qu'ils ont méconnu jusqu'aux caractères essentiels qui doivent, dans la pensée de l'homme, séparer l'Univers et Dieu.

Dans l'ordre intellectuel, c'est le supérieur qui nourrit l'inférieur; c'est le Principe de toute existence qui entretient dans tous les Êtres la vie qu'il leur a donnée; c'est de la source première de la vérité, que l'homme intellectuel reçoit journellement ses pensées et la lumière qui l'éclaire.

Or ce principe supérieur n'attendant sa vie, ni son soutien, d'aucune de ses productions, recevant tout de lui-même, est à jamais à l'abri de la privation, de la disette et de la mort.

Au contraire, dans toutes les classes de l'ordre physique, c'est l'inférieur qui nourrit et alimente le supérieur; le végétal, l'animal, le corps matériel de l'homme nous en fournissent les preuves les plus évidentes. La Terre elle même n'entretient-elle pas son existence par le secours de ses propres productions? N'est-ce pas de leurs débris qu'elle reçoit ses engrais et ses aliments? Et les pluies, les rosées, les neiges qui la fertilisent, sont-elles autre chose que ses propres exhalaisons, qui retombent sur sa surface, après avoir reçu dans l'atmosphère les *Vertus* nécessaires pour opérer sa fécondation.

C'est donc là l'image la plus frappante de son impuissance et la preuve la plus certaine de la nécessité de sa destruction; car ne pouvant conserver sa *vertu* génératrice et son existence, que par le secours de ses propres productions, on ne saurait la croire impérissable, sans lui reconnaître, comme dans Dieu, la faculté essentielle et sans limites d'engendrer ; et alors on ne verrait jamais, en elle et sur sa surface, ni stérilité, ni sécheresse.

Mais la Terre donne journellement des témoignages qu'elle peut devenir stérile, puisque des contrées entières se trouvent dénuées des plantes et des productions qu'elles ont possédées autrefois avec abondance.

Or la terre pouvant tomber dans la stérilité et cependant ne pouvant être alimentée que par ses propres fruits, de quoi se nourrira-t-elle lorsqu'elle cessera d'en produire ? et comment conservera-t-elle alors *ses vertus* et son existence, si l'existence d'aucun être ne peut se conserver sans aliments ?

Pouvons-nous donc concevoir rien de plus difforme, qu'un être dont la vie est fondée sur les vicissitudes, la destruction et la mort ; qu'un être qui, comme la *Matière*, comme le temps, comme le Saturne de la Fable, n'existe qu'en se nourrissant de ses propres enfants ; qui ne peut en conserver une partie, sans sacrifier l'autre ; en un mot, qui ne peut maintenir leur existence, qu'en leur faisant dévorer leurs propres frères ?

C'est ici le lieu d'observer les résultats de toutes les recherches qui ont été faites sur Dieu et sur la matière. Dans tous les temps on a cherché à savoir ce que c'est que la matière, et on n'a pu le concevoir encore : il y a même des langues très savantes qui n'ont point de mots pour l'exprimer. Au contraire, parmi ceux qui ont pris Dieu pour objet de leurs réflexions, il n'en est aucun qui ait pu dire ce qu'il n'était pas ; car il n'y a pas de dénominations positives, exprimant un attribut réel ou une perfection, qui ne conviennent à cet Être universel, puisqu'il est la première base de tout ce qui est. Et si les hommes lui donnent quelquefois des dénominations négatives, telles qu'*Immortel*, *Infini*, *Indépendant*, nous verrons, en examinant leur véritable sens, qu'elles expriment des attributs très positifs, puisqu'en effet ces dénominations ne servent qu'à annoncer qu'il est exempt des sujétions et des bornes de la matière.

Dans le principe suprême, qui a ordonné la production de cet Univers, et qui en maintient l'existence, tout est essentiellement ordre, paix, harmonie; ainsi on ne doit pas lui attribuer la confusion qui règne dans toutes les parties de notre ténébreuse demeure; et ce désordre ne peut être que l'effet d'une cause inférieure et corrompue qui ne peut agir que séparément et hors du Principe du bien : car il est encore plus certain qu'elle est nulle et impuissante, relativement à la Cause première, qu'il ne l'est qu'elle ne peut rien sur l'essence même de l'Univers matériel.

Il est impossible que ces deux Causes existent ensemble hors de la classe des choses temporelles. Dès que la Cause inférieure a cessé d'être conforme à la loi de la cause supérieure, elle a perdu toute union et toute communication avec elle; parce qu'alors la cause supérieure, Principe éternel de l'ordre et de l'harmonie, a laissé la cause inférieure, opposée à son unité, tomber d'elle-même dans l'obscurité de sa corruption, comme elle nous laisse tous les jours perdre volontairement de l'étendue de nos facultés, et les resserer, par nos propres actes, dans les bornes des affections les plus viles, au point de nous éloigner absolument des objets qui conviennent à notre nature.

Ainsi, loin que la naissance du mal et la création de l'enceinte, dans laquelle il a été renfermé, aient produit, dans l'ordre vrai, un plus grand ensemble de choses et ajouté à l'Immensité, elles n'ont fait que particulariser ce qui par essence devait être général; que diviser des actions qui devaient être unies ; que contenir dans un point ce qui avait été séparé de l'universalité, et devait circuler sans cesse dans toute l'économie des Êtres; que *sensibiliser* enfin sous des formes matérielles ce qui existait déja en principe immatériel: car, si nous pouvions anatomiser l'Univers et écarter ses enveloppes grossières, nous en trouverions les germes et les fibres *principes* disposés dans le même ordre où nous voyons que sont leurs fruits et leurs productions; et cet Univers invisible serait aussi distinct à notre intelligence que l'Univers matériel l'est aux yeux de notre corps. C'est là où les Observateurs se sont égarés, en confondant l'Univers invisible avec l'Univers visible, et en annonçant le dernier, comme étant fixe et vrai, ce qui n'appartient qu'à l'Univers invisible et *principe*.

C'est ainsi que la cause inférieure eut pour limites le rempart sensible et insurmontable de l'action invisible vivifiante et pure du grand Principe, devant laquelle toute corruption voit anéantir ses efforts; et si la connaissance des véritables lois des Etres a été quelquefois le prix des études de ceux qui me lisent en ce moment, ils verront ici pourquoi la révolution solaire forme une période annuelle d'environ 365 jours; car ils auraient droit de se méfier des principes que je leur expose, si les preuves ne pouvaient en être sensiblement écrites sous leurs yeux.

Cette cause inférieure, exerçant son action dans l'espace ténébreux où elle est réduite, tout ce qui y est contenu avec elle sans exception, doit être exposé à ses attaques : et quoi qu'elle ne puisse rien ni sur la cause première ni sur l'essence de l'Univers, elle peut en combattre les Agents, mettre obstacle au résultat de leurs actes, et insinuer son action déréglée dans les moindres dérangements des êtres particuliers, pour en augmenter encore le désordre.

Enfin, si nous voulons prendre une idée des choses temporelles, considérons notre atmosphère; elle présente des phénomènes qui peuvent nous en retracer l'origine. Souvent, pendant une matinée entière, de sombres brouillards, ou une seule masse de vapeur, également étendue dans les airs, semble s'élever contre la lumière de l'astre du jour, et s'opposer à sa clarté; mais bientôt le soleil jouissant de toute sa force, rompt cette barrière, dissipe l'obscurité, et sépare ces vapeurs en mille nuages, dont les plus purs et les plus légers sont attirés par la chaleur, tandis que les plus grossiers et les plus malsains se précipitent sur la surface terrestre, pour s'y ratacher, et s'y mélanger avec diverses substances matérielles et confuses: ce tableau physique est propre à nous instruire.

Il est essentiel d'examiner ici comment la Cause inférieure peut être opposée à la Cause supérieure? et comment il se peut que le mal existe en présence des phénomènes matériels peut nous aider dans cette recherche. Observons d'abord la différence qui est entre ces êtres matériels et les productions intellectuelles de l'Infini.

L'Être créateur produit sans cesse des êtres hors de lui, comme les principes des corps produisent sans cesse hors d'eux leur action.

Il ne produit point des assemblages puisqu'il est Un, simple dans son essence. Par conséquent, si, parmi les productions de ce premier Principe, il en est qui puissent se corrompre, elles ne peuvent au moins se dissoudre ni s'anéantir, comme les productions corporelles et composées. Voilà déjà une grande différence, quant à la nature de ces deux sortes d'Êtres. Nous en trouverons une plus grande encore dans le genre de corruption dont ils sont susceptibles.

La corruption, le dérangement, le mal enfin des productions matérielles, est de cesser d'être sous l'apparence de la forme qui leur est propre. La corruption des productions immatérielles est de cesser d'être dans la loi qui les constitue.

Cependant la destruction des productions matérielles, lorsqu'elle arrive dans son temps et naturellement, n'est point un mal; elle n'est désordre que dans les cas où elle est prématurée: et même le mal est moins alors dans les êtres livrés à la destruction, que dans l'action déréglée qui l'occasionne.

Les Êtres immatériels, au contraire, n'étant pas des assemblages, ne peuvent jamais être pénétrés par aucune action étrangère; ils ne peuvent en être décomposée, ni anéantis. Ainsi, la corruption de ces Êtres ne saurait provenir de la même source que celle des productions matérielles ; puisque la loi contraire, qui agit sur elles, ne peut agir sur des Êtres simples.

A qui cette corruption doit-elle donc être attribuée ? Car les productions, soit matérielles, soit immatérielles, puisant la vie dans une source pure, chacune selon sa classe, ce serait injurier le *Principe*, que d'admettre la moindre souillure dans leur essence.

De la différence extrême qui existe entre les productions immatérielles et les productions matérielles, il résulte que celles-ci étant passives, puisqu'elles sont composées, ne sont point les agents de leur corruption; elles n'en peuvent donc être que le sujet, puisque ce désordre leur vient nécessairement du dehors.

Au contraire, les productions immatérielles, en qualité d'Êtres simples, et dans leur état primitif et pur, ne peuvent recevoir ni dérangement, ni mutilation, par aucune force étrangère; puisque rien d'elles n'est exposé et qu'elles renferment toute leur existence et tout leur être en elles-mêmes, comme formant chacune leur unité : d'où il résulte que s'il en est qui ont pu se corrompre, non seulement elles ont été le sujet de leur corruption, mais encore elles en ont dû être l'organe et les agents : car il était de toute impossibilité que la corruption leur vînt d'ailleurs; puisqu'aucun être ne pouvait avoir prise sur elles; ni déranger leur loi.

Il y a des Observateurs qui ne considérant l'homme que dans son état naturel de dégradation, esclave des préjugés et de l'habitude, dominé par ses penchants, livré aux impressions sensibles, en ont conclu qu'il était également nécessité dans toutes ses actions intellectuelles ou animales, d'où ils se sont crus autorisés à dire que le mal provient en lui, ou de l'imperfection de son essence, ou de Dieu, ou de la Nature, en sorte que ses actes en eux-mêmes seraient indifférents. Appliquant ensuite à tous les Êtres, la fausse opinion qu'ils se sont formée de la liberté de l'homme, ils ont nié l'existence d'aucun Être libre, et de leur système il résulte que le mal existe essentiellement.

Sans nous arrêter à combattre ces erreurs, il nous suffira de faire remarquer qu'elles ne viennent que de ce qu'on a confondu dans les actes de l'Être libre, les motifs, la détermination, et l'objet: or, en reconnaissant que le principe du mal n'a pu employer sa liberté que sur un objet quelconque, il n'en serait pas moins certain qu'il fût l'auteur du motif de sa détermination ; car l'objet ou le sujet sur lequel nous exerçons notre détermination peut-être vrai, et nos motifs ne l'être pas ; chaque jour, par rapport aux meilleures choses, nous nous formons des motifs faux et corrompus ; il ne faut donc pas confondre l'objet avec le motif ; l'un est externe, l'autre naît en nous.

Ces observations nous conduisent à découvrir la vraie source du mal. En effet, un Être qui approche et qui jouit de la vue des *Vertus* du souverain Principe, peut-il y trouver un motif prépondérant opposé aux délices de ce sublime spectacle? S'il détourne les yeux de ce grand objet, ou si les portant sur ces productions pures de l'Infini, il cherche, en les contemplant, un motif faux et contraire à leurs lois, peut-il le trouver hors de soi-même, puisque ce motif est le mal, et que ce mal n'existait nulle part pour lui avant que cette pensée criminelle l'eût fait naître, comme nulle production n'existe avant son Principe générateur.

Voilà comment l'état primitif, simple et pur de tout Être intellectuel et libre, prouve que la corruption ne peut naître dans lui-même, sans que lui-même en produise volontairement le germe et la source. Voilà comment il est clair que le Principe divin ne contribue point au mal et au désordre qui peuvent naître parmi ses productions, puisqu'il est la pureté même. Voilà, enfin, comment il n'y participe point : puisqu'étant simple, comme ses productions, et de plus, étant lui-même la loi de sa propre essence et de toutes ses œuvres, il est, à plus forte raison, impassible, comme elles, à toute action étrangère.

Eh! par quels moyens le désordre et la corruption parviendraient-il jusqu'à lui, tandis que, dans l'ordre physique même, les pouvoirs des Êtres libres et corrompus, ainsi que tous les droits de leur corruption, ne s'étendent que sur les objets secondaires, et non sur les Principes premiers? Les plus grands dérangements qu'ils peuvent opérer sur la Nature physique, n'altèrent que ses fruits et ses productions, et n'atteignent point jusqu'à ses colonnes fondamentales, qui ne recevront jamais d'ébranlement que par la main qui les a posées.

La volonté de l'homme dispose de quelques uns des mouvements de son corps; mais il ne peut rien sur les actions premières de sa vie animale, dont il lui est impossible d'étouffer les besoins. S'il porte son action plus loin, en attaquant la base même de son existence vitale, il peut, il est vrai, en terminer le cours apparent, mais il ne pourra jamais anéantir, ni le principe particulier qui avait produit cette existence, ni la loi innée de ce principe, par laquelle il devait agir pendant un temps hors de sa source.

Elevons-nous d'un dégré; contemplons les lois qui s'opèrent en grand dans la Nature universelle, nous y verrons la même marche.

Les influences du soleil varient sans cesse dans notre atmosphère : tantôt les vapeurs de la région terrestre nous les dérobent, tantôt la fraîcheur des vents les tempère et les arrête : l'homme même peut augmenter ou diminuer localement l'action de cet astre, en rassemblant ou en interceptant ses rayons. Cependant l'action du soleil est toujours la même : il *projette* sans cesse autour de lui la même lumière ; et sa vertu active se répand toujours, avec la même force, avec la même abondance, quoique, dans notre région inférieure, nous en éprouvions si diversement les effets.

Tel est le vrai tableau de ce qui se passe dans l'ordre immatériel. Quoique les Êtres libres distincts du grand Principe, puissent écarter les influences intellectuelles, qui descendent continuellement sur eux; quoique ces influences intellectuelles reçoivent peut-être dans leur cours quelque contr'action qui en détourne les effets, celui qui leur envoie ces présents salutaires ne ferme jamais sa main bienfaisante. Il a toujours la même activité. Il est toujours également fort, également puissant également pur, également impassible aux égarements de ses productions libres, qui peuvent se plonger d'elles-mêmes dans le crime, et enfanter le mal par les seuls droits de leur volonté. Il serait donc absurde d'admettre aucune participation de l'Être divin aux désordres des Êtres libres, et à ceux qui en résultent dans l'Univers; en un mot, Dieu et le mal ne peuvent jamais avoir le moindre rapport.

Ce serait avec aussi peu de fondement qu'on attribuerait le mal aux êtres matériels, puisqu'ils ne peuvent rien par eux-mêmes, et que toute leur action vient de leur principe individuel, lequel est toujours dirigé ou réactionné par une force séparée de lui.

Or, s'il n'y a que trois classes d'Êtres : Dieu, les Êtres intellectuels et la Nature physique : si l'on ne peut trouver l'origine du mal dans la première, qui est exclusivement la source de tout bien ; ni dans la dernière, qui n'est ni libre, ni pensante ; et que cependant l'existence du mal soit incontestable ; on est nécessairement forcé de l'attribuer à l'homme, ou à tout autre Être, tenant comme lui un rang intermédiaire.

En effet l'on ne peut nier que la Nature physique ne soit aveugle et ignorante, et cependant qu'elle n'agisse régulièrement et dans un certain ordre : ce qui est une nouvelle preuve qu'elle agit sous les yeux d'une Intelligence, elle n'aurait qu'une marche désordonnée. On ne peut nier aussi que l'homme ne fasse tantôt bien, tantôt mal ; c'est-à-dire, que tantôt il ne suive les lois fondamentales de son être, et que tantôt il ne s'en écarte. Quand il fait bien, il marche par la lumière et le secours de l'intelligence ; et quand il fait mal, on ne peut l'attribuer qu'à lui seul, et non à l'intelligence, qui est la seule voie, le seul guide du bien, et par laquelle seule l'homme et tous les êtres peuvent bien faire.

Quand au mal, pris en lui-même, nous essaierions en vain de faire connaître sa nature essentielle. Pour que le mal pût se comprendre, il faudrait qu'il fût vrai, et alors il cesserait d'être mal, puisque le vrai et le bien sont la même chose ; or, nous l'avons dit, comprendre c'est apercevoir le rapport d'un objet avec l'ordre et l'harmonie dont nous avons la règle en nous-mêmes.

Mais, si le mal n'a aucun rapport avec cet ordre, et qu'il en soit précisément l'opposé » comment pourrions-nous apercevoir entre eux quelque analogie ; comment par conséquent pourrions-nous le comprendre?

Le mal a cependant son poids, son nombre et sa mesure, comme le bien : et l'on peut même savoir en quel rapport sont ici-bas le poids, le nombre et la mesure du bien, avec le poids, le nombre et la mesure du mal, et cela en quantité, en intensité, et en durée. Car le rapport du mal au bien en quantité est de *neuf* à *un*, en intensité de *zéro* à *un*, et en durée de *sept* à *un*.

Si ces expressions paraissaient embarrassantes au lecteur, et qu'il en désirât l'explication, je le prierai de ne pas la demander aux calculateurs de la matière, ils ne connaissent pas les rapports positifs des choses.

Nous avons assez indiqué comment l'homme aurait pu se convaincre de l'existence immatérielle de son Être ; et de celle du Principe suprême ; et ce qu'il devait observer pour ne pas confondre ce Principe avec la matière et la corruption, ni attribuer aux choses visibles cette Vie impérissable, qui est le plus beau privilège de l'Être qui n'a point commencé, et auquel ses productions immédiates seules, participent par le droit de leur origine.

Par la marche simple de ces observations, nous développerons bientôt des idées satisfaisantes sur la destination de l'homme, et sur celle des autres Êtres.

III

Lorsqu'un homme produit une œuvre quelconque, il ne fait que peindre et rendre visible le plan, la pensée ou le dessein qu'il a formé. Il s'attache à donner à cette copie autant de conformité qu'il lui est possible avec l'original, afin que sa pensée soit mieux entendue.

Si les hommes dont l'homme veut se faire entendre, pouvaient lire dans sa pensée, il n'aurait aucun besoin des signes sensibles pour en être compris : tout ce qu'il concevrait serait saisi par eux, aussi promtement et avec autant d'étendue que par lui-même.

Mais étant liés comme lui par des entraves physiques, qui bornent les yeux de leur intelligence, il est forcé de leur transmettre physiquement sa pensée : sans quoi elle serait nulle pour eux en ce qu'elle ne pourrait leur parvenir.

Il n'emploie donc tous ces moyens physiques, il ne produit toutes ces œuvres matérielles que pour annoncer sa pensée à ses semblables, à des Êtres distincts de lui, séparés de lui ; que pour tâcher de les rapprocher de lui, de les assimiler à une image de lui-même, et en s'efforçant de les envelopper dans son unité, dont ils sont séparés.

C'est ainsi qu'un Écrivain, qu'un Orateur, manifeste sensiblement sa pensée, pour engager ceux qui le lisent, ou qui l'écoutent, à ne faire qu'un avec lui, en se rendant à son opinion.

C'est ainsi qu'un Souverain rassemble des armées, élève des remparts et des forteresses, pour imprimer aux Peuples la persuasion de sa puissance, et pour leur en inspirer en même temps la terreur ; afin que, convaincus comme lui, de cette puissance, ils en aient absolument la même idée, et que, demeurant attachés à son parti, soit par admiration, soit par crainte, ils ne forment qu'un tout avec lui. A défaut de ces signes visibles, l'opinion de l'Orateur et la puissance du Souverain de demeureraient concentrés dans eux-mêmes, sans que personne en eût connaissance.

Il en est ainsi des faits de tous les autres hommes, ils n'ont et n'auront jamais pour but que de faire acquérir à leurs pensée, le privilège de la domination, de l'universalité, de l'unité,

C'est cette même loi universelle de réunion qui produit l'activité générale, et cette voracité que nous avons remarquée précédemment dans la Nature physique : car on voit une attraction réciproque entre tous les corps, par laquelle, en se rapprochant, ils se substantient et se nourrissent les uns les autres : c'est par le besoin de cette communication, que tous les individus s'efforcent de lier à eux, les Êtres qui les environnent de les confondre en eux et de les absorber dans leur propre unité, afin que les subdivisions venant à disparaître, ce qui est séparé se réunisse ; ce qui est à la circonférence revienne à la lumière, et que par-là l'harmonie et l'ordre surmontent la confusion qui tient tous les Êtres en travail.

Pourquoi, si toutes les Lois sont uniformes, n'appliquerions-nous pas à la création de l'Univers, le même jugement que nous avons porté sur nos œuvres ? Pourquoi ne les regarderions-nous pas comme l'expression de la pensée de Dieu, puisque la pensée de l'homme s'exprime dans ses ouvrages matériels et grossiers ? Enfin, pourqoi ne croirion-nous pas que l'œuvre universelle de Dieu a pour objet l'extension et la domination de cette unité, que nous nous proposons nous-mêmes dans toutes nos actions ?

Rien ne s'oppose à ce que nous nous attachions à cette analogie entre Dieu et l'homme, puique nous en avons reconnu entre les ouvrages de l'un et l'autre : en effet, si toutes les œuvres soit de Dieu, soit de l'homme sont nécessairement précédées par des actes intérieurs et par des facultés visibles dont on ne peut contester l'existence, nous sommes fondés à croire que, suivant la même loi dans leurs productions ils ont aussi le même but et le même objet.

Sans nous arrêter à de nouvelles recherches, nous admettrons que tous les Êtres visibles de l'Univers sont l'expression et le signe des facultés et des desseins de Dieu, de même que nous avons regaadé toutes nos productions comme l'expression sensible de notre pensée et de nos facultés intérieures.

Lorsque Dieu a eu recours à des signes visibles, tels que l'Univers, pour communiquer sa pensée, il n'a pu les employer qu'en faveur d'Êtres séparés de lui. Car, si toute les Êtres fussent restés dans son unité, ils n'auraient pas eu besoin de ces moyens pour y lire. Dès lors nous reconnaîtrons que ces Êtres corrompus séparés volontairement de la cause première, et soumis aux lois de sa justice dans l'enceinte visible de l'Univers, sont toujours l'objet de son amour, puisqu'il agit sans cesse pour faire disparaître cette séparation si contraire à leur bonheur.

C'était donc, en effet, par amour pour ces Êtres séparés de lui, que Dieu avait manifesté dans tous ses ouvrages visibles, ses facultés et ses *Vertus*, afin de rétablir entre eux et lui une correspondance salutaire, qui les aidât, qui les guérît, qui les régénérât par une nouvelle création ; c'était pour répandre sur eux cette effusion de *vie* qui pouvait seule les retirer de l'état de mort où ils languissaient depuis qu'ils étaient *isolés de lui* ; enfin, c'était pour former leur réunion à la source divine, et pour leur imprimer ce caractère d'unité ; auquel nous tenons nous-mêmes avec tant d'activité dans toutes nos œuvres.

Si l'Univers démontre l'existence de la corruption, puisqu'il la resserre et l'enveloppe, nous devons comprendre quelle pouvait être la destination de la Nature physique, relativement aux Êtres séparés de l'unité : « et ce n'est pas sans but et sans motif, que la masse terrestre, que tous les corps sont comme autant d'éponges imbibées d'eau, et qu'ils la rendent violemment par la pression des Agents supérieurs. »

La loi de tendance à l'unité s'appliquant à toutes les classes et à tous les Êtres, il résulte que le moindre des individus a le même but dans son espèce : c'est-à-dire, que les principes universels, généraux et particuliers se manifestent chacun dans les productions qui leur sont propres, afin de rendre par là leurs *vertus* visibles aux Êtres distincts d'eux, qui étant destinés à recevoir la communication et les secours de ces *vertus*, ne le pourraient sans ce moyen.

Ainsi, toutes les productions, tous les individus de la Création générale et particulière, ne sont, chacun dans leur espèce, que l'expression visible, le tableau représentatif des propriétés du principe soit général, soit particulier qui agit en eux. Ils doivent tous porter sur eux les marques évidentes de ce principe qui les constitue. Ils doivent en annoncer clairement le genre et les *vertus*, par les actions et les faits qu'ils opèrent. En un mot, ils doivent en être le signe caractéristique, et, pour ainsi dire, l'image sensible et vivante.

Tous les Agents et tous les faits de la Nature portent avec eux la démonstration de cette vérité. Le soleil est le caractère du feu *principe*, la lune celui de l'eau *principe*, et notre planète celui de la terre *principe* : tout ce que la terre produit et renferme en son sein, manifeste également cette Loi générale. Le raisin indique la vigne; la datte, un palmier; la soie, un ver; le miel, une abeille. Chaque minéral annonce quelle est l'espèce de terre et de sel qui lui sert de base et de lien; chaque végétal, quel est le germe qui l'a engendré; sans parler ici d'une multitude d'autres signes et caractères naturels, fondamentaux, relatifs, fixes, progressifs, simples, mixtes, actifs et passifs dont l'ensemble de l'Univers est composé, et qui offrent par-là le moyen d'expliquer toutes ses parties les unes par les autres.

Nous en pouvons dire autant des productions de nos Arts et de toutes les inventions de l'homme. Toutes ses œuvres annoncent les idées, le goût, l'intelligence, la profession particulière de celui qui en est l'agent ou le producteur; une statue offre l'idée d'un Sculpteur; un tableau, celle d'un Peintre; un palais, celle d'un Architecte; parce que toutes ces productions ne sont que l'exécution sensible des facultés propres au génie, ou à l'Artiste qui les a opérées; comme les productions de la Nature ne sont que l'expression de leur principe, et n'existent que pour en être le vrai caractère.

Nous devons combattre ici un faux système, renouvelé dans ces derniers temps, sur la nature des choses, dans lequel on suppose pour elles une perfectibilité progressive, qui peut successivement porter les classes et les espèces les plus inférieures aux premiers rangs d'élévation dans la chaîne des Êtres : de façon que, suivant cette doctrine, on ne sait plus si une pierre ne pourrait pas devenir un arbre; si l'arbre ne deviendrait pas un cheval; le cheval, un homme; et insensiblement un Être d'une nature encore plus parfaite. Cette conjecture dictée par l'erreur, et par l'ignorance des vrais principes, ne subsiste plus dès qu'on la considère avec attention.

Tout est réglé, tout est déterminé dans les espèces, et même dans les individus. Il y a, pour tout ce qui existe, une loi fixe, un nombre immuable, un caractères, indélébile, comme celui de *l'Être principe* en qui résident toutes les lois, tous les nombres, tous les caractères. Chaque classe, chaque famille a sa barrière, que nulle force ne pourra jamais franchir.

Les différentes mutations que les insectes subissent dans leur forme, ne détruisent point cette vérité; puisqu'on observe d'ailleurs une loi constante dans les diverses espèces d'animaux parfaits, qui, chacun dans leur classe, naissent, vivent et périssent sous la même forme; puisque les insectes même, malgré leurs mutations, ne changent jamais de règne : en effet, dans leur plus grand abaissement, ils sont toujours au dessus des plantes et des minéraux ; et dans leur manière d'être la plus distinguée, ils ne montrent jamais ni le caractère, ni les lois par lesquelles sont dirigés les animaux plus parfaits. Tout ce qu'on peut se permettre à leur égard, c'est d'en former un type, un règne, un cercle à part et très significatif, mais duquel ils ne sortiront jamais, et dont ils suivront nécessairement toutes les lois, comme font tous les autres Êtres, chacun selon leur classe.

Si l'existence de toutes les productions de la Nature n'avait pas un caractère fixe, comment pourrait-on en reconnaître l'objet et les propriétés? Comment s'accompliraient les desseins du grand Principe qui, en déployant cette Nature aux yeux des êtres séparés de lui, a voulu leur présenter des indices stables et réguliers, par lesquels ils pussent rétablir avec lui leur correspondance et leurs rapports? Si ces indices matériels étaient variables ; si leur loi, leur marche, leur forme même n'étaient pas déterminées, l'œuvre de ce Peintre ne serait qu'un tableau successif d'objets confus, sur lesquels l'intelligence ne trouverait point à se reposer, et qui ne pourrait jamais montrer le but du grand Être.

Enfin ce grand Être lui-même n'annoncerait que l'impuissance et la faiblesse, en ce qu'il se serait proposé un plan qu'il n'aurait pas su remplir.

S'il est vrai que chaque production de la Nature et de l'Art ait son caractère déterminé ; si c'est par là seulement qu'elle peut être l'expression évidente de son principe ; et qu'à la seule vue, un œil exercé doive pouvoir décider de quel agent telle production manifeste les facultés, l'homme ne peut donc exister aussi que par cette loi générale.

L'homme provenant, comme tous les Êtres, d'un principe qui lui est propre, doit être, comme eux, la représentation visible de ce principe. Il doit, comme eux, le manifester visiblement ; en sorte qu'on ne puisse pas s'y méprendre et qu'à l'aspect de l'image, on reconnaisse quel est le modèle. Cherchons donc, en observant sa nature, de quel principe il doit être le signe et l'expression visible.

Toutefois je ne parle ici que de son Être intellectuel, attendu que son Être corporel n'est, comme tous les autres corps, que l'expression d'un principe immatériel non pensant ; qu'il est composé des mêmes essences que ces corps, et sujet à toute la fragilité des assemblages.

Il faut donc, pour connaître l'homme, chercher en lui les signes d'un Principe d'un autre ordre.

Indépendamment de la pensée et des autres facultés intellectuelles que nous avons reconnues en lui, il offre des faits si étrangers à la matière, qu'on est forcé de les attribuer à un principe différen du principe de la matière. Des prévoyances, des combinaisons de toute espèce, des Sciences hardies par lesquelles il nombre, mesure et pèse en quelque sorte l'Univers ; ces sublimes observations astronomiques, par lesquelles placé entre les temps qui ne sont pas encore, il peut rapprocher de lui leurs extrémités les plus éloignées, vérifier les phénomènes des premiers âges, et prédire avec certitude ceux des âges à venir ; le prilège qu'il a seul dans la Nature d'apprivoiser et d'asservir les animaux, de semer et de moissonner, d'extraire le feu des corps, d'assujettir toutes les substances élémentaires, à ses manipulations et à son usage, enfin, cette activité avec laquelle il cherche sans cesse à inventer et à produire de nouveaux Êtres; de manière que son action est une sorte de création continuelle. Voilà des faits qui annoncent en lui un Principe actif, bien différent du principe passif de la matière.

Si l'on examine attentivement les œuvres de l'homme on apercevra que non seulement elles sont l'expression de ses pensées; mais encore, qu'il cherche, autant qu'il le peut, à se peindre lui-même dans ses ouvrages. Il ne cesse de multiplier sa propre image par la Peinture et la Scuplture, et dans mille productions des Arts les plus frivoles: enfin, il donne aux édifices qu'il élève, des proprotions relatives à celles de son corps. Vérité profonde, qui pourra découvrir un espace immense à des yeux intelligents; car ce penchant si actif à multiplier ainsi son image, et à ne trouver le beau que dans ce qui s'y rapporte, doit à jamais distinguer l'homme de tous les Êtres particuliers de cet Univers.

Lorsqu'on s'abuse jusqu'à vouloir attribuer tous ces faits au jeu de nos organes matériels, on ne fait pas attention qu'il faudrait supposer alors que l'espèce humaine est invariable dans ses lois et dans ses actions, comme le sont tous les animaux chacun selon leur classe. Car les différences individuelles, qui se rencontrent entre les animaux de la même espèce, n'enpêchent pas qu'il n'y ait pour chacune un caractère propre, et une manière de vivre et d'agir uniforme et commune à tous les individus qui la composent, malgré la distance des lieux, et les variétés opérées par la différence des climats sur tous les Êtres sensibles et matériels.

Au lieu de cette uniformité, l'homme n'offre presque que des différences et des oppositions; il n'a, pour ainsi dire, de rapports avec aucun de ses semblables. Il diffère d'eux par les connaissances. Lorsqu'il est abandonné à lui-même, il les combat tous dans l'ambition, dans la cupidité, dans les possessions, dans les talents, dans les dogmes; chaque homme est semblable à un

Souverain dans son Empire ; chaque homme tend même à une domination universelle.

Que dis-je? non seulement l'homme diffère de ses semblables, mais à tout instant encore il diffère de lui-même. Il veut et ne veut pas ; il hait et il aime ; il prend et rejette presque en même temps le même objet ; presque en même temps il en est séduit et dégoûté. Bien plus, il fuit quelquefois ce qui lui plaît ; s'approche de ce qui lui répugne ; va au devant des maux, des douleurs et même de la mort.

Si c'était le jeu de ses organes ; si c'était toujours le même mobile qui dirigeât ses actes, l'homme montrerait plus d'uniformité en lui-même et avec les autres ; il marcherait par une loi constante et paisible ; et quand il ne ferait pas de choses égales, il ferait au moins des choses semblables, et dans lesquelles on reconnaîtrait toujours un seul principe. Comment est-on donc parvenu à enseigner que les gens règlent tout, qu'ils enseignent tout ; puisqu'au contraire il est évident que parmi les choses corporelles mêmes, ils ne peuvent rien mesurer avec justesse?

Ainsi l'on peut dire que dans ses ténèbres, comme dans sa lumière, l'homme manifeste un principe tout à fait différent de celui qui opère et qui entretient le jeu de ses organes ; car, nous l'avons déjà vu, l'un peut agir par délibération, et l'autre ne le peut jamais que par impulsion.

Les proportions du corps de l'homme démontrent le rapport de son Être intellectuel avec un Principe supérieur à la nature corporelle.

Si l'on décrit un cercle, dont la hauteur de l'homme soit le diamètre, la ligne de ses deux bras étendus étant égale à sa hauteur, peut être aussi regardée comme un diamètre de ce même cercle : or demandons s'il est possible de tracer deux diamètres dans un même cercle, sans les faire passer par le centre de ce cercle.

Notre corps, il est vrai, n'offre pas ces deux diamètres passant par le centre d'un même cercle, puisque le diamètre de sa hauteur n'est pas coupé sur son corps en parties égales, par le diamètre horizontal que forment ses bras étendus ; et par là l'homme est, pour ainsi dire, lié à deux centres ; mais cette vérité ne prouve qu'une transposition dans les *vertus* constitutives de l'homme, et non une altération dans l'essence même de ces *vertus* constitutives, ainsi elle ne détruit point le rapport que nous établissons ; et quoique ces dimensions fondamentales ne soient plus à leur place naturelle, l'homme peut toujours trouver dans les proportions de sa forme corporelle les traces de sa grandeur et de sa noblesse.

Les animaux qui ressemblent le plus à l'homme par leur conformation, en diffèrent absolument en ce point ; car leurs bras étendus donnent une ligne beaucoup plus grande que celle de la hauteur de leur corps.

Ces proportions attribuées exclusivement au corps de l'homme, le rendent comme la base commune et fondamentale de toutes les proportions et de toutes les *vertus* des autres Êtres corporels, desquels on ne devait jamais juger que relativement à la forme humaine.

Mais ces merveilles d'intelligence, et ces rapports corporels, dont nous venons de présenter le tableau, ne sont pas les plus essentiels de ceux qu'on peut apercevoir dans l'homme. Il a encore d'autres facultés et d'autres droits pour se placer au-dessus de tous les Êtres de la Nature.

De même qu'il n'est aucune substance élémentaire qui ne renferme en elle des propriétés utiles, suivant son espèce ; de même il n'est point d'homme en qui l'on ne puisse faire développer des germes de justice, et même de cette bienfaisance qui fait le caractère primitif de l'Être nécessaire, souverain Père et Conservateur de toute légitime existence.

Les conséquences contraires que l'on a prétendu tirer des éducations infructueuses, sont nulles et abusives : pour qu'elles eussent quelque valeur, il faudrait que l'instituteur fût parfait, ou au moins qu'il eût les qualités analogues aux besoins de ses Élèves ; il faudrait qu'il fut exercé dans l'art de saisir leur caractères et leurs besoins, pour leur présenter, d'une manière attrayante, l'espèce d'appui ou de *vertu* qui leur manque; sans quoi leur insensibilité morale ne fera que s'accroître; ils s'enfonceront de plus en plus dans les vices et la corruption, et l'on rejettera sur l'imperfection de leur nature ce qui n'est qu'une suite de l'inhabileté et de l'insuffisance du Maître.

Si l'on excepte donc quelques monstres, qui même ne sont devenus inexplicables, que parce que dans le principe l'on a mal cherché le nœud de leur cœur, il n'existera pas un Peuple, pas un homme en qui l'on ne puisse trouver quelques vestiges de *vertu*. Les associations les plus corrompues ont pour base la justice, et se couvrent au moins de ses apparences; et pour obtenir le succès de leurs projets désordonnés, les hommes les plus pervers empruntent le nom et les dehors de la sagesse.

La bienfaisance naturelle à l'homme se manifesterait aussi universellement, si l'on en cherchait les signes ailleurs que dans des besoins qui nous sont étrangers, parce qu'il faut qu'elle puisse s'exercer sur des objets réels, pour déterminer et développer les vraies *vertus* qui appartiennent à notre essence.

Mais, indépendamment de ce que les Observateurs établissent sans cesse leurs expériences sur des besoins faux, et sur des bienfaits également imaginaires, ils oublient que l'homme, livré à lui-même, se borne ordinairement à quelque *vertu*, pour laquelle il néglige et perd de vue toutes les autres. On ne l'apprécie alors que sur celle qu'il a adoptée; et ainsi ne trouvant pas les mêmes vertus dans tous les individus et chez tous les Peuples, on se hâte de décider que, n'étant point générales, elles ne peuvent être de l'essence de l'homme.

C'est une méprise impardonnable de conclure de différents exemples particuliers, à une loi générale pour l'espèce humaine. Nous le répétons; l'homme a en lui les germes de toutes les vertus; elles sont toutes dans sa nature, quoiqu'il ne les manifeste que particulièrement, de là vient que souvent lorsqu'il semble méconnaître ses vertus naturelles, il ne fait que de substituer les unes aux autres.

Le sauvage, qui viole la fidélité du mariage, en prêtant sa femme à ses hôtes, ne voit que la bienfaisance et le plaisir d'exercer l'hospitalité.

Les veuves Indiennes, qui se précipitent dans le bûcher, sacrifient la voix de la Nature au désir de paraître tendres et sensibles, ou à celui d'entrer en possession des biens que leurs dogmes religieux leur font espérer dans l'autre vie.

Les prêtres même qui ont profané leurs religions par des sacrifices humains, ne se sont abandonnés à ces crimes absurdes, que pour faire éclater leur piété par la noblesse de la victime, se persuadant que par ce culte terrible, ils étendaient l'idée de la grandeur et de la puissance de l'Agent suprême, ou qu'ils le rendaient favorable à la Terre, lorsqu'ils le croyaient irrité contre elle.

Il est donc bien certain, malgré les erreurs des hommes, que toutes leurs sectes, que toutes leurs institutions, que tous leurs usages s'appuient sur une vérité sur une vertu.

Prendrons-nous par exemple, les conventions sociales de l'homme et ses établissements politiques? Ils tendent tous à réparer quelque désordre moral ou physique, réel ou conventionnel. Il a, ou au moins il feint d'avoir pour objet dans toutes ses lois, de remédier à quelques abus, de les prévenir, de procurer à ses concitoyens et à lui-même, quelque avantage qui puisse contribuer à les rendre heureux.

Alors, n'est-ce pas avouer que supérieur aux êtres physiques concentrés dans eux-mêmes, il a ici-bas à remplir des fonctions différentes des leurs? N'est-ce pas faire connaître par ses propres actions qu'il est chargé d'un emploi divin, puisque Dieu étant le Bien par essence, la réparation continuelle du désordre, et la conservation de ses ouvrages, doit être en effet l'œuvre de la Divinité?

Enfin, nous voyons généralement établies sur la Terre

des Institutions sacrées, auxquelles l'homme seul participe parmi tous les Êtres sensibles ; nous trouvons dans tous les temps et dans toutes les contrées de l'Univers, des dogmes religieux, qui enseignent à l'homme qu'il peut porter ses vœux et ses hommages jusques dans le Sanctuaire d'une Divinité qu'il ne connait pas, mais dont il est parfaitement connu, et dont il peut espérer de se faire entendre.

Partout, ces dogmes enseignent que les décrets divins ne sont pas toujours impénétrables à l'homme ; qu'il peut, dans ce qui le concerne, participer en quelque sorte à la force et aux *vertus* suprêmes ; et partout on a vu des hommes véridiques, ou imposteurs, s'annoncer pour en être les Ministres et les organes.

Les traces même de ces droits sublimes s'apperçoivent non seulement dans tous les cultes publics des différentes Nations ; non seulement dans ce qu'elles ont appelé *Sciences occultes*, où il s'agit de cérémonies mystérieuses, de certaines formules auxquelles on suppose des pouvoirs secrets sur la nature, sur les maladies, sur les génies bons et mauvais, sur les pensées des hommes ; mais encore dans les simples actes civils et juridiques des puissances humaines, qui prenant leurs lois conventionelles pour arbitres, les regardent et les consultent comme les décrets de la vérité même ; et ne craignent point, en agissant d'après ces lois, de se dire en possession d'une science certaine, et à couvert de toute erreur.

S'il est vrai que l'homme n'ait pas une seule idée à lui ; et que cependant l'idée d'un tel pouvoir et d'une telle lumière soit, pour ainsi dire, universelle, tout peut être dégradé dans la science et la marche ténébreuse des hommes, mais tout n'y est pas faux. Cette idée annonce donc qu'il y a dans eux quelque analogie, quelques rapports avec l'action suprême, et quelques vestiges de ses propres droits ; comme nous avons déjà trouvé dans l'intelligence humaine, des rapports évidents avec l'Intelligence infinie et avec ses *vertus*.

A tous ces indices, nous est-il possible encore de méconnaître le Principe de l'homme ? Si tous les Êtres qui ont reçu la vie, n'existent que pour manifester les propriétés de l'agent qui la leur a donnée, peut-on douter que l'Agent dont l'homme a reçu la sienne, ne soit la Divinité même ; puisque nous découvrons en lui tant de marques d'une origine supérieure et d'une Action divine ?

Rassemblons donc ici les conséquences de toutes ces preuves que nous venons d'établir ; et dans l'Être qui a produit l'homme, reconnaissons une source inépuisable de pensées, de science, de *vertus*, de lumière, de force, de pouvoirs ; enfin, un nombre infini de facultés, dont aucun Principe de nature ne peut offrir l'image ; facultés que nous ferons toutes entrer dans l'essence de l'Être nécessaire, quand nous voudrons en contempler l'idée.

Puisqu'aucun de ces droits ne paraît nous être étranger, puisqu'au contraire, nous en trouvons des traits multipliés dans les facultés de l'homme, il est évident que nous sommes destinés à les posséder tous, et à les manifester aux yeux de ceux qui les ignorent, ou qui veulent les méconnaître. Avouons-le donc hautement ; si chacun des Êtres de la Nature est l'expression d'une des *vertus* temporelles de la sagesse, l'homme est le signe ou l'expression visible de la Divinité même ; c'est pour cela qu'il doit avoir en lui tous les traits qui la caractérisent ; autrement la ressemblance n'étant pas parfaite, le modèle pourrait être méconnu. Et ici nous pouvons déjà nous former une idée des rapports naturels qui sont entre Dieu, l'homme et l'Univers.

IV

Les principes que j'ai exposés sur la sublime destinée de l'homme, doivent d'autant plus mériter notre confiance, que lui-même en manifeste la vérité presque dans tous ses actes. Porté par un instinct secret à dominer, soit par la force, soit par la justesse apparente de sa doctrine, il semble par là n'être occupé qu'à prouver l'existence d'un Dieu, et à le montrer à ses semblables.

Ceux-mêmes qui se déclarent contre un Être éternel, infiniment juste, source de toute félicité et de toutes lumières, ne font que changer le nom de cet Être, et en mettre un autre à sa place. Loin de détruire son indestructible existence, ils démontrent sa réalité et toutes les facultés qui lui appartiennent. Car si l'Athée et le Matérialiste répugnent à croire au Dieu qui s'est peint dans leur âme, ils ne font, lorsqu'ils lui substituent la matière, que transporter sur elle les attributs du Principe vrai, dont leur essence les rend à jamais inséparables ? ainsi cette idole est toujours un Dieu, qu'ils nous annoncent.

D'ailleurs, en élevant ainsi la matière, c'est moins, en effet, le règne de cette matière, que le leur propre qu'ils prétendent établir. Car les raisonnements, dont ils tâchent d'appuyer leurs systèmes, l'enthousiasme qui les anime, toutes leurs déclamations, n'ont-elles pas pour but de nous persuader qu'ils sont possesseurs de la vérité? Or, d'après les rapports intimes que nous sentons exister entre Dieu et la vérité, être possesseur de la vérité, serait-ce autre chose qu'être Dieu?

L'Athée confesse donc, malgré lui, l'existence de cet Être suprême ; car il ne peut entreprendre de prouver qu'il n'y a point de Dieu, qu'en se présentant comme étant un Dieu lui-même.

Comment, en effet, pourrait-il ne pas indiquer l'existence du Principe suprême, puisque tous les Êtres de la Nature étant l'expression visible des facultés créatrices de ce Principe, l'homme doit l'être à la fois, et de ses facultés créatrices et de ses facultés pensantes. L'Impie ne peut donc se soustraire à une loi qui lui est commune avec tout ce qui est contenu dans la région temporelle. Nous entrerons dans quelque détail sur ce sujet. Que sa profondeur n'effraie point; il est important d'y pénétrer, et l'issue en sera heureuse.

Avant que les choses temporelles puissent avoir ou l'existence qui nous les rend sensibles, il a fallu des éléments primitifs et intermédiaires entr'elles et les facultés créatrices dont elles descendent, parce que ces choses temporelles et les facultés dont elles descendent, sont d'une nature trop différente pour pouvoir exister ensemble sans intermède ; ce qui nous est physiquement répété par le soufre et l'or, par le mercure et la terre, lesquels ne peuvent s'unir que par la même loi d'une substance intermédiaire.

Ces éléments inconnus aux sens, mais dont l'intelligence atteste la nécessité et l'existence, sont déterminés et fixés dans leur essence et dans leur *nombre*, comme toutes les lois et tous les moyens que la Sagesse met en usage pour l'accomplissement de ses desseins. Enfin, ils peuvent être regardés comme les premiers signes des facultés supérieures auxquelles ils tiennent immédiatement.

Dès lors, tout ce qui existe dans la nature corporelle, toutes les formes, les moindres traits, ne sont et ne peuvent être que des réunions, des combinaisons, ou des divisions des signes primitifs : et rien ne peut paraître parmi les choses sensibles, qui ne soit écrit en eux, qui ne descendent d'eux et qui ne leur appartienne, comme toutes les figures possibles de la Géométrie seront toujours composées de points, de lignes, de cercles, ou de triangles.

L'homme lui-même, dans ses œuvres matérielles, qui ne sont que des œuvres secondes par rapports aux œuvres de la Nature, est lié, comme tous les autres Êtres à ces signes primitifs ; il ne peut rien élever, rien tracer, rien construire ; il ne peut, dis-je, imaginer aucune forme, exécuter même un seul mouvement volontaire ou involontaire, qui ne tiennent à ces modèles exclusifs, dont tout ce qui se meut, tout ce qui vit dans la Nature, n'est que le fruit et la représentation. S'il en pouvait être autrement, l'homme serait créateur d'une autre Nature et d'un autre ordre de choses, qui n'appartiendraient point au Principe producteur et modèle de tout ce qui existe sensiblement pour nous.

Ainsi, les productions admirables des Arts, ces monuments merveilleux de l'industrie humaine, décèlent à chaque pas la dépendance de l'homme et sa destination. Elles n'offrent que des compilations, ou des parties rassemblées d'autres monuments, qui n'étaient eux-mêmes que les combinaisons variées des éléments fondamentaux, que nous avons dit être les indices primitifs des facultés créatrices de la Divinité.

Il n'est donc rien dans l'homme corporel, ni dans ses productions, qui ne soit, quoique très secondairement, l'expression de l'action créatrice universelle, que tout être corporel représente, dès qu'il existe et qu'il agit.

Élevons-nous au dessus des formes matérielles, et appliquons ces principes à la parole et à l'écriture, qui, l'une et l'autre, annoncent des facultés pensantes, puisqu'elles en sont pour nous la première expression sensible.

« Il est certain que les sons et les caractères *alphabétiques*, qui servent d'instruments fondamentaux à tous les mots que nous employons pour manifester nos idées, doivent tenir à des signes et à des sons primitifs qui leur servent de base; et cette vérité profonde nous est tracée de toute antiquité dans le fragment de Sanchoniaton, où il représente Thot tirant le portrait des Dieux, pour en faire les caractères sacrés des lettres; emblème sublime et d'une fécondité immense, parce qu'il est pris dans la source même, où l'homme devrait toujours puiser. »

En admettant des signes primitifs pour l'expression sensible de nos idées, nous ne devons point être arrêté par la variété infinie de ceux qui sont en usage parmi les différentes Nations de la Terre : cette variété prouve seulement notre ignorance. Car, si la loi qui sert d'organe à la suprême Sagesse, établit partout un ordre, une régularité; elle doit avoir déterminé, pour l'expression des pensées qu'elle nous envoie, des signes invariables, comme elle en a établi pour la production de ses faits matériels : et si nous n'étions pas ensevelis dans des ténèbres profondes, ou si nous nous attachions davantage à suivre la route instructive et lumineuse *de la simplicité des Êtres*, qui sait si nous ne parviendrions pas à connaître et la forme et le nombre de ces signes primitifs, c'est-à-dire, à fixer notre alphabet?

Mais quelle que soit notre privation à cet égard, dès que ces signes primitifs existent, tous ceux que nous employons, quoique conventionnellement, en dérivent de toute nécessité : ainsi tous les mots que nous voudrons composer, imaginer et fabriquer, seront toujours des assemblages tirés de ces caractères primitifs, puisque, ne pouvant sortir de la loi qui les a produits, nous ne saurions jamais rien trouver hors d'eux, et qui ne soit, pour ainsi dire, eux-mêmes.

Ces sons et ces caractères primitifs étant les vrais signes sensibles de nos pensées, ils doivent être aussi les signes sensibles de l'unité pensante : car il n'y a qu'une seule idée, comme il n'y a qu'un seul principe de toutes choses.

Ainsi les productions les plus défigurées, que nous puissions manifester par la parole et par l'écriture, portent toujours secondairement l'empreinte de ces signes primitifs; et par conséquent celle de cette unique idée, où de l'unité pensante : ainsi l'homme ne peut proférer une seule parole, tracer un seul caractère, qu'il ne manifeste la faculté pensante de l'Agent suprême; comme il ne peut produire un seul acte corporel, un seul mouvement, sans en manifester les facultés créatrices.

L'usage même le plus insensé, le plus orgueilleux, le plus corrompu qu'il fasse de ces instruments primitifs de la pensée, dans son langage ou dans ses écrits, ne détruit point ce que nous avançons. Dès qu'il n'y a point d'autres matériaux que ces caractères primitifs, l'homme est forcé de s'en servir, lors même qu'il veut élever des remparts contre l'unité qu'ils représentent, et s'en déclarer l'ennemi.

C'est avec les armes de cette unité, qu'il veut la combattre: c'est avec les forces de cette unité, qu'il veut en prouver la faiblesse: enfin, c'est avec les propres signes de son existence, qu'il veut établir qu'elle n'est qu'un néant et un fantôme. Si l'Athée veut attaquer, en quelque manière que ce soit, le premier Principe de tout ce qui existe, qu'il s'interdise donc tout acte, toute parole, et même que tout son Être descende dans le néant: car, dès qu'il se montre, dès qu'il écrit, dès qu'il parle, dès qu'il se meut, il prouve lui-même celui qu'il voudrait anéantir.

Nous sommes donc fondés à dire que l'homme est destiné à être le signe et l'expression parlante des facultés universelles du Principe suprême, dont il est *émané*; comme tous les Êtres particuliers sont, chacun dans leur classe, le signe visible du principe particulier qui leur a communiqué la vie.

Ce mot, *émané*, peut contribuer à jeter un nouveau jour sur notre nature et sur notre origine; car, si l'idée d'émanation a tant de peine à pénétrer dans l'intelligence des hommes, ce n'est que parce qu'ils ont laissé matérialiser tout leur Être. Ils ne voient dans l'émanation qu'une séparation de substance, telle que dans les évaporations des corps odorants, et dans les divisions d'une source en plusieurs ruisseaux: tous exemples pris de la matière, dans lesquels la masse totale est réellement diminuée, quand quelques parties constituantes en sont retranchées.

Lorsqu'ils ont voulu prendre une idée de l'émanation dans les objets plus vivants et plus actifs, tels que le feu, qui semble produire une multitude de feux semblables à lui, sans cesser d'être égal à lui-même, ils ont cru avoir atteint le but. Mais cet exemple n'en est pas moins étranger aux véritables idées que nous devons nous former de l'émanation immatérielle; et il n'est propre qu'à entraîner dans l'erreur ceux qui négligeraient de l'approfondir.

Le feu matériel ne nous étant visible que par la consommation des corps, ne peut nous être connu qu'autant qu'il repose sur une base qu'il dévore; au lieu que le feu divin vivifie tout. En second lieu, lorsque ce feu matériel produit en apparence d'autres feux, il ne les tire point de lui-même, comme le feu divin: il ne fait que réactionner sur les germes de feu, innés dans les corps qu'il approche, et en favoriser l'explosion; nous en avons la preuve, en ce qu'il lui est impossible d'enflammer les cendres, parce que le feu *principe* en est disparu.

Ces différences sont trop frappantes, pour que l'homme sage s'arrête à des comparaisons si abusives.

Tous les Êtres de la Nature matérielle, ne montrant que des faits physiques, et n'agissant que pour les sens corporels, n'annoncent que le principe physique vivant dans ces Êtres et les faisant mouvoir : ils n'indiquent point assez clairement un principe saint et divin, pour en prouver immédiatement l'existence. Aussi, les preuves prises de la matière, sont-elles très insuffisantes pour démontrer Dieu, et par conséquent pour nous démontrer l'émanation de l'homme hors du sein de la Divinité.

Mais, puisque nous avons déjà découvert dans l'homme les preuves du Principe qui l'a constitué ce qu'il est c'est dans l'homme lui-même, c'est dans l'esprit de l'homme que nous devons trouver les lois qui ont dirigé son origine. Enfin, l'homme étant un Être réel, on ne devrait jamais juger de lui par comparaison, comme on peut faire des Êtres corporels dont les qualités sont relatives.

Que nous annoncera-t-il donc, en le considérant sous ce point de vue? Il nous annoncera par ses propres faits, qu'il peut être émané des facultés divines, sans que les facultés divines aient éprouvé ni séparation, ni division, ni aucune altération dans leur essence.

Car, lorsque je produis extérieurement quelque acte intellectuel, lorsque je communique à l'un de mes semblables la plus profonde de mes pensées, ce mobile que je porte dans son Être, qui va le faire agir, peut être lui donner une *vertu*: ce mobile, dis-je, quoique sorti de moi, quoi qu'étant, pour ainsi dire, un extrait de moi même et ma propre image, ne me prive point de la faculté d'en produire de pareils. J'ai toujours en moi le même germe de pensées, la même volonté, la même action; et cependant j'ai en quelque façon donné une nouvelle vie à cet homme, en lui communiquant une idée, une puissance qui n'était rien pour lui, avant que j'eusse fait en sa faveur, l'espèce d'émanation dont je suis susceptible. Nous souvenant toutefois qu'il n'y a qu'un seul Auteur et créateur de toutes choses, on verra pourquoi je ne communique que des lueurs passagères; au lieu que cet Auteur universel communique l'existence même, et la vie impérissable.

Mais, si dans l'opération qui m'est commune avec tous les hommes, on sait évidemment que les émanations de mes pensées, volontés et actions, n'altèrent en rien mon essence; à plus forte raison la vie divine peut se communiquer par des émanations: elle peut produire sans nombre et sans fin, les signes et les expressions d'elle-même, et ne jamais cesser d'être le foyer de la *vie*.

Si l'homme est émané de la Divinité, c'est donc une doctrine absurde et impie, que de le dire tiré du néant et créé comme la matière : ou il faudrait alors regarder la Divinité elle-même comme un néant; elle qui est la source vivante et incréée de toutes les réalités et de toutes les existences. Par une conséquence aussi naturelle l'homme tiré du néant devrait nécessairement rentrer dans le néant. Mais le néant est un mot vide et nul, dont aucun homme n'a l'idée; et il n'en est point qui puisse sans répugnance s'appliquer à la concevoir.

Eloignons donc de nous les idées criminelles et insensées de ce néant, auquel des hommes aveugles enseignent que nous devons notre origine. N'avilissons pas notre Être : il est fait pour une destination sublime mais elle ne peut l'être plus que son Principe; puisque, selon les simples lois physiques, les Êtres ne peuvent s'élever qu'au dégré d'où ils sont descendus. Et cependant ces lois cesseraient d'être vraies et universelles, si le Principe de l'homme était le néant. Mais tout nous annonce assez nos rapports avec le centre même, producteur de l'universalité immatérielle, et de l'universalité corporelle, puisque tous nos efforts tendent continuellement à nous les aproprier l'une et l'autre, et à en attacher toutes les *vertus* autour de nous.

Observons encore que cette doctrine, sur l'émanation de l'Être intellectuel de l'homme, s'accorde avec celle qui nous enseigne que toutes nos découvertes ne sont en quelque sorte que des réminiscences. On peut dire même que ces deux doctrines se soutiennent mutuellement : car, si nous sommes émanés d'une source universelle de vérité, aucune vérité ne doit nous paraître nouvelle ; et réciproquement, si aucune vérité ne nous paraît nouvelle, mais que nous n'y apercevions que le souvenir ou la représentation de ce qui était caché en nous, nous devons avoir pris naissance dans la source universelle de la vérité.

Nous voyons, dans les lois simples et physiques des corps, une image sensible de ce principe, que l'homme n'est qu'un Être de réminiscence.

Lorsque les germes matériels produisent leur fruit, ils ne font que manifester visiblement les facultés ou propriétés qu'ils ont reçues par les lois constitutives de leur essence. Lorsque ces germes, lorsque le gland, par exemple, étant parvenu à son existence individuelle était suspendu à la branche du chêne qui l'avait produit, il était, pour ainsi dire, participant à tout ce qui s'opérait dans l'atmosphère ; puisqu'il recevait les influences de l'air ; puisqu'il existait au milieu de tous les Êtres vivants corporellement ; qu'il était en aspect du soleil des astres, des animaux, des plantes, des hommes ; en un mot, de tout ce qui agit dans la sphère temporelle.

Il est vrai qu'il n'était présent que passivement à toutes ces choses, parce qu'il n'avait qu'une existence inactive, liée à celle du chêne, et que n'ayant point encore une vie distincte de celle de son principe, il vivait de la vie de ce principe, mais sans pouvoir rien opérer.

Lorsque ce gland, parvenu à la maturité, tombe sur la terre, ou est placé dans son sein par la main de l'homme et qu'ayant produit un arbre, il vient à manifester ses propres fruits, il ne fait que répéter ce qui avait déjà été opéré par l'arbre même dont il est provenu ; il ne fait que remonter par ses propres facultés, au point d'où il était descendu ; que renaître dans la région qu'il avait occupée précédemment ; en un mot, que se reproduire, parmi les mêmes choses, parmi les mêmes Êtres, parmi les mêmes phénomènes, dont il avait déjà été environné.

Mais il y a alors une différence frappante : c'est que dans ce second état, il existe d'une manière active, étant agent lui-même ; au lieu que dans le premier, il n'était que passif, et sans action distincte de celle de son principe.

Nous pouvons penser la même chose de l'homme intellectuel. Par sa primitive existence, il a dû selon la loi universelle des Êtres, tenir à son arbre générateur ; il était, pour ainsi dire, le témoin de tout ce qui existait dans son atmosphère : et comme cette atmosphère est autant au dessus de celle que nous habitons, que l'Intellectuel est au dessus du matériel même, les faits auxquels l'homme participait, étaient incomparablement supérieurs aux faits de l'ordre élémentaire : et la différence des uns aux autres, est celle qu'il y a entre la réalité des Êtres qui ont une existence vraie et indélébile, et l'apparence de ceux qui n'ont qu'une vie indépendante et secondaire. Ainsi, l'homme étant lié à la *vérité*, participait, quoique passivement, à tous les faits de la *vérité*.

Après avoir été détaché de l'*arbre universel*, qui est son arbre générateur l'homme se trouvant précipité dans une région inférieure pour y éprouver une végétation intellectuelle, s'il parvient à y acquérir des lumières et à manifester les *vertus* et les facultés analogues à sa vraie nature, il ne fait que réaliser et représenter par lui-même ce que son Principe avait déjà montré à ses yeux : il ne fait que recouvrer la vue d'une partie des objets qui avaient déjà été en sa présence ; que se réunir à des Êtres avec lesquels il avait déjà habité ; enfin, que découvrir de nouveau, d'une manière plus intuitive, plus active, des choses qui avaient déjà existé pour lui, dans lui, et autour de lui.

Voilà pourquoi l'on peut dire d'avance que tous les Êtres créés et émanés dans la région temporelle, et l'homme par conséquent, travaillent à la même œuvre, qui est de recouvrer leur ressemblance avec leur Principe, c'est-à-dire, de croître sans cesse jusqu'à ce qu'ils viennent au point de produire leurs fruits, comme il a produit les siens en eux. Voilà pourquoi aussi, l'homme ayant la rémininiscence de la lumière et de la vérité, prouve qu'il est descendu du séjour de la lumière et de la vérité.

Rentrons ici dans notre sujet, et annonçons de nouveau que l'homme est né pour être le chiffre universel, le signe vivant et le tableau réel d'un Être infini. Il est né, dis-je, pour prouver à tous les Êtres qu'il y a un Dieu nécessaire, lumineux, bon, juste, saint, puissant, éternel, fort, toujours prêt à revivifier ceux qui l'aiment, toujours terrible pour ceux qui veulent le combattre ou le méconnaître. Heureux l'homme, s'il n'eût jamais annoncé Dieu qu'en *manifestant* ses puissances et non pas en les *usurpant*!

Et ne soyons point étonnés de voir l'homme porter une telle empreinte. Les facultés de l'Être nécessaire sont infinies comme lui: et dès qu'il a mis sur nous l'expression de son nombre, il faut que nous ayons en nous les traces de son universalité.

Quant à la crainte de ravaler ce Principe suprême, en portant jusqu'à lui notre origine, nous avons dans notre émanation même, de quoi nous en préserver; puisque toutes les productions sont nférieures à leur Principe générateur, puisque nous ne sommes que l'expression des Facultés divines et du *Nombre divin*, et non pas la nature même de ces facultés et de ce *Nombre* qui est le caractère propre et distinctif de la Divinité.

Ceci doit tranquilliser sur la grandeur exclusive du Principe suprême et sur sa gloire. A quelque point que nous montions, il sera éternellement et infiniment au dessus de nous, comme au dessus de tous les Êtres. « C'est même l'honorer que d'ennoblir ainsi notre propre essence; parce que nous ne pouvons nous élever d'un degré, que nous ne l'élevions en même temps dans un rapport quadruple; puisque toute action, comme tout mouvement, toute progression est quaternaire, et que nous ne pouvons nous *mouvoir* que selon l'immutabilité de ses lois. Enfin, si nous descendons de la Divinité, si elle est le principe immédiat de notre existence, plus nous nous en rapprochons, et plus nous l'agrandissons aux yeux de tous les Êtres; puisqu'alors nous faisons sortir d'autant plus l'éclat de ses Puissances et de sa supériorité. »

Nous croirions même avoir rendu un service essentiel aux hommes, si nous pouvions leur faire porter la vue sur des vérités aussi sublimes. C'est le vrai moyen de nous humilier à nos propres yeux que de contempler de tels objets ; parce qu'en comparant avec nous-mêmes, leur force et leur grandeur, nous sommes obligés de rester dans un profond abaissement. C'est ainsi qu'il est bon de jeter continuellement les yeux sur la science, pour ne pas se persuader qu'on sait quelque chose; sur la justice, pour ne pas se croire irréprochable; sur toutes les *vertus* pour ne pas penser qu'on les possède. Car en général, l'homme ne vit dans la quiétude, et n'est content de lui-même, que quand il n'envisage pas les objets qui sont au dessus de lui; et si nous voulons nous préserver de toutes les illusions, et surtout des amorces de l'orgueil par lesquelles l'homme est si souvent réduit, ne prenons jamais les hommes, mais toujours *Dieu* pour notre terme de comparaison.

V

En nous élevant jusqu'à ce Principe suprême, sans lequel la Vérité même ne serait pas, nous y verrons que toutes ses *Facultés* doivent être réelles, fixes, positives, c'est-à-dire constituées par leur propre essence : ce qui les soustrait à jamais à toute destruction; puisque c'est en elles seules que réside toute leur loi, ainsi que la voie qui mène au sanctuaire de leur existence.

En effet, cet Être étant la source première de toutes les puissances, comment concevrait-on une puissance qui, ne serait pas lui? Par où, par qui comment pourrait-il être vaincu ou altéré, si tous les Êtres sont sortis de son sein médiatement ou immédiatement, et s'ils n'ont de facultés et de pouvoirs réels que ceux qu'il leur a donnés? Car il faudrait supposer alors qu'il pourrait s'attaquer lui-même.

D'autres preuves nous démontrent que nul Être ne peut, ni ne pourra jamais rien contre Dieu; c'est que s'il en est qui se déclarent ses ennemis, il n'a besoin pour les vaincre, que de les laisser dans leurs propres ténèbres; ceux qui le veulent attaquer, deviennent aveugles par cela seul qu'ils veulent l'attaquer. Ainsi, par le fait même, tous leurs efforts sont sans succès, et toutes leurs forces deviennent nulles et impuissantes, puisqu'ils ne voient plus par où les diriger.

Mais pour que le premier des hommes pût manifester cet Être majestueux et invincible; pour qu'il pût servir de signe de la Divinité suprême, il fallait qu'il eût la liberté de voir et de contempler les droits réels, fixes, et positifs qui sont en elle; il fallait qu'il eût un titre qui lui donnât entrée dans son Temple, afin de jouir du spectacle de toute sa grandeur.

Sans cela, comment aurait-il pu en représenter le moindre trait avec exactitude; et s'il ne l'eût représenté qu'imparfaitement, comment ceux qui avaient perdu de vue l'Être suprême, auraient-ils été coupables de continuer à le méconnaître?

Mais s'il est possible que l'homme, en qualité d'Être libre, ait cessé de se présenter au Temple avec l'humilité du Lévite; qu'il ait voulu mettre la Victime à la place du Sacrificateur, et le Prêtre à la place du Dieu qu'il servait, l'entrée du Temple a dû se fermer pour lui; puisqu'il y portait et qu'il venait y chercher une autre lumière que celle qui en remplit seule toute l'immensité. Il n'a fallu rien de plus pour lui faire perdre à la fois, et la connaissance et la vue des beautés du Temple puisqu'il ne pouvait les voir que dans leur propre séjour, et que lui même s'en était interdit l'entrée.

Il se flatta de trouver la lumière ailleurs que dans

l'Être qui en est le sanctuaire et le foyer, et qui pouvait seul l'y faire pénétrer : il crut pouvoir l'obtenir par une autre voie que par elle-même : il crut, en un mot, que des facultés réelles, fixes et positives, pouvaient se rencontrer dans deux Êtres à la fois. Il cessa d'attacher la vue sur celui en qui elles vivaient dans toute leur force et dans tout leur éclat, pour la porter sur un autre *Être*; dont il osa croire qu'il recevrait les mêmes secours.

Cette erreur, ou plutôt ce crime insensé, au lieu d'assurer à l'homme le séjour de la paix et de la lumière, le précipita dans l'abîme de la confusion et des ténèbres : et cela sans qu'il fût nécessaire que le Principe éternel de la vie fît le moindre usage de ses puissances, pour ajouter à ce désastre. Etant la félicité par essence, et l'unique source du bonheur de tous les Êtres, il agirait contre sa propre loi, s'il les éloignait d'un état propre à les rendre heureux. Enfin, ne pouvant être, par sa nature, que bien, paix et jouissance, s'il envoyait lui-même les maux, le désordre et les privations, il produirait des choses que l'Être parfait ne doit point connaître : ce qui démontrent qu'il n'est et ne peut être l'auteur de nos souffrances.

Nous verrons, au contraire, dans la suite de cet ouvrage, qu'il n'est aucune des *Puissances* de cette main bienfaisante, qu'elle n'ait employée et qu'elle n'emploie pour nous soulager. Nous apprendrons, dis-je, à connaître que si les *vertus* de cet Agent suprême combattent sans cesse depuis l'origine des choses, c'est pour nous, et non pas contre nous.

Nous verrons quelle est la différence de cet Être à nous, puisque quand nous faisons le mal, c'est nous qui en sommes les auteurs, et que nous avons quelquefois l'injustice de le lui imputer; au lieu que quand nous faisons le bien, c'est lui qui le fait en nous, et pour nous et qu'après l'avoir fait en nous et pour nous, il nous en récompense encore, comme si nous l'eussions fait nous-mêmes.

Nous verrons enfin que si l'homme donnait, à satisfaire ses vrais besoins, l'attention qu'il donne à ses besoins imaginaires, il obtiendrait bien plutôt l'objet de ses désirs ; et s'il m'est permis d'en dire la raison, c'est que le *Bien* et le *Mal* nous poursuivent à la vérité; mais le premier nous poursuit avec *quatre forces*, et le second ne nous poursuit qu'avec *deux*; or l'homme devant avoir aussi *quatre forces*, on voit quelle serait la célérité de la jonction, s'il marchait sans s'arrêter vers *celui* qui a le *même nombre*. »

Puisque l'Être divin est le seul Principe de la lumière et de la vérité : puisqu'il possède seul les *facultés* fixes et positives, dans lesquelles réside exclusivement la vie réelle et par essence : dès que l'homme a cherché ces *facultés* dans un autre Être, il a dû de toute nécessité les perdre de vue, et ne rencontrer que le simulacre de toutes ces *vertus*.

Ainsi l'homme ayant cessé de lire dans la vérité, il n'a pu trouver autour de lui que l'incertitude et l'erreur. Ayant abandonné le seul séjour de ce qui est fixe et réel, il a dû entrer dans une région nouvelle, qui, par ses illusions et son néant, fût toute opposée à celle qu'il venait de quitter. Il a fallu que cette région nouvelle par la multiplicité de ses lois et de ses actions, lui montrât en apparence une autre unité que celle de l'Être simple, et d'autres vérités que la sienne. Enfin, il a fallu que le nouvel appui sur lequel il s'était reposé, lui présentât un tableau fictif de toutes les facultés, de toutes les propriétés de cet Être simple, et cependant qu'il n'en eût aucune.

« Et ici se trouve déjà une explication des nombres *quatre* et *neuf*, qui ont pu embarrasser dans l'Ouvrage déjà cité. L'homme s'est égaré en allant de *quatre* à *neuf* ; c'est-à-dire, qu'il a quitté le centre des vérités fixes et positives, qui se trouvent dans le nombre *quatre*, comme étant la source et la correspondance de tout ce qui existe; comme étant encore, même dans notre dégradation, le nombre universel de nos mesures, et de la marche des Astres; vérité divine dont les hommes des derniers, siècles ont fait l'application la plus heureuse, pour déterminer les lois des mouvements célestes, quoiqu'ils n'eussent été conduits à cette immortelle découverte que par la seule force de leurs observations, et par le flambeau des sciences naturelles. C'est-à-dire, enfin, que l'homme s'est uni au nombre *neuf* des choses passagères et sensibles, dont le néant et le vide sont écrits sur la forme même circulaire ou neuvaire, qui leur est assignée, et qui tient l'homme comme dans le prestige. »

Voilà, en effet, quels sont les droits qu'ont aujourd'hui sur l'homme toutes les choses de cette région temporelle. Comme chacun des Êtres qui la composent est complet et entier dans son espèce, les yeux de ce malheureux homme demeurent fixés sur des objets qui représentent en effet l'unité, mais qui ne la représentent que par des images très fausses et très défectueuses ; puisqu'ils sont tous formés par des assemblages ; puisque, dès qu'ils peuvent être vus par nos yeux de matière, ils sont nécessairement composés, attendu que nos yeux matériels sont composés eux-mêmes, et qu'il n'y a de relation qu'entre les Êtres de même nature.

L'homme est donc réduit, en demeurant dans cette région temporelle, à n'apercevoir que des unités apparentes : c'est-à-dire, qu'il ne peut plus connaître aujourd'hui que des poids, des mesures, et des nombres relatifs, au lieu des poids, des mesures et des nombres fixes qu'il employait dans son lieu natal : et il en a la preuve dans les expériences les plus communes ; car il lui serait de toute impossibilité de fixer une portion de matière qui fût égale en poids, en nombre et en mesure à une autre portion : attendu qu'il lui faudrait connaître le poids, le nombre et la mesure fixe de la première, et qu'il a quitté le séjour de tout ce qui est fixe.

Toutefois ces choses sensibles, qui ne sont qu'apparentes et nulles pour l'esprit de l'homme, ont une réalité analogue à son Être sensible et matériel. La Sagesse est si féconde, qu'elle établit des proportions dans les *vertus* et dans les *réalités*, relativement à chaque classe de ses productions.

Voilà pourquoi il y a une convenance et même une loi insurmontable, attachée au cours des choses sensibles sans laquelle leur action, quoique pasagère et temporelle, ne pourrait jamais avoir le moindre effet. Ainsi, il est très vrai, pour les corps, que les corps existent, qu'ils se nourrissent, qu'ils se choquent, qu'ils se touchent, qu'ils se communiquent, et qu'il y a un commerce indispensable entre toutes les substances de la Nature matérielle.

Mais aussi cela n'est vrai que pour les corps, car toutes les actions matérielles, n'opérant rien d'analogue à la véritable nature de l'homme, sont en quelque sorte ou peuvent être étrangères pour lui, quand il veut faire usage de ses forces et se rapprocher de son élément naturel. Enfin, la matière est vraie pour la matière, et ne le sera jamais pour l'esprit. Distinction importante avec laquelle on aurait terminé depuis longtemps les disputes de ceux qui ont prétendu que cette matière n'était qu'apparente, et de ceux qui ont prétendu qu'elle était réelle.

« Les choses corporelles et sensibles n'étant rien pour l'Être intellectuel de l'homme, on voit comment doit s'apprécier ce que l'on appelle la mort, et quelle impression elle peut produire sur l'homme sensé, qui ne s'est point identifié avec les illusions de ces substances corruptibles. Car le corps de l'homme, quoique vrai pour les autres corps, n'a comme eux aucune réalité pour l'intelligence, et à peine doit-elle s'apercevoir qu'elle s'en sépare : en effet lorsqu'elle le quitte, elle ne quitte qu'une apparence, ou pour mieux dire, elle ne quitte rien.

Au contraire, tout nous annonce qu'elle doit gagner alors, au lieu de perdre ; car, avec un peu d'attention, nous ne pouvons que nous pénétrer de respect pour ceux que leur loi délivre de ces entraves corporelles, puisqu'alors il y a une illusion de moins entre eux et le *vrai*. A défaut de cette utile réflexion ; les hommes croient que c'est la mort qui les effraie, tandis que ce n'est point d'elle, mais de la *vie*, qu'ils ont peur.

Si le prestige des choses temporelles ne suffisait point encore, pour nous démontrer la différence de l'état actuel de l'homme à son état primitif, il faudrait jeter les yeux sur l'homme lui-même; car autant il est vrai que l'étude de l'homme nous a fait découvrir en nous de rapports avec le Premier de tous les Principes, et de traces d'une origine glorieuse, autant elle nous en laisse apercevoir d'une horrible dégradation. Il ne faut, pour nous en convaincre, que nous confronter avec le Principe, dont nous devrions, par notre nature, représenter les *Facultés* et les *vertus*; il faut voir quel est celui de nous qui pourra justifier ses TITRES; il faut voir si nous sommes conformes à l'Être dont nous sommes descendus, et qui n'a exprimé dans nous l'image de sa sagesse et de sa science, qu'afin que nous le fissions honorer.

Nous cherchons, et il possède; nous étudions, et il connaît; nous espérons, et il jouit; nous doutons, il est lui-même l'évidence; nous tremblons de crainte, et il n'a d'autre inquiétude que celle de l'amour, dont il est encore plus embrasé pour l'homme, que l'homme ne l'est pour ses propres pensées et pour ses propres émanations. L'un est grand, en multipliant ses images dans tous les Êtres et dans l'homme; l'autre met souvent sa gloire à les exterminer et à les détruire. Non seulement l'Auteur des choses a fait exister pour nous et pour nos besoins, tous ces éléments, et tous ces agents de la Nature, dont nous pervertissons l'usage; mais il a même produit en nous ces facultés qui devraient être le signe de sa grandeur, et que nous employons à l'attaquer et à le combattre; de façon que les hommes, qui devaient êtres les *Satellites* de la vérité, en sont plutôt les persécuteurs; et qu'à juger l'homme rampant aujourd'hui dans la réprobation, dans le crime et dans l'erreur, celui qui n'avait été émané que pour montrer qu'il y a un Dieu, paraîtrait plus propre à montrer qu'il n'y en a point.

Car lorsqu'en répétition du premier crime, l'homme usurpe si souvent les droits de la Divinité sur la Terre, ce n'est que pour en profaner le Nom, et l'avilir par une nouvelle prostitution. Sous ce Nom sacré, il décide, il égare, il trompe, il tyrannise, il égorge, il massacre,

Eh! envers qui ce Dieu si étrange exerce-t-il des droits plus étranges encore? C'est envers l'homme, envers son semblable, envers un Être de son espèce, et qui par conséquent a le même droit que lui au titre de Dieu.

Ainsi, mettant en contradiction ses actions avec son orgueil, l'homme efface en lui ce titre glorieux, en même temps qu'il veut s'en revêtir. Ainsi, il prend la voie la plus sûre, pour détruire autour de lui toute idée du vrai Dieu, en ne présentant lui-même qu'un Être de mensonge, de fureur, de dévastation; un Être qui n'agit que pour tout dénaturer, pour tout corrompre: et qui ne démontre la supériorité de sa puissance, que par la supériorité de ses folles injustices, de ses crimes et de ses atrocités.

On pourrait donc s'écrier avec raison : Hommes, c'était par vous que les *Impies* devaient connaître la justice, et vous pouvez à peine répondre quand on vous demande ce que c'est que la justice, c'était par vous qu'ils devaient être ramenés dans les sentiers de la lumière, et vous employez tous vos efforts à obscurcir cette lumière et à en corrompre les voies. C'était par vous que la vérité devait paraître, et vous n'offrez que le mensonge. Comment la justice, la lumière et la vérité seront-elles donc connues, si l'Être préposé pour les exprimer, non seulement n'en a pas conservé l'idée, mais s'efforce même de détruire les traces qui en étaient écrites dans lui et sur toute la Nature? Comment saura-t-on que le principe nécessaire est *Saint* et *éternel*, si vous professez le culte et la doctrine de la matière? Comment saura-t-on qu'il n'est occupé qu'à pardonner et qu'il brûle d'amour pour les hommes, si vous ne respirez que la haine et si vous ne payez ses bienfaits que par des blasphèmes? Enfin? comment croira-t-on à l'*ordre* et à la *vie*, si vous ne montrez en vous que la *confusion* et la *mort*?

Quoique nous ne puissions comparer nos titres avec l'ignominie qui nous couvre, sans nous incliner vers la terre, et sans chercher à nous ensevelir dans ses abîmes, cependant on a voulu nous persuader que nous étions heureux ; comme si l'on pouvait anéantir cette vérité universelle, qu'il n'y a de bonheur pour un Être qu'autant qu'il est dans sa loi.

Des hommes légers, après s'être aveuglés eux-mêmes, se sont efforcés de nous communiquer leurs égarements. Ils ont commencé par fermer les yeux sur leurs infirmités ; puis, nous engageant à les fermer aussi sur les nôtres, ils ont voulu nous persuader qu'elles n'existaient point, et que notre situation était propre à notre véritable nature.

Que produisent de pareilles doctrines ? Elles charment nos maux et ne les guérissent point. Elles fontn aître ent nous un calme trompeur, et à la faveur de ce calme la corruption fait des progrès d'autant plus rapides qu'aucun baume n'est appliqué sur la plaie pour en corriger la malignité.

Elles affaiblissent dans l'homme le *principe* de la *vie* ; elles le corrompent jusque dans son *germe* ; elles font que celui qui dirait la vérité, et qui n'avait qu'un pas à faire pour l'obtenir, voit s'éteindre en lui cette impulsion précieuse, cet *instinct vierge* et *sacré*, qui la lui faisait rechercher naturellement comme son seule appui : enfin, le Sage même étant ébranlé, l'Univers court risque de ne plus renfermer un seul homme vertueux dans son sein : et voilà les maux déplorables produits par ces fausses doctrines qui endurcissent l'homme sur la loi de son Être, et sur la privation où il est de son véritable séjour :

Laissons ces maîtres dangereux se nourrir d'illusions et de mensonges ; un coup d'œil jeté rapidement sur notre situation suffira pour nous convaincre de leurs impostures.

La douleur, l'ignorance, la crainte, voilà ce que nous rencontrons à tous les pas dans notre ténébreuse enceinte : voilà quels sont tous les points du cercle étroit dans lequel une force que nous ne pouvons vaincre nous tient renfermés.

Tous les éléments sont déchaînés contre nous : à peine ont-ils produit notre forme corporelle, qu'ils travaillent tous à la dissoudre, en rappelant continuellement à eux les principes de vie qu'ils nous ont donnés. Nous n'existons que pour nous défendre contre leurs assauts, et nous sommes comme des infirmes abandonnés et réduits à panser continuellement nos blessures. Que sont nos édifices, nos vêtements, nos serviteurs, nos aliments, sinon autant d'indices de notre faiblesse et de notre impuissance? Enfin, il n'y a pour nos corps que deux états, le dépérissement ou la mort : s'ils ne s'altèrent, ils sont dans le néant.

De tous les hommes qui ont été appelés à la vie corporelle, les uns errent comme des spectres sur cette surface, pour y être sans cesse livrés à des besoins, à des infirmités; les autres n'y sont déjà plus : ont été comme le seront leurs descendants entraînés dans le torrent des siècles : leurs sédiments amoncelés, formant aujourd'hui le sol de presque toute la Terre, l'on n'y peut faire un pas sans fouler aux pieds les humiliants vestiges de leur destruction. L'homme est donc ici bas semblable à ces criminels, que chez quelques Nations la Loi faisait attacher vivants à des cadavres.

Portons-nous les yeux sur l'homme invisible? Incertains sur les temps qui ont précédé notre Être, sur ceux qui le doivent suivre, et sur notre Être lui-même, tant que nous n'en sentons pas les rapports, nous errons au milieu d'un sombre désert, dont l'entrée et l'issue semblent également fuir devant nous. Si des éclairs brillants et passagers sillonnent quelquefois dans nos ténèbres ils, ne font que nous les rendre plus affreuses, ou nous avilir davantage, en nous laissant apercevoir ce que nous avons perdu; et encore, s'ils y pénètrent, ce n'est qu'environnés de *vapeurs nébuleuses* et *incertaines*, parce que nos sens n'en pourraient soutenir l'éclat, s'ils se montraient à découvert. Enfin, l'homme est, par rapport aux impressions de la vie supérieure, comme le ver qui ne peut soutenir l'air de notre atmosphère.

Que dis-je, des *animaux féroces* nous environnent au milieu de ces ténèbres; ils nous fatiguent de leurs *cris irréguliers* et *lugubres*; ils *s'élancent* subitement sur nous, et nous dévorent avant que nous les ayons *aperçus*. Des *soufres enflammés tonnent* sur nos *têtes*, et par leurs *éclats imposants* semblent prononcer mille fois sur nous l'*arrêt* de mort. La *Terre* même est toujours prête à frémir sous nos *pieds* ; et nous ne savons jamais si dans l'instant qui suivra celui où nous sommes, elle ne *s'entr'ouvrira* pas pour nous *engloutir* dans ses *abîmes*.

Ce lieu serait-il donc en effet le véritable séjour de l'homme, de cet Être qui correspond au centre de toutes les sciences et de toutes les félicités ? Celui qui par ses pensées, par les actes sublimes qui émanent de lui, et par les proportions de sa forme corporelle, s'annonce comme le représentant du Dieu vivant, serait-il à sa place dans un lieu qui n'est couvert que de lépreux et de cadavres dans un lieu que l'ignorance et la *nuit* seules peuvent habiter ; enfin, dans un lieu où ce malheureux homme ne trouve pas même où *reposer sa tête ?*

Non, dans l'état actuel de l'homme, les plus vils insectes sont au-dessus de lui. Ils tiennent au moins leur rang dans l'harmonie de la Nature ; ils s'y trouvent à leur place et l'homme, n'est point à la sienne.

Tous les Êtres de l'Univers sont dans une continuelle action. Ils jouissent sans interruption de la portion de droit qui est attribuée à chacun d'eux, selon le cours et les lois de leur existence : comme ils ne subsistent que par le mouvement, tant qu'ils existent, le mouvement ne s'interrompt jamais pour eux. Aussi, les plantes, les animaux toutes les *vertus* de la Nature sont dans une activité qui ne cesse point ; car si elle cessait un instant, toute la Nature serait détruite.

Eh bien, parmi ces Êtres qui sont toujours dans la jouissance et dans la vie, un Être incomparablement plus noble, l'homme, la pensée de l'homme, son intelligence, sont assujettis à des intervalles, à des repos, à des suspensions, c'est-à-dire, à l'inaction et au néant.

Cessons donc de croire que l'homme soit à sa place ici-bas. « Il est attaché sur la terre, comme Prométhée, pour y être comme lui déchiré par le *Vautour*. » Sa paix même n'est pas une jouissance ; ce n'est qu'un intervalle entre des tortures.

IV

Ce serait ici le lieu de jeter du jour sur le premier crime de l'homme : nous pourrions même remarquer à ce sujet, que l'homme n'apporte au monde que des regrets et non pas des remords ; encore ces regrets sont-ils ignorés du plus grand nombre, parce qu'on ne peut avoir de la douleur que pour les maux qu'on connait, parce qu'on ne peut connaître et sentir les maux premiers qu'avec beaucoup de travaux, et que la plupart des hommes n'en font aucun. Voilà ce qui rend la vérité de ce crime si incertaine à leurs yeux, tandis que ses effets sont si manifestes.

Je pourrais ajouter que dans l'ordre social, quand un homme a manqué à l'honneur, on le renvoie dans la classe de ceux qui n'ont point d'honneur ; qu'ainsi, en observant ici-bas quel est le principal attribut qui manque aux Êtres avec lesquels nous sommes confondus, il doit être facile d'apercevoir quelle est la nature du premier crime.

Mais, sans discuter les différentes opinions qui ont régné sur cet objet, nous pouvons croire que le crime de l'homme fut d'avoir abusé de la connaissance qu'il avait de l'union du principe de l'Univers avec l'Univers. Nous ne pouvons douter même, que la privation de cette connaissance ne soit la vraie peine de son crime ; puisque nous subissons tous cette irrévocable punition, par l'ignorance où nous sommes sur les liens qui attachent notre Être intellectuel à la matière.

La preuve manifeste que cette connaissance ne peut nous être parfaitement rendue, pendant notre séjour sur la Terre, c'est que n'étant dans ce bas Monde, que pour subir la privation de la lumière que nous avons laissé échapper, si nous pouvions y recouvrer pleinement cette lumière, nous serions plus en privation et ne par conséquent nous ne serions plus dans ce bas Monde.

En effet les observations les plus simples sur la lumière élémentaire, nous montrent à quel degré il faudrait nous élever pour atteindre à la lumière intellectuelle ; car les lois de ces deux sortes de lumière sont semblables. Outre la nécessité d'un Principe primordial et générateur, il faut à l'une et à l'autre une base, une réaction et une classe d'Êtres susceptibles d'en être les témoins et de participer à ses effets ; ce qui annonce que la lumière sensible, et la lumière intellectuelle n'agissent, ne procèdent et ne se manifestent que par un quaternaire. Et ce n'est pas sans raison que la lumière élémentaire est au rang des plus admirables phénomènes de la nature matérielle, puisqu'elle ne peut être complète dans son action et dans ses effets, sans exercer et mettre en jeu les quatre points cardinaux de la création universelle.

En ne la considérant que dans ces effets relatifs aux trois règnes terrestres, nous remarquerons que les minéraux étant enfouis dans la terre sont totalement privés de cette lumière ; que les végétaux n'en sont point privés, mais qu'ils la reçoivent sans la voir et sans en jouir ; que les animaux la voient et en jouissent, mais qu'ils ne peuvent ni la contempler, ni pénétrer dans la connaissance de ses lois ; enfin que ce dernier privilège est réservé à l'homme seul ou à tout Être doué comme lui des facultés de l'intelligence.

C'est là où nous apprendrons à reconnaître tout ce qui nous manque pour posséder la lumière intellectuelle ; il y a des Êtres intelligents qui sont totalement séparés de cette lumière, il y en a qui n'en sont point séparés, mais qui ne participent à ses effets qu'extérieurement ; il y en a qui en reçoivent intérieurement les rayons, mais qui sont dans une ignorance absolue des voies par lesquelles elle se propage ; il n'y a donc que ceux qui sont admis à son conseil, ou à la science même de celui d'où tout descend, qui puissent recouvrer cette connaissance primitive, parce que ce n'est que là où ils peuvent à la fois recevoir la lumière, la voir, en jouir et la comprendre enfin c'est là où se déploient avec une efficacité supérieure tous les pouvoirs du grand quaternaire parce que dans cette classe suprême résident tous les types des quatre points cardinaux du monde élémentaire.

L'homme n'a point su conserver cette sublime jouissance qui fut jadis son apanage, il a voulu transposer l'ordre de ces quatre points fondamentaux de toute lumière et de toute vérité ; or les transposer, c'est les confondre, et les confondre, c'est les perdre et s'en priver.

C'est pour cela que l'homme est aujourd'hui ravalé dans les classes inférieures, où non seulement il ne connaît plus cette lumière intellectuelle qui malgré tous nos crimes conserve éternellement sa splendeur, mais encore où il a peine à l'apercevoir quelquefois, et où il devient souvent pour elle ce que sont les minéraux par rapport à la lumière élémentaire.

C'est cependant au milieu de cette privation que les hommes imprudents se laissent aller à concevoir des idées si hasardées sur leur nature, à bâtir des systèmes aveugles sur les lions qui nous retiennent en esclavage ; à nous persuader même que par le suicide nous pouvons parvenir à les briser.

Si Dieu seul connaît les chaînes qui lient notre Être intellectuel avec la région temporelle, lui seul sans doute a la puissance d'en opérer la rupture : mais ne craignons point de dire qu'il n'en a pas la volonté ; attendu qu'il agirait alors contre sa justice.

L'homme, au contraire, peut bien avoir la volonté de se délivrer de ces entraves étrangères à sa propre nature, mais il n'en a pas la puissance ; car les malheureux qui se donnent la mort croient en vain échapper aux maux et aux pâtiments : ils ne peuvent détruire ni éviter une loi qui condamne l'homme injuste à souffrir.

Et en effet, les hommes impurs peuvent être séparés de leur corps, sans être pour cela séparés de leur âme sensible ; puisque, selon les principes précédents, si leur corps, quoique réel pour les autres corps, n'est qu'apparent pour leur Être intellectuel, ils doivent être après qu'ils se sont délivré de ce corps, ce qu'ils étaient pendant qu'ils y étaient renfermés.

Si c'était donc la faiblesse à supporter les douleurs ; si c'était le poison des vices et les *vapeurs* du crime, qui leur rendaient la vie corporelle insupportable, la mort du corps n'a rien changé à leur situation intellectuelle ; ils sont encore rongés par les mêmes poisons ; ils ont encore les mêmes *vapeurs* à respirer les mêmes, langueurs à subir ; « en un mot ils sont comme ces fruits peu mûrs et déjà gâtés, dont la qualité malsaine ne change pas, quoiqu'on leur ôte leur enveloppe, et qui recevant par-là plus immédiatement l'action de l'*air*, ne font que se corrompre davantage. »

En outre, l'homme pouvant se souiller de plusieurs crimes pendant sa vie, et s'identifier avec une multitude d'objets contraires à son être, il doit, après la mort, éprouver successivement toutes les impressions relatives à ces objets ; il doit se nourrir encore des affections et des goûts qui lui ont paru les plus innocents pendant sa vie, mais qui n'ayant point à lui offrir un but solide et vrai, laissent son Être dans l'inaction et le néant.

Ce sont toutes ces *substances* étrangères qui font alors le tourment du Suicide, comme de tout autre coupable privé de la vie : « et peut-être trouverons-nous ici quelque explication du système de la Métempsycose, dans lequel les hommes, après leur mort, sont encore liés à différents objets élémentaires, et même sont transformés en plantes et en vils animaux; expressions qui ne sont que la peinture des goûts, des vices, des objets dont l'homme a fait ses idoles sur la Terre : » car qui sont ceux dont l'Être, après la mort, sera assailli par les tourments et les illusions de leur âme sensible? Enfin, qui seront ceux dont l'Être vivra sensiblement, quoique séparé de leur corps? ce seront ceux qui ici-bas auront vécu séparés de leur Être?

D'après ce que nous venons de voir, l'imprudent qui par le suicide se précipite dans une nouvelle région avant le temps marqué, n'eut-il commis que ce seul crime, s'expose sans doute à des pâtiments plus effrayants, que s'il y fût arrivé avec les forces acquises dans la région visible par sa constance à cultiver les *facultés* avec lesquelles il devait y combattre. Il est semblable à un prisonnier, qui, pour se remettre en liberté, démolirait sa prison par les fondements, et la ferait s'écrouler sur lui. Ainsi tout acte de notre part, qui n'a pas l'aveu de la nature et de l'ordre, augmente encore les maux et les souffrances attachées à la condition de notre malheureuse postérité.

D'après ces Principes, nous pouvons déjà reconnaître la sagesse et la bonté de l'Être divin, dont tous les décrets portent le caractère de l'amour. Il ne commande aux hommes que ce qui peut les rapprocher de lui, il ne leur défend que ce qui les en éloigne: et si toutes les lois de la Nature et de la raison proscrivent le suicide, c'est qu'il trompe l'homme, au lieu de le rendre plus heureux.

Je pourrais faire voir que cette sagesse et cette bonté se manifestent également par la naissance de l'homme à la vie terrestre; puisque c'est le mettre à portée de soulager, par ses combats et ses efforts, une partie des maux que le premier crime a occasionnés sur la terre; puisque c'est lui confier le secret et l'œuvre de la Divinité même, que de l'admettre à pouvoir concourir, dans sa sphère particulière, à la réparation des désordres de l'espèce humaine. Enfin quelques rigoureux que soient les maux qui nous attendent ici-bas, il suffirait de penser qu'il est possible à l'homme de n'en être point abattu; que c'est à ses erreurs, et à ses faiblesses qu'il en doit attribuer la plus grande partie; que dès lors il se pourrait qu'ils fussent nuls et apparents pour lui; et qu'ainsi c'est peut-être l'homme qui leur donne toute leur valeur. Mais, pour concevoir de semblables vérités, il faudrait s'élever à une sublimité très étrangère à la plupart des hommes, qui ont peine à se former des idées vraies et constantes, sur les résultats mêmes les plus simples d'une justice matérielle; ainsi je ne m'étendrai point sur cet objet.

L'homme, en s'unissant par une suite de la corruption de sa volonté aux choses mixtes de la région apparente et relative, s'est assujetti à l'action des différents *principes* qui la constituent, et à celle des différents agents préposés pour les soutenir, et pour présider à la défense de leur loi: et ces choses mixtes ne produisant par leur assemblage que des phénomènes temporels, lents et successifs, il en résulte que le temps est le principal instrument des souffrances de l'homme, et le puissant obstacle qui le tient éloigné de son Principe; « le temps est le venin qui le ronge, tandis que c'était lui qui devait purifier et dissoudre le temps : le temps enfin, ou la région qui sert de prison à l'homme, est semblable à l'eau dont le pouvoir est de tout dissoudre, d'altérer plus ou moins vite la forme de tous les corps, et dans laquelle on ne peut plonger *l'or* sans qu'il n'y soit privé du *dix-neuvième* de son poids; phénomène qui selon des *calculs intègres* représente au naturel notre véritable dégradation. »

En effet le temps n'est que l'intervalle entre deux actions : ce n'est qu'une contraction, qu'une suspension dans l'action des facultés d'un Être. Aussi, chaque année, chaque mois, chaque semaine, chaque jour, chaque heure, chaque moment, le principe supérieur ôte et rend les puissances aux Êtres, et c'est cette alternative qui forme le temps. Je puis ajouter, en passant, que l'étendue éprouve également cette alternative, qu'elle est soumise aux mêmes progressions que le temps : ce qui fait que le temps et l'espace sont proportionnels.

Enfin, considérons le temps comme l'espace contenu entre deux lignes formant un angle. Plus les Êtres sont éloignés du sommet de l'angle, plus ils sont obligés de subdiviser leur action, pour la compléter ou pour parcourir l'espace d'une ligne à l'autre; au contraire, plus ils sont rapprochés de ce sommet, plus leur action se simplifie : jugeons par là qu'elle doit être la simplicité d'action dans l'Être Principe qui est lui-même sommet de l'angle. Cet Être n'ayant à parcourir que l'unité de sa propre essence, pour atteindre la plénitude de tous ses actes et de toutes ses puissances, le temps est absolument nul pour lui.

Au contraire, tout le poids du temps se fait sentir à celui qui, étant né pour l'unité d'action, est placé à l'extrémité des deux lignes. Voilà pourquoi de tous les Êtres sensibles, l'homme est celui qui s'ennuie le plus; car étant celui dont l'action naturelle est aujourd'hui la plus distante de celle de son Principe; étant le seul Être dont l'action soit étrangère, à cette région terrestre cette action est perpétuellement suspendue et divisée en lui.

On ne peut douter que la véritable action de l'homme n'était pas faite pour être assujettie à la région sensible ; puisque la lumière fait des progrès pour se communiquer à lui, à mesure que l'action sensible l'abandonne et qu'il s'en dépouille ; et puisque loin qu'il doive attendre tout de ses sens, il n'a rien que quand ils sont calmes et dans une espèce de néant pour son intelligence.

Car ce serait une erreur de le juger subordonné au sensible, parce que son esprit suit communément la croissance et la dégradation du corps. Cela peut être vrai dans l'enfance, où chaque homme devant subir les premiers effets de sa dégradation, présente l'exemple d'un asservissement, total à l'action des Êtres temporels.

Cela peut être vrai aussi, dans un âge plus avancé, si l'homme n'a pas employé sa volonté et son jugement à évaluer les effets des actions sensibles. Mais, de ce que le sensible peut nuire à l'intellectuel et en suspendre l'activité, il ne faudrait pas en conclure que les facultés intellectuelles de l'homme soient le fruit de ses sens, et la production des principes matériels qui agissent en lui : car ne pas tuer, ou donner la vie, sont deux choses très différentes. Et l'on ne dira jamais qu'un voile épais est le principe de ma vue, parce que je ne puis rien distinguer quand il couvre mes yeux.

D'ailleurs n'avons-nous pas reconnu qu'au lieu d'apprendre, nous ne faisons que nous rappeler, pour ainsi dire, ce que nous savions déjà, et qu'apercevoir ce qui n'avait jamais cessé d'être devant nous ; qu'ainsi les objets sensibles ne nous donnant rien, mais pouvant au contraire nous enlever tout, notre tâche, en séjournant parmi eux, est bien moins d'acquérir que de ne rien perdre ?

En effet, si les lois des êtres sont qu'ils manifestent toutes leurs facultés, sans se confondre avec aucune substance hétérogène ; si tous les Êtres physiques suivent exactement ces lois, chacun selon leur classe, quand ils ne sont point gênés dans leurs actes, pourquoi l'homme serait-il seul privé de ce pouvoir?

En apercevant tant de beautés dans les productions des Êtres physiques, dont la loi n'a point été dérangée, nous pouvons donc nous former une idée des merveilles que l'homme ferait éclore en lui, s'il suivait la loi de sa vraie nature, et qu'à l'image de la main qui l'a formé, il tâchât, dans toutes les circonstances de sa vie, d'être plus grand que ce qu'il fait.

Son Être intellectuel arriverait au dernier terme de sa carrière temporelle, avec la même pureté qu'il avait en en commençant le cours. On le verrait dans la vieillesse unir les fruits de l'expérience avec l'innocence de son premier âge. Tous les pas de sa vie auraient fait découvrir, en lui la lumière, la science, la simplicité, la candeur, parce que toutes ces choses sont dans son essence. Enfin, le germe qui l'anime se serait étendu, sans s'altérer; et il rentrerait, avec le calme de la *vertu,* dans la main qui le forma, parce qu'on lui représentant sans aucune altération, le même caractère et le même sceau qu'il en avait reçu, elle y reconnaîtrait encore son empreinte et y verrait toujours son image.

On peut dire que si la plupart des hommes sont tant éloignés d'un pareil calme au moment de cette importante séparation, c'est qu'ils n'ont pas été pendant leur vie assez ingénieux ni assez fiers pour apercevoir leur grandeur et pour la conserver, en sorte que s'étant confondus avec les choses mixtes et temporelles, ils croient qu'ils vont cesser d'être quand celles-ci viennent à les abandonner.

Le nombre des temps que l'homme doit subir pour accomplir son œuvre, est proportionné au nombre des degrés, au-dessous desquels il est descendu : car, plus le point d'où une force tombe est élevé, plus il lui faut de temps et d'efforts pour y remonter.

Mais pour que l'homme pût acquérir des lumières sur cet objet, il faudrait qu'il nombrât les forces, les facultés et les droits qui lui manquent. C'est sur ce nombre que pose la mesure de son échelle de régénération, ainsi que le poids ou le résultat qui en doit provenir. Or l'homme peut voir d'un coup d'œil quel est l'abime où il est descendu, puisqu'il lui manque autant de *vertus* qu'il y a d'*astres* au-dessus de sa tête.

En outre, l'action du temps sur l'homme est proportionnée à la grandeur des *vertus* inhérentes aux degrés qu'il doit parcourir, parce que plus elles sont puissantes et nécessaires à l'homme, plus la privation doit être longue, pénible et douloureuse pour lui. C'est là ce qui rend son état si cruel et si affligeant; car si ces degrés sont l'expression et la force des *vertus* divines, s'ils sont animés des rayons de la vie même, s'ils portent en eux un feu primitif et si nécessaire à l'existence de tous les Êtres, il suit que l'homme en étant séparé, sa privation est entière et absolue.

Quand l'homme serait assez heureux pour se former, pendant son séjour sur la terre, un ensemble de lumières et de connaissances, qui embrassât une sorte d'*unité*, il ne pourrait encore se flatter d'avoir le complément des véritables jouissances, puisqu'elles sont supérieures à l'ordre terrestre: il n'aurait que l'esquisse et la représentation de ces vraies lumières puisqu'ici tout étant relatif, il n'y peut, pour ainsi dire, posséder rien de réel et de vraiment fixe.

« Que l'homme intelligent médite ici sur les lois de l'Astre lunaire, qui nous représentent, sous mille faces, notre privation; qu'il examine pourquoi cet Astre ne nous est visible que pendant *ses jours de matière*; et pourquoi nous le perdons de vue le vingt-huitième jour de son cours, quoiqu'il se lève également sur notre horizon. »

Tout se réunit pour prouver à l'homme qu'après avoir parcouru laborieusement cette surface, il faut qu'il atteigne à des degrés plus fixes et plus positifs, qui aient plus d'analogie avec les vérités simples et fondamentales dont le germe est dans sa nature. Enfin il faut à la mort, qu'il réalise la connaissance des objets, dont il n'a pu apercevoir ici que l'apparence.

« Je peux convenir que ces connaissances supérieures

consistent dans l'intelligence et l'usage de deux *langues* au-dessus des langues communes et vulgaires, puisqu'elles tiennent aux jouissances primitives de l'homme. La première a pour objet les choses Divines et n'a que *quatre Lettres* pour tout alphabet; la seconde en a *vingt-deux* et s'applique aux productions, soit intellectuelles, soit temporelles du grand Principe : le même crime a privé l'homme de ces deux langues. S'il y avait une nouvelle prévarication, il se formerait pour lui une troisième langue qui aurait *quatre-vingt-huit Lettres*, et qui le reculerait encore plus de son terme. »

« J'ajouterai qu'il y des langues fausses et opposées aux trois dont je viens de parler. Celle qui correspond à la langue Divine, a un alphabet de *deux* lettres; celle qui correspond à la seconde en a *cinq*; enfin, s'il y avait une nouvelle prévarication, la langue fausse qui l'accompagnerait, aurait *cent dix* lettres dans son alphabet. »

« La connaissance des deux langues pures que l'homme acquiert à sa séparation d'avec les objets terrestres, doivent produire sur lui des effets plus satisfaisants que tout ce que nous pouvons éprouver ici-bas : elles doivent étendre ses jouissances, comme ayant une action plus vivante que les objets de la Nature visible. Mais aussi, s'il doit encore éprouver des suspensions dans sa marche, ces obstacles deviennet plus douloureux pour lui, parce qu'à mesure qu'une force approche de son centre, sa tendance augmente, et le choc des résistances devient plus violent. »

Cependant il est inévitable pour l'homme qu'il subisse des suspensions, en parcourant les nouveaux degrés de sa réhabilitation ; puisqu'ils ne sont que la continuation de cette barrière terrible qui le sépare de la grande lumière, et que la terre n'est que le premier de tous les degrés. Or, s'il y a un espace entre la prison de l'homme et son lieu natal, il est indispensable qu'il le parcoure et qu'il en éprouve successivement toutes les actions.

Si un voyageur agile et curieux arrivait au pied d'un groupe de montagnes entassées les unes sur les autres, et qu'il voulût porter ses pas jusqu'au sommet de la dernière, cachée dans les nues; il faudrait, qu'après avoir gravi sur la première de ces montagnes, il cessât de monter, et allât horizontalement gagner le pied de la seconde, pour la franchir à son tour, et ainsi de suite, jusqu'à ce qu'il fût arrivé au terme de ses désirs. Image sensible de la régénération de l'homme où l'on voit de plus la Sagesse bienfaisante accompagner ses pas, pendant qu'il subit les lois de la justice; car, lors même que par les différentes suspensions, elle paraît retarder nos jouissances, elle ne se propose que de ménager nos forces, et de nous donner le temps de les renouveler et de les accroître.

L'homme ne peut parcourir les régions fixes et réelles de purification, sans acquérir une existence plus active, plus étendue, plus libre; c'est-à-dire sans *respirer un air plus pur* et découvrir un *horizon* plus vaste, à mesure qu'il approche du sommet désiré: comme nous voyons que plus les principes des corps se simplifient, plus ils acquièrent de vertus: et comme l'air grossier, qui dégagé des substances matérielles, remplit un espace si prodigieux relativement à celui qu'il occupait dans les corps, que l'imgination en est presque effrayée.

Au reste comme les vérités fixes et réelles que l'homme peut atteindre à la mort, tiennent à l'ordre intellectuel, qui est le seul vrai: il n'est pas étonnant que, tant que nous sommes ensevelis dans notre matière, qui est relative et apparente, nous ne nous apercevions pas toujours de ces travaux des autres hommes, déjà séparés de leurs corps, quoique la seule lumière de l'intelligence nous en démontre évidemment la nécessité; et le même exemple du voyageur peut encore nous servir d'indice sur cet objet, car ceux qui demeurent au pied de la montagne, le perdent de vue, lorsqu'il est parvenu à une certaine hauteur, et ne peuvent cependant former aucun doute sur son élévation et sur son existence, quoique leurs yeux corporels ne le puissent plus suivre dans sa marche.

C'est là ce qui rend nos jugements si incertains sur le sort des hommes, après la séparation de leur Être intellectuel d'avec leur corps; puisque nous ne pourrions justifier de pareils jugements, qu'en les appuyant sur une base fixe et déterminée, et que nous n'en possédons que d'apparentes et de relatives : « car il en est de cette classe intellectuelle et invisible comme du simple physique élémentaire; toute la Nature est volatile, et ne tend qu'à s'évaporer; elle le ferait même en un instant, si le fixe qui la contient lui appartenait; mais ce fixe n'est point à elle, il est hors d'elle, quoiqu'agissant violemment sur elle; et elle ne forme jamais d'alliance avec lui, qu'elle ne commence par une dissolution; or, comme dans les deux classes, physique et intellectuelle, il y a plusieurs degrés de dissolutions, il y a aussi plusieurs degrés d'alliances et d'amalgames. »

Tout ce que nous pouvons donc nous permettre, sur des objets de cette importance, c'est de tirer quelques inductions, d'après de fidèles observations sur la loi des corps.

Ainsi, semblables à ces globules d'air et de feu qui s'échappent des substances corporelles en dissolution, et qui s'élèvent avec plus ou moins de vitesse; selon le degré de leur pureté et l'étendue de leur action; nous ne pouvons douter qu'à leur mort, les hommes qui n'auront point laissé *amalgamer* leur propre essence avec leur habitation terrestre, ne s'approchent rapidement de leur région natale, pour y briller, comme les Astres, d'une splendeur éclatante; que ceux qui auront fait quelque mélange d'eux-mêmes avec les illusions de cette ténébreuse demeure, ne traversent avec plus de lenteur l'espace qui les sépare de la région de la vie; et que ceux qui se seront identifiés avec les souillures dont nous sommes environnés, n'y demeurent ensevelis dans les ténèbres et dans l'obscurité, jusqu'à ce que les moindres de ces substances corrompues soient dissoutes, et qu'elles fassent disparaître avec elles une corruption qui ne peut cesser qu'autant qu'elles finiront elles-mêmes.

Et pour donner plus de poids à ces vérités, je dirai qu'à la mort, les Criminels restent sous leur propre justice, que les Sages sont sous la justice de Dieu, et que les *Réconciliés* sont sous sa miséricorde.

Mais ce qui ne nous permet pas de prononcer sur la mesure selon laquelle s'opèrent ces différents actes ou ces différents nombres de temps, c'est que la justice n'agit pas seule et qu'il y a d'autres *vertus*, qui se combinant avec elle, ne cessent d'en diriger l'action vers le plus grand bien des Êtres, qui est leur retour à la lumière.

VII

Sans nous occuper davantage de ces travaux futurs, auxquels l'homme a livré sa postérité, considérons ceux auxquels il est condamné sur la terre par une suite de son incorporisation matérielle.

L'homme n'avait reçu l'être que pour exercer son action sur l'universalité des choses temporelles, et il n'a voulu l'exercer que sur une partie ; il devait agir pour l'intellectuel contre le sensible, et il a voulu agir pour le sensible contre l'intellectuel ; enfin, il devait régner sur l'Univers ; mais, au lieu de veiller à la conservation de son Empire, il l'a dégradé lui-même, et l'Univers s'est écroulé sur l'Être puissant qui devait l'administrer et le soutenir.

Par une suite de cette chute, toutes les *vertus* sensibles de l'Univers, qui devaient agir d'une manière subordonnée à l'homme dans la circonférence temporelle ont agi en confusion sur lui, et l'ont comprimé avec toute leur force et toute leur puissance. Au contraire, toutes les *vertus* intellectuelles, avec lesquelles il devait agir de concert, et qui devaient lui présenter une unité d'action, se sont trouvées partagées pour lui, séparées de lui, et se sont renfermées chacune dans leur sphère et dans leur région ; de façon que ce qui était simple et un pour lui, est devenu multiple et subdivisé ; ce qui était subdivisé et multiple, s'est congloméré et l'a écrasé de son poids ; c'est-à-dire, que pour lui le sensible a pris la place de l'intellectuel, et l'intellectuel celle du sensible.

Il est des rapports non équivoques, qui nous indiquent en effet que toutes les forces physiques de la Nature serviront d'entraves à ce malheureux homme au moment de sa chute; et de même que le corps que nous portons et qui nous asservit, est un extrait de tous les fluides, feux, liqueurs et autres substances de l'individu corporel qui l'a engendré, de même les chaînes du premier homme coupable furent composées de l'extrait de toutes les parties du *grand Monde*: ce qui fait que secondairement à lui, nous pouvons regarder notre corps comme étant aussi une image de cet Univers matériel.

En s'asservissant au sensible, non seulement l'homme a été séparé des *vertus* intellectuelles et supérieures, avec lesquelles il concourait par sa puissance, mais il a même laissé mélanger et amalgamer ses propres *vertus* avec toutes les parties de sa prison, et nous avons des indices de ce mélange et de l'origine matérielle du premier homme, dans la loi de génération particulière par laquelle l'homme actuel parvient à la vie.

Le corps de l'homme, avant sa formation individuelle, est répandu dans toute la forme du père; il est uni à toutes les puissances qui sont dans son principe générateur. Quand le moment de la naissance est arrivé, le germe corporel répandu dans la forme universelle du père se concentre, se rassemble en un point. Alors il s'exile et s'ensevelit dans le sein ténébreux de la femme où mélangé avec des fluides impurs et enveloppé de mille barrières, il n'a pas même la jouissance de l'air où ses organes les plus parfaits sont sans fonction et où il ne reçoit la vie et les secours des éléments que par un point passif tandis que la destination de l'homme était de correspondre activement avec toute la Nature.

Telle est l'image du premier état corporel de l'homme coupable qui, banni de sa sphère universelle, fut jeté ignominieusement dans la forme ou la prison matérielle des hommes; qui n'éprouvant là qu'une opposition universelle à sa véritable action, y fut réduit à la privation la plus entière, et n'offrit plus qu'un mélange honteux de ses propres *vertus* avec toutes les substances hétérogènes qui formaient son obscure demeure.

Dans cet état, quels ont dû être les premiers mouvements de l'homme? Ç'a été de se dégager de ces masses étrangères qui l'accablaient ; ç'a été de séparer péniblement ses propres *vertus* d'avec toutes ces matières impures avec lesquelles elles étaient confondues ; enfin, ç'a été de réunir toutes ses forces pour sortir de dessous les décombres de l'Univers.

Mais des lois positives s'opposant à ce qu'un Être puisse s'allier avec ce qui lui est contraire sans porter l'empreinte et les traces de son amalgame, il fut impossible au premier homme de sortir de son cloaque avec la même pureté, la même agilité qu'il avait avant de s'y précipiter ; et voilà pourquoi l'homme particulier après avoir séjourné dans le sein de la femme, après y avoir exercé l'action dont il est alors susceptible pour démêler son germe sensible d'avec tous les liens et les entraves qui le resserrent paraît au jour renfermé dans une forme plus opaque que le fluide subtil qui enveloppait son propre germe.

Après que l'homme primitif eût surmonté cet obstacle, il lui resta un pas très considérable à faire ; ce fut de s'unir successivement aux forces des divers *éléments* qui agissaient dans son atmosphère ; telle est aussi la tâche de l'homme particulier qui, après avoir été admis à la lumière élémentaire, languit encore longtemps avant d'accoutumer ses yeux à son éclat, son corps aux impressions de l'air et ses organes aux différentes lois établies pour les formes corporelles.

Nous ne voyons jusqu'ici pour l'homme qu'un travail corporel et physique: toutes ces choses se passant dans l'ordre élémentaire, et par des causes non libres, on n'y distingue point les signes vrais des travaux de l'homme intellectuel; mais on y découvre au moins leur loi et leur nécessité; et de même qu'en recevant la naissance, l'homme est censé avoir rassemblé en lui ses *vertus* physiques et particulières, avec lesquelles il peut parvenir à participer aux *forces universelles* de l'atmosphère, qu'il a quittées et qui sont extérieures à lui; de même l'homme intellectuel, délivré de sa première prison, et admis avec sa forme matérielle sur la terre, doit travailler à recouvrer successivement ses propres forces et ses propres *vertus* intellectuelles, avec lesquelles il peut tendre à recouvrer celles dont il a été séparé par le crime.

Mais ce que l'homme physique fait d'une manière passive et aveugle dans le corporel, l'homme intellectuel doit le faire par les efforts constants et libres de sa volonté. C'est par-là qu'il peut se délivrer de la mort à laquelle il s'était dévoué en se concentrant dans une action particulière. Car les corps eux-mêmes se détruisent quand leur action se porte en un seul point et abandonne les autres parties de la forme. Or, de même que les corps affectés de maladie ne peuvent échapper à la mort, que quand l'action qui s'est isolée en eux redevient générale; de même l'homme intellectuel, qui s'est réduit volontairement à une classe inférieure et bornée, doit généraliser tout son Être, et en étendre les *vertus* jusqu'aux extrémités de son enceinte particulière, s'il veut atteindre jusqu'à cette enceinte universelle et sacrée dont il s'est banni.

Enfin, la volonté étant en quelque sorte le *sang* de l'homme intellectuel et de tout Être libre; étant l'agent par lequel seul ils peuvent effacer en eux et autour d'eux les traces de l'erreur et du crime, la revivification de la volonté est la principale tâche de tous les Êtres criminels: et vraiment, c'est un si grand œuvre, que toutes les puissances y travaillent depuis l'origine des choses, sans avoir encore pu l'opérer généralement.

Il y aurait ici à présenter de nouveaux rapports très exacts entre l'incorporisation matérielle de l'homme particulier et celle de l'homme général; et on pourrait en suivant les lois de la génération dans tout son cours, s'instruire d'une manière positive sur la punition du premier coupable, sur le temps qu'il a séjourné dans sa première prison, sur le moment fixe où il en est sorti.

« On pourrait y découvrir l'origine de l'Univers même, et l'action des agens de toutes les classes, en y voyant opérer tous *les nombres*; on y apprendrait la différence de la division régulière du cercle d'avec sa division irrégulière, pourquoi la grosseur du placenta est en raison inverse de l'accroissement du fœtus; pourquoi les mouvements de ce fœtus ne sont jamais sensibles avant le terme de trois mois, ni plus tard que celui de six; pourquoi il prend d'abord dans le sein de sa mère une forme sphérique; pourquoi, à un terme plus avancé, il se trouve avoir la tête en haut, la face en avant; pourquoi, vers la fin du huitième mois, il se prosterne, et se dispose à venir ramper sur la terre; enfin, pourquoi il a tant de penchant au sommeil après sa naissance. »

Mais, pour faire les rapprochements de ces faits à leurs types, il faut être habitué à un genre d'observations peu connu de la plupart des Lecteurs, et dont ils ne sentiraient pas les résultats, dès qu'ils n'en possèdent pas les bases.

Bornons-nous donc à remarquer que le premier travail que l'homme intellectuel ait à faire, après avoir séparé et dégagé péniblement ses propres *vertus* ensevelies sous les ruines de son trône, c'est de s'unir à celles de l'Etre le plus voisin de lui, ou à celles de la *Terre*; et de même que l'homme corporel enfant est obligé pendant un temps de tirer sa subsistance du lait de la femme, de même l'homme intellectuel est obligé de commencer par la *Terre*, à recouvrer les lumières qu'il a perdues et qui sont aujourd'hui subdivisées pour lui dans toutes les régions; car la *Terre* est la *mère* et la *racine* de l'Univers.

Toutes les lois physiques et intellectuelles que nous venons de présenter sur la marche nécessaire de l'homme dégradé lui sont si naturelles, que dans l'ordre humain même, l'homme temporel les met tous les jours en action, et démontre sans cesse cette activité essentielle à notre Etre, quoiqu'il se trompe si souvent sur ce qui devrait en être l'objet.

Quand l'homme ambitieux et avide cherche avec tant d'ardeur à se distinguer de ses semblables; quand les hommes privés et les Souverains reculent les limites de leurs Domaines et de leur Empire et voudraient les porter jusqu'aux extrémités du Monde, ils ne font que suivre, d'une manière fausse, la loi de leur nature, qui répugne à des bornes et à des entraves; c'est-à-dire qu'ils représentent ce que l'homme vrai devrait faire, en rapportant jusqu'aux confins de son domaine, ces bornes physiques et matérielles qui auraient dû toujours conserver relativement à lui leur distance naturelle. C'est même cette loi ineffaçable, qui opérant avec toute son intégrité sur les enfants, leur donne cette activité tumultueuse, cette impulsion destructive que les hommes peu réfléchis taxent de vice et de méchanceté, tandis qu'elle n'est que l'effet de l'opposition nécessaire qu'un Être vrai et universel doit éprouver de la part de tous les objets faux et rétrécis avec lesquels il est emprisonné.

Quand, d'un autre côté, l'homme curieux, l'homme industrieux cherche à rassembler autour de lui les productions précieuses de la Nature; qu'il ne craint point de se transporter jusqu'aux lieux les plus éloignés, pour en rapporter des raretés de toute espèce, et les réunir sous ses yeux: quand le savant Naturaliste fait voyager sa pensée dans tous les climats; qu'il poursuit toutes les découvertes et qu'il impose par là une sorte de tribut universel sur la Nature terrestre; quand enfin le Chimiste cherche par la destruction des enveloppes des corps, à pénétrer jusqu'aux *Principes* auxquels ils doivent l'existence, tous ces travaux ne sont que l'image de ce que l'homme doit faire ici-bas; et lui enseignent qu'il est destiné à rapprocher de lui toutes les parties de son empire.

Il est donc vrai qu'après avoir reçu dans un lieu ténébreux une enveloppe grossière, après avoir rallié en lui les forces intellectuelles qui lui sont propres, l'homme a encore à multiplier ces mêmes forces; en les réunissant à celles qui sont extérieures à lui, il a, dis-je, à recueillir les *vertus* de tous les *règnes terrestres*; à distinguer toutes les *espèces* de chaque *règne*, et même les *caractères particuliers* de chaque *individu*; il a enfin à scruter jusqu'aux *entrailles* de la *Terre*, pour y apprendre à connaître les désordres qui font l'horreur et la honte de notre triste demeure, lesquels nous sont indiqués soit par les *métaux* qui n'ont point d'*huile*, soit par la fureur des *volcans*, soit par le grand nombre d'*insectes* et d'*animaux malfaisants* et *vénéneux*, qui sont bannis de dessus la terre, et se cachent dans ses gouffres, comme si le jour leur était interdit.

Et c'est ici où les travaux de l'homme dans son séjour terrestre, se peignent avec toute leur âpreté; car, en rappelant l'exemple temporel de l'homme avide, ambitieux, curieux, industrieux et adonné aux sciences vulgaires, on voit les énormes obstacles, qu'il doit journellement rencontrer avant de pouvoir satisfaire ses désirs.

Des *mers à traverser*, des *précipices à franchir*, des *Nations entières à réduire*, des *intempéries* de *tout genre à éprouver*, des *régions impures à parcourir*, des *privations* et des *lenteurs* à subir par les *retards* et les *variétés des saisons*; voilà l'état journalier de l'homme intellectuel dont l'homme temporel est l'image.

Ce qui rend ces travaux si imposants, c'est que l'homme laisse écouler en vain le nombre de temps accordé pour les accomplir il lui faut un second nombre de temps plus considérable, plus pénible que le premier attendu qu'il a alors et la première et la seconde force à acquérir. Si pendant ce second nombre de temps, ce malheureux homme ne remplit pas mieux sa tâche qu'il ne l'a fait dans le premier, il en faut nécessairement un troisième encore plus rigoureux que les deux autres, et ainsi de suite, sans qu'on puisse fixer d'autres termes à ses maux, que ceux qu'il leur fixera lui-même, en sacrifiant toutes les *vertus* qui sont en lui.

S'il dérobe une partie de l'holocauste celui qui les reçoit, lui retient aussi une partie de la récompense, jusqu'à ce qu'il se soumette à payer sans réserve un tribut qu'il ne peut rendre efficace et complet, qu'en y faisant contribuer tout son Être.

Cependant ce tribut, ce sacrifice, cette œuvre enfin,

l'homme n'a que le moment de sa vie corporelle pour le déterminer; car la vie terrestre est la matrice de l'homme futur; et de même que les Êtres corporels apportent et conservent sur cette terre, la forme, le sexe et les autres signes qu'ils ont puisés dans le sein de leur mère; de même l'homme portera dans une autre *terre*, le *plan*, la *structure*, la manière d'être qu'il se sera fixée lui-même pendant son séjour ici-bas.

S'il en parcourt inutilement l'intervalle, loin de se revivifier, il ne fait que se rendre inhabile à connaître jamais la *vie*, comme ces plantes maigres et viciées, qui non seulement voient passer en vain sur elles les rayons du soleil, mais qui ne font que se dessécher d'autant plus à sa chaleur et perdre le peu de suc qui leur restait pour s'améliorer et devenir fertile.

Tels sont les dangers qui nous menacent depuis la corruption et la chute du Premier coupable; tel est l'état de l'homme dans son séjour ténébreux, où non seulement il ne connaît pas son propre *nom*, mais encore, où pressé du poids de toutes les *sphères* et de toutes les *actions*, auxquelles il s'est assujetti, il peut en être opprimé, s'il n'emploie utilement tous les efforts de sa volonté et le secours favorable qui lui est encore offert, pour soutenir leur violence et pour en diriger les effets à son avantage. Car l'activité de ces Puissances formidables est d'autant plus douloureuse pour lui, tant qu'il est réduit à lui-même, que ne jouissant pas de leur lumière, il ne sait où fuir pour en éviter le choc et la poursuite; enfin, placé entre des abîmes et des forces imposantes qui le compriment, il est à chaque instant exposé à être froissé, déchiré ou à tomber dans les précipices qui sont toujours ouverts sous ses pas.

Dans cette affligeante dégradation, n'apercevant plus les propriétés fixes et simples de l'unité, il est réduit à errer autour du temple qui les renferme, et dont il s'est lui-même interdit l'accès; s'il peut seul, par sa persévérance, parvenir quelquefois jusqu'au pied de cette auguste enceinte, et entendre de loin le son des cantiques, que des voix pures y prononcent avec des paroles de feu; ces voix ne trouvant plus la même pureté dans la sienne, ne peuvent lui permettre de s'unir avec elles, ni de se mêler à leurs concerts. Et voilà quelles sont les suites du premier crime de l'homme, par rapport à toute sa postérité.

Ces suites funestes ne se bornent pas à l'homme, elles s'étendent sur tous les Êtres sensibles et sur toutes les parties de l'Univers : puisque rien de ce qui compose le temps, ne peut se soustraire aux souffrances, conformément à la définition que nous avons donnée du temps.

En effet, l'homme choisi par la Sagesse suprême pour être le signe de sa justice et de sa puissance, devait resserrer le mal dans ses limites, et travailler sans relâche à rendre la paix à l'Univers. Et sa sublime destination annonce assez quelles doivent être ses *vertus* puisque lui seul devait posséder toutes les forces partagées entre tous les Êtres rebelles.

Mais, s'il a laissé corrompre sa virtuelle activité; si au lieu de subjuguer le désordre, il a fait alliance avec lui, ce désordre a dû s'accroître et se fortifier, au lieu de s'anéantir; et cette enceinte universelle, qui servait de borne au *Mal*, a dû être d'autant plus exposé à ses attaques et à son action. Ce qui doit faire concevoir comment tous les Êtres de la région sensible peuvent être aujourd'hui dans un plus grand pâtiment, ou un plus grand travail, qu'ils ne l'étaient avant le crime de l'homme.

Il faut convenir néanmoins que les pâtiments naturels de ces Êtres sensibles ne peuvent se comparer à ceux de l'homme; parce que l'homme ayant un principe de plus qu'eux, est susceptible de peines et de plaisirs qui leur sont tout à fait inconnus.

Il serait à présumer aussi qu'il existe des différences entre les pâtiments des Êtres qui composent la classe matérielle. Si la plante souffrait, ce serait moins que l'animal : si le minéral souffrait, ce serait moins que la plante et l'animal, vu la différence des principes qui constituent ces trois règnes. Mais, pour ne point ralentir notre marche, nous comprendrons sous la dénomination d'Êtres sensibles et corporels, tout ce qui est en action dans la Nature, et tout ce qui est corps de matière, laissant à l'intelligence du Lecteur à faire les distinctions particulières que l'immensité des détails peut exiger.

On se demandera comment il se peut que les Êtres sensibles et corporels de la Nature, qui ne sont pas libres, soient soumis sans injustice aux suites du désordre?

Les Êtres sensibles et corporels de la Nature ne sont que des êtres d'action : comme tels ils ne sont pas susceptibles de bien ni de mal par eux-mêmes, et on ne peut leur appliquer aucune des lois de la moralité. Tout ce que les notions naturelles nous font comprendre, c'est que le Principe suprême ne les astreint pas à des actions plus fortes que celles qu'il leur a accordées. Ainsi, à quelque degré que soit portée cette action, comme elle ne peut excéder leurs pouvoirs, la Sagesse est à couvert de l'injustice. Car toutes les puissances existantes venant d'elle, sont soumises à ses droits et à son usage, quand la loi de son conseil lui demande de les employer.

D'ailleurs, cette Sagesse mesure et dispose toutes les forces et toutes les puissances, sur la règle de sa propre gloire : ainsi elle irait directement contre ses intérêts, si elle pouvait permettre à ces puissances de s'étendre au delà de leurs bornes, puisque ce serait les dissoudre et les détruire.

Le pâtiment des Êtres sensibles ne nous paraît donc plus choquer la justice ; puisque ces Êtres ne sont que les instruments de la Sagesse, et les moyens temporels qu'elle emploie pour arrêter les progrès du mal. Car leur loi particulière et essentielle, fondée sur la base inébranlable de toutes les lois, répugne absolument à l'action rebelle et désordonnée, qui tend sans cesse à déranger cet ordre en eux : aussi ne sont-ils jamais altérés dans leur principe, quoiqu'ils le soient souvent dans les résultats et les effets de ce principe.

Dans ce sens, lorsque les Êtres sensibles sont en pâtiment, le décret temporel de la justice est dans la force de son accomplissement ; parce que leur loi combat plus vigoureusement contre la force opposée, qui cherche à les détruire et à faire parvenir le désordre jusque dans le principe de leur action.

On voit par-là, comment les pâtiments des Êtres matériels tournent à l'avantage et au maintien de la loi qui les constitue, et comment ils remplissent les Décrets de la Justice divine sur les puissances ennemies, qui n'éprouvent dans ces combats et dans leurs suites, que contrariétés et tourments inexprimables. Car quel plus grand supplice peut-on concevoir que de persévérer dans des efforts opiniâtres, mais impuissants ; qui plus ils sont soutenus, plus ils tournent à la honte et à la rage de ceux qui s'y abandonnent ?

Si des hommes imprudents, observant les pâtiments des Êtres sensibles, ont osé condamner les voies de Dieu et le taxer d'injustice, c'est qu'ils n'ont jamais fait attention que l'homme étant destiné à représenter la Divinité dans ses actions, il la représentait aussi dans les moyens par lesquels ces actions se manifestent ; quoique toutes les classes étant descendues, ces rapports ne se découvrent presque plus aujourd'hui que matériellement, ce qui néanmoins est suffisant pour lever la difficulté.

En effet, qu'un père voit son fils attaqué par des malfaiteurs, ou menacé de quelque danger considérable, ce père tendre volera sans doute à son secours, et ne craindra pas, pour le sauver, de mettre en usage toutes les forces et tous les organes de sa propre forme corporelle et sensible. Cependant les membres de ce tendre père ne sont pour rien dans les désordres contre lesquels il les emploie ; et quoiqu'ils puissent être maltraités, blessés, nous n'y voyons pour eux aucune injustice, parce qu'ils ne sont que des êtres subordonnés, et que l'amour paternel qui les commande, justifie toutes les actions qu'il en exige.

Posons pour un moment, que les Êtres sensibles universels sont par rapport à la Divinité, ce que sont les organes matériels dans l'exemple cité, et nous ne serons plus étonnés qu'elle les emploie pour venir au secours de l'homme ; quoique ces êtres ou ces organes sensibles n'aient point coopéré aux crimes qui ont exposé l'homme à la mort.

Mais comme l'emploi des êtres sensibles, dans le grand œuvre de la sagesse Divine, tient à des lois et à des connaissances supérieures, ce sujet est trop au dessus de la portée du grand nombre, pour espérer qu'en portant plus loin nos réflexions, elles fussent entendues généralement.

D'ailleurs, indépendamment des souffrances attachées par les lois ne la Nature, à tous les êtres sensibles, ils en éprouvent de très considérables qui semblent naître d'une cause étrangère à ces lois; telles sont les souffrances qui résultent de l'empire de l'homme sur les animaux, et de l'emploi qu'il en fait, soit dans les sacrifices religieux, soit pour ses besoins alimentaires, soit pour différents services et usages, soit enfin pour ses amusements.

Si, pour justifier ce nouveau genre de pâtiments que les religions, les besoins, la cruauté, et la dépravation des sociétés peuvent ajouter aux souffrances naturelles des animaux, je retraçais encore les droits de l'homme, si je rappellais l'étendue de son autorité, l'abus qu'il en fait envers les êtres sensibles, n'en paraîtrait pas sans doute plus excusable, ni les animaux moins innocents.

Telle est néanmoins l'immensité de ses pouvoirs qu'il asservit à son action tout ce qui est destiné à en être l'objet, et de même qu'il ne tiendrait qu'à lui de *légitimer* jusqu'aux moindres actes de sa puissance, de même il peut les rendre nuls, criminels et pernicieux.

Mais pour calmer toutes les difficultés sur cette vérité profonde, nous ajouterons ici que les *vertus supérieures* qui n'ont pas participé au crime de l'homme, participent aux suites laborieuses que ce crime entraîne après lui : et si l'homme a pu porter les influences pénibles de ses désordres jusques sur des Anges libres, sur les Ministres de la sagesse Divine, il n'est pas étonnant qu'il puisse les étendre aussi sur des simples objets passifs, sur des objets de dépendance et de servitude.

Or ce que nous avons dit des différents pâtiments des

êtres corporels, en raison des différents principes qui les constituent, nous pourrions le dire également des êtres qui sont au dessus de l'ordre élémentaire, et au dessus de l'homme. Nous pourrions montrer quelle est leur souffrance, ou plutôt la vivacité de leur zèle et de leur ardeur pour le rétablissement de l'ordre, puisqu'ils communiquent à tous les *Principes* et à toutes les *Puissances*. Nous dirions que plus un Être est voisin de la *Vérité*, plus il souffre de ceux qui la nient et qui la combattent.

Et en effet, il la voit : première cause de pâtiments et d'affliction, quand il aperçoit que des êtres qui tiennent d'elle toute leur force et jusqu'à leur moindre mouvement, sont assez insensés pour prétendre en détruire les pouvoirs et l'existence.

En second lieu, il la sent ; il en connaît, par une jouissance continue, toute la douceur : nouvelle cause de pâtiment et d'affliction ; quand il voit des Êtres *divins* par leur origine, s'éloigner de la source de leur vie, et vouloir, pour ainsi dire, le forcer à se séparer d'elle et à s'en arracher avec eux.

On pourrait juger de là quelles doivent être les douleurs que produisent l'intérêt et l'amour dans des Êtres qui touchent à la *Vérité* même : qui sont comme unis et confondus avec elle ; et qui étant destinés à en contempler en paix, l'ordre et l'harmonie, sont forcés de détourner, leurs regards de ce spectacle ravissant, pour les porter sur le désordre et la confusion.

Quel crime peut donc égaler celui de l'homme, s'il n'est rien dans la Nature matérielle et immatérielle qui ne s'en ressente, et si toute la chaîne des êtres en est ébranlée ?

VIII

Laissons tomber le voile sur cet abîme de désordres et de douleurs, et arrêtons nos yeux sur les secours qui nous environnent, pour y découvrir combien il nous reste encore d'espérances. La loi universelle de réaction, en nous servant de guide dans cette sublime carrière, nous convaincra de l'étendue des jouissances de celui de qui nous tenons notre origine et de son amour extrême pour ses productions.

Dans l'ordre des générations les Agents d'action et de réaction ont besoin d'être disctincts par leurs *vertus*, mais il faut qu'ils soient de la même essence et de la même nature, pour que leur œuvre leur soit sensible.

C'est pour cela que la génération des plantes n'est pas sensible pour elles, parce qu'elle s'opère par la réaction de l'eau, ou par celle d'autres sucs terrestres très-inférieurs et très différents d'elles.

C'est pour cela que la reproduction de la plupart des animaux se fait avec une grande sensibilité pour eux, parce qu'il ont pour agents de réaction des Êtres de leur espèce.

C'est pour cela que les fruits de la pensée et les actes de l'intelligence sont si séduisants pour l'homme, parce que toutes ces choses s'opèrent sur lui pas des *Agents* de sa propre nature, et analogues à lui, quoiqu'il soit actuellement séparé d'eux.

Que l'on conçoive donc quelles doivent être l'activité et les délices de l'existence de Dieu, qui ne cesse de produire, hors de lui, l'immensité des êtres; et qui, pour les produire, n'emploie que ses propres facultés sa propre essence, c'est-à-dire, des agents de réaction non seulement qui sont relatifs, mais encore qui lui sont égaux, qui sont confondus avec lui, qui sont lui-même. De façon que produisant des œuvres au dessus de tout ce que les sens et la pensée peuvent nous offrir, et réunissant, en lui seul tous les agents et toutes leurs jouissances, il devient à nos yeux le suprême foyer de toutes les félicités, et le centre universel où réfléchir l'ardeur de toutes les affections de la *vie*.

Ce rapport incontestable influe nécessairement sur les liens qui unissent les productions temporelles à leur Principe générateur: liens qui sont plus sensibles, à mesure que l'œuvre elle-même est plus considérable; puisque ces liens sont nuls pour ainsi dire, entre l'arbre et le fruit, si nous considérons ceux qui se trouvent entre les animaux et leurs petits : et ils paraissent bien moindres encore lorsqu'on les compare à ceux qui ont lieu entre notre Être intellectuel et les productions qui lui sont propres.

Que doivent donc être ceux qui correspondent de Dieu à l'homme ? Quelle doit être l'ardeur de son amour pour nous, puisque l'homme étant la plus sublime des productions, et Dieu le plus le sublime de tous les Principes producteurs, tous les liens d'amour et d'union que nos plus hautes pensées puissent nous faire concevoir existent entre ces deux Êtres.

Il y aurait ici une infinité d'autres rapports à exposer sur les lois de la conception des Êtres, sur leur simplicité, à mesure qu'ils s'élèvent et se rapprochent de la première source, et sur la subdivison à laquelle ils sont soumis, à proportion qu'ils s'en éloignent et qu'ils descendent. On verrait la raison pour laquelle, hors du temps toutes les facultés sont dans le même Être ; au lieu que, pour les Êtres dans le temps, ces facultés demandent autant d'agents distincts : on pourrait faire connaître la cause finale de cette grande et magnifique loi par laquelle les animaux parfaits naissent avec la similitude de leur Principe générateur : au lieu que les animaux imparfaits tels que les insectes, éprouvent plusieurs mutations sensibles dans leurs formes, avant de parvenir à cette ressemblance : on pourrait observer que notre corps passant par toutes les révolutions de la matière, n'est pour ainsi dire, qu'un insecte, par rapport à notre Être intellectuel, qui, dès l'instant de son émanation, a reçu le complément de son existence : on pourrait enfin remarquer que notre Être intellectuel lui-même, dans son état présent, est une espèce d'insecte, relativement aux êtres à qui la corruption et le temps ne sont pas connus.

Car, quoiqu'il ait reçu avec l'émanation le complément de son existence, il est assujetti, depuis sa chute, à une transmutation continuelle de différents états successifs, avant d'arriver à son terme : tandis que le premier Auteur de tout ce qui existe, fut et sera toujours ce qu'il est et ce qu'il devait être. Mais ces détails nous entraîneraient dans des sentiers sans nombre et sans limites.

Il nous suffit de rappeler ici que l'homme porte en lui un germe invisible, incorruptible, dont il a droit d'attendre des fruits analogues à sa propre essence, comme lorsque nous semons des germes végétatifs, nous en obtenons des fruits analogues aux principes dont ils sont sortis. Il suffit de remarquer que si nous voulons voir nos travaux couronnés par le succès, il faut par exemple qu'après avoir semé des fleurs, nous les cultivions avec l'attention la plus assidue ; et quand le terme de leur croissance est rempli c'est alors que, nous dédommageant de nos soins, elles nous rendent pour tribut les douceurs de toutes les propriétés qui sont en elles ; elles flattent nos yeux par leurs couleurs et notre odorat par leurs parfums ; elles peuvent même porter la joie et le bien-être dans tout notre individu par les sucs et les baumes salutaires qu'elles y font couler.

Ces images doivent nous faire comprendre que le bon ou le mauvais état des Etres dépendant presque toujours de l'espèce de réaction qu'ils reçoivent nous ne sommes placés ici-bas que pour nous défendre des mauvaises réactions et nous en procurer d'avantageuses : que si ce n'était pas la main de la sagesse qui cultive sa propre semence, et qui réactionne le germe sacré qu'elle a placé dans nous, en vain prétendrions-nous produire des fruits analogues à l'arbre qui nous a engendrés ; en vain pourrions-nous jamais espérer de voir s'exhaler de nous ces *vertus* actives dont tous les Êtres sont dépositaires, chacun selon leur classe, ces *vertus*, qui circulant sans cesse du Principe suprême à ses productions et des productions à leur Principe, forment cette chaîne vivante et non interrompue, où tout est action, tout est force, tout est jouissance.

Mais indépendamment du besoin que nous avons de la réaction supérieure, nous voyons l'impossibilité que cette réaction n'ait pas lieu pour nous quoique nous en négligions si souvent les effets.

Et vraiment, si la nature essentielle et primitive de

l'homme l'avait appelé à être l'image et l'expression des vertus du grand Principe, et que la nature des Êtres soit indestructibles, quoique leurs faits et leurs propriétés s'altèrent ou se détruisent, l'homme n'a pu effacer la loi et la convention qui le constituent; il doit donc toujours lui rester les moyens d'en opérer l'accomplissement; et quel que soit le ténébreux abîme où l'homme est tombé, l'essence divine ne peut cesser de faire couler jusqu'à lui des ruisseaux de sa gloire.

En effet, la Sagesse suprême étant l'unique source de tout ce qui existe de vrai, si rien ne peut être qui ne vienne d'elle et qui ne tienne à elle, dès qu'un Être vrai existe il est nécessairement son image : or cette source universelle ne suspendant jamais l'action par laquelle elle se reproduit elle-même ne cesse par conséquent jamais de reproduire universellement ses propres images Où l'homme pourrait-il donc aller qu'il ne les rencontrât et qu'il n'en fût environné? En quel exil pourrait-il être banni, qui n'en portât pas quelque empreinte?

Nous devons même en dire autant du Principe du mal dont l'existence est attestée par la contr'action pénible qu'il opère sur notre pensée. Les rayons actifs de la lumière pénètrent sans doute jusqu'à lui; car si nous voyons que les eaux douces ne se bornent point à féconder la terre, en subdivisant en mille ruisseaux sur sa surface mais qu'elles se rendent jusqu'à la mer, pour contribuer avec les autres causes naturelles, à tempérer son âcreté, et à l'empêcher de se convertir en une masse inutile de sel n'est-ce pas nous indiquer que de même les *vertus* supérieures, après avoir vivifié et rempli le cœur de l'homme qui est leur réservoir naturel débordent, pour ainsi dire et descendent jusqu'au foyer de la corruption afin d'en adoucir l'amertume, et d'empêcher que l'ardeur de ce feu impur ne dessèche tellement le germe du crime, qu'il ne puisse plus se dissoudre ni se décomposer.

Cependant, dès que les Êtres sont criminels, ils sont réellement séparés du Chef divin par la privation de l'exercice de leurs facultés; et quoique la *vertu* du Créateur se communique jusqu'à eux, si à cause de la corruption de leur volonté rien ne retourne d'eux à lui, ils restent dans les ténèbres et dans la mort destinées à tous les Êtres de mensonge et d'erreur.

Car c'est une très grande vérité que les rapports des Êtres doivent s'apprécier en remontant d'eux à leur Principe, et non pas en descendant de leur Principe à eux ; parce que c'est dans ce Principe qu'ils ont leur source et toute leur valeur au lieu que ce Principe ayant toutes ces choses en lui-même, n'a besoin de les chercher dans aucun autre Être.

On peut dire enfin que si Dieu conserve encore de la *vie* et des *vertus* aux Êtres coupables c'est comme il conserve la *parole* aux hommes *oiseux* ; et qu'ainsi dans l'un et l'autre exemple les traces de la dégradation sont évidentes.

Quoiqu'il y ait une distance incommensurable entre les hommes dégradés et le Créateur, nous devons reconnaître que cette distance n'est relative qu'à eux seuls et n'attaque en rien l'indivisible universalité de l'Éternel, il tient toujours à eux par les droits de leur nature intellectuelle et jamais le Père commun des êtres ne perdra de vue la moindre de ses productions ; autrement il faudrait que son amour s'éteignît et si l'amour s'éteignait, il n'y aurait plus de Dieu

Permettons-nous une comparaison prise dans l'ordre physique. Lorsqu'un homme veille corporellement, il jouit de la lumière élémentaire, il sait sensiblement qu'elle existe et qu'elle est près de lui. S'il vient à s'endormir, il ne s'aperçoit plus ; mais ceux qui veillent près de lui, et qui la voient, ne peuvent nier qu'elle ne réfléchisse sur ce corps assoupi.

Il en est ainsi de la lumière intellectuelle : quand nous nous en approchons, elle nous réchauffe, nous connaissons évidemment son existense ; mais si nous fermons les yeux à sa clarté, nous n'apercevons plus cette lumière ; nous sommes dans les ténèbres, et cependant il est très certain pour ceux qui veillent, qu'elle est toujours sur nous ; et qu'en qualité d'Êtres libres et indestructibles, nous conservons le pouvoir d'ouvrir les yeux à ses rayons. Ainsi, soit que nous mourions, soit que nous vivions intellectuellement, nous sommes sans cesse sous l'aspect de la grande lumière, et nous ne pouvons jamais être inaccessibles à l'œil de l'Être universel.

Posons ici la principale colonne de notre édifice, et examinons quelles sont les voies que la Sagesse ne cesse d'employer pour procurer à l'homme cette réaction supérieure, sans laquelle tous les fruits de sa nature seraient étouffés dans leur germe.

Si l'homme s'étant exclu du séjour où réside la lumière, ne peut plus aujourd'hui contempler la pensée, la volonté et l'action suprême, dans leur ensemble ou dans leur unité, il peut les reconnaître encore dans une subdivision relative à lui seul, c'est-à-dire, dans une multitude d'images de tous genres qui l'environnent, qui sont destinées à le réactionner et à lui faire ouvrir les yeux à la vérité; car sans cette réaction, l'homme ne serait point coupable de rester dans les ténèbres et de ne pas recouvrer l'idée des facultés de son modèle.

En effet, si parmi les Êtres matériels, il n'en est aucun qui puisse manifester ce qui est en lui sans une réaction, il y a de même une réaction pour l'esprit de l'homme, puisqu'il a comme eux un principe générateur

Aussi l'homme ne peut-il porter ses regards autour de lui sans apercevoir les images les plus expressives de toutes les vérités qui lui sont nécessaires.

Le principe suprême manifeste d'abord l'existence de ses facultés créatrices par l'existence de la matière puisque tout individu matériel n'est et ne peut être qu'une production. Il manifeste en outre la loi progressive de l'action de ces facultés, par les actions successives et génératrices des éléments. Voici l'ordre de ces dernières.

Il y a un feu principe invisible, incoercible, d'où proviennent toutes les substances particulières qui constituent les corps. Ce feu principe est indiqué par le Phlogistique qui s'exhale des matières en dissolution. Il produit trois actes sensibles.

Par le premier il engendre le feu matériel et visible qui dans les animaux se représente par le sang; et ce feu grossier est triple en ce qu'il contient en lui de l'eau et de la terre: mais cette triplicité est simple, par ce qu'il n'y a point encore de séparation.

La seconde opération sépare de ce feu visible et matériel un fluide aqueux beaucoup plus grossier, représenté par le germe animal, qui est extrait du sang, ou du principe universel répandu dans la forme. Ce fluide aqueux, ce germe, cette eau est double, en ce qu'elle est unie avec la terre, et en ce qu'elle est produite par la seconde action.

La troisième action sépare de cette eau la terre, le solide ou la forme. Cette forme paraît simple ou une à nos yeux: mais cette simplicité est triple par ses dimensions et par son rang d'émanation; et en cela elle est l'opposé du feu, dont la triplicité est simple.

Voilà la loi progressive et numérique des actes sensibles, généraux et particuliers des facultés créatrices universelles. On y voit comment les choses deviennent physiques et grossières, à mesure qu'elles descendent; on y voit d'où viennent les disputes des Philosophes, qui ont prétendu, les uns, que tout venait de l'eau; les autres, du feu; les autres, du mercure ou de la terre. Chacun d'eux a eu raison, et tout dépend du degré de la progression, auquel ils se sont arrêtés.

Il y a aussi une loi ascendante, par laquelle les émanations de ces facultés remontent à leur Principe générateur, et cette loi est l'inverse de la première: mais agissant circulairement l'une et l'autre, elles se succèdent sans se nuire, et elles opèrent de concert, selon la raison double qui constitue le temps.

Par cette loi ascendante la forme solide et terrestre disparaît, en se liquéfiant ou devenant eau; l'eau se volatise et disparait, étant dévorée par le feu élémentaire; le feu élémentaire disparaît, rentrant dans son feu principe, dont l'action vorace, mais invisible, est à démontrer par celle du feu élémentaire lui-même, qui consume sous nos yeux tous les objets qu'il a produits.

Les forces descendantes et ascendantes des facultés créatrices universelles, étant perpétuellement en action devant nous, nous pouvons donc toujours découvrir la source d'où les choses proviennent, et où elles doivent rentrer : car chacun des dégrés que nous venons d'observer, est comme un fanal qui éclaire les points supérieurs et inférieurs, au milieu desquels il est placé dans la progression circulaire.

Mais considérons ces objets élémentaires dans la classe terrestre : quoique nous n'y puissions pas atteindre leur Principe générateur, nous pouvons au moins en apercevoir et en admirer les lois.

En effet, si l'on contemple les corps et les éléments, dans leurs faits et dans leurs actes temporels terrestres, on y pourra reconnaître une image de l'activité continue de ces facultés créatrices universelles, par cet état perpétuel d'effluves et de transpirations, où sont à la fois les Êtres de toutes les classes de notre région.

On verra que parmi les trois éléments, le feu monte, la terre descend, et l'eau parcourt la ligne horizontale, pour nous apprendre que l'action des facultés supérieures, dont les éléments sont les organes, remplit et mesure toute l'étendue de la circonférence universelle.

Si nous considérons les propriétés des trois règnes, nous y trouverons l'indice des *pouvoirs* cachés, dont ils sont l'emblème et l'expression.

L'or, par son étonnante ductilité, nous indique la prodigieuse extension des forces de la Nature, qui par des efforts infinis transmet ses *vertus* jusqu'aux êtres les plus éloignés, et établit par là une correspondance universelle.

Les plantes absorbent toutes les vapeurs impures de l'astmosphère; et en les combinant avec leurs émanations, elles les dissolvent, nous les renvoient avec des qualités moins malfaisantes, pour nous enseigner de nouveau, et physiquement, que l'existence de tous les êtres de la Nature n'a pour but que de tempérer les maux et les désordres.

Si les plantes produisent des effets différents pendant la nuit, ou même pendant le jour, lorsqu'elles ne sont pas exposées aux rayons du soleil, c'est que tenant parmi les trois règnes, le même rang que l'eau, parmi les trois éléments, elles sont particulièrement, comme l'eau, un type double, et elles peuvent montrer alternativement les effets avantageux opérés par un Agent qui est en aspect de son Principe de réaction, et les effets funestes auxquels est réduit celui qui en est séparé.

Quand au règne animal, on y voit une représentation active de la célérité avec de laquelle la vie du grand Être, se communique à toute la chaîne de ses productions par ce mouvement rapide et un, qui transmet à la fois l'action du sang dans toutes les artères, et qui n'a besoin d'aucune progression, ni d'aucun intervalle pour passer du centre aux extrêmes les plus éloignées.

Enfin l'air, cet être à part des éléments, ce symbole sensible de la *vie* invisible, dont la destination est de purifier la terre, puisque son action est plus réglée et plus constante, selon que les climats où il agit, sont plus ou moins exposés à des exhalaisons corrompues : cet air, dis-je, opère, à l'image de l'action supérieur, la réaction générale des corps, en pénétrant jusqu'au sein de tous les germes ; et il devient ainsi un mobile universel, où tous les Êtres trouvent ce qui doit contribuer soit à leur existence, soit à leur *salubrité*. Car il y a un air pour la terre, un air pour l'eau, et un air pour le feu.

Il est donc vrai que quelque obscure que soit notre demeure actuelle, nous n'y pouvons faire un pas, sans avoir autour de nous les signes visibles de ces mobiles créateurs vivants qui nous sont encore inconnus.

La Nature céleste nous présentera la même vérité. Quoique nous soyions privés de la vue du Principe qui meut les astres, quoique nous soyions même prodigieusement éloignés d'eux, nous jouissons de leur lumière, nous recevons les émanations de leur feu ; nous pouvons même former des conjectures hardies et lumineuses sur l'ordre qu'ils ont reçu lors de leur origine, et sur le véritable objet de leur existence ; jusque là que les Sages pensent que toutes les lois des êtres sensibles sont écrites sur ce vaste et magnifique Tableau, et que la main divine n'en a pour ainsi dire enveloppé la terre, qu'afin que ceux qui l'habitent puissent y lire à tous instants les signes et les caractères de la vérité.

Ainsi, l'ensemble de l'Univers matériel nous peint dans un pompeux éclat, la majesté des Puissances suprêmes. Nous y voyons des astres brillants distribuer leur lumière au Monde, les Cieux corporels imprimer les lois et les modèles des êtres sur l'air de l'atmosphère, celui-ci apporter ces plans à la terre, et la terre les exécuter avec une ardeur et une activité qui ne se reposent jamais.

Il est donc vrai que la Nature universelle est pour l'homme comme un grand arbre, dont il peut assez contempler et savourer les fruits, pour se consoler de ne pouvoir encore en découvrir les *germes* et les *racines*.

Non seulement la Nature présente à l'homme, par ces tableaux les traces de celui qu'il a pu contempler dans son origine : elle lui apprend encore à fixer sa vue sur ce tableau primitif, et sur les moyens qu'il doit prendre pour en réacquérir la jouissance. En effet, les lois des êtres de la région sensible fournissent à l'homme autant d'instructions parlantes de ce qu'il a journellement à faire pour recouvrir sa splendeur et sa gloire.

Tous les corps de la Nature tendent à se dépouiller de leurs écorces grossières, pour rendre au Principe qui les anime l'éclat qu'il porte en lui-même. Le feu particulier à chacun de ces corps, coopère sans cesse à ce grand œuvre, en purifiant continuellement les substances dont ils se nourrissent.

Notre sang même est destiné à remplir sans relâche cette importante fonction ; il doit élaborer nos boissons, nos aliments ; en séparer le pur de l'impur, et employer son action à éloigner tout ce qu'ils ont de malfaisant et de trop matériel.

C'est enseigner sans doute à l'homme quel doit être

l'emploi des deux principaux agents qui sont en lui, son *intelligence* et sa *volonté*; il doit exercer leur *feu* sur les substances intellectuelles qui lui sont offertes, en séparer tout ce qui n'est point analogue à son être pensant, afin de n'y laisser entrer que des sucs vivifiants et purs comme lui, et avec lesquels il puisse former cette union, cette harmonie, cette unité qui fait à la fois l'objet et le terme de toutes les actions et de tous les êtres de la Nature.

Quant au feu en général, il apprend aux hommes ce que seraient leurs jouissances et leurs lumières, s'ils exerçaient avec persévérance les facultés qui sont en eux et s'ils en portaient l'action jusqu'au point où leur essence leur permet d'atteindre. Le feu a le pouvoir de vitrifier tous les corps, c'est-à-dire, de tellement les purger de leurs scories et de leurs écorces, que leur principe radical parvienne en quelque sorte à sa pureté et à sa simplicité naturelle.

Par là ces corps que leur opacité rendait impénétrables à notre vue, et qui nous interceptaient les autres objets; ces corps, dis-je, acquièrent une clarté visible une transparence dont les effets ne laissent plus de bornes à nos désirs et à nos connaissances.

Ils donnent à l'homme le moyen de jouir de la lumière des astres sans ressentir les rigueurs de l'atmosphère, et d'exister au milieu des intempéries de cette région terrestre sans en recevoir les atteintes, comme si en effet elles n'avaient pas lieu pour lui; image grossière mais instructive d'une autre espèce de sécurité que l'homme peut également se procurer au milieu des *tempêtes* qui grondent dans cette orageuse demeure.

Ces corps lui donnent le moyen de pénétrer pour ainsi dire, dans les mystères de la Nature, d'apercevoir d'une part, des merveilles que la petitesse des objets semblait avoir exclues pour jamais de ses connaissances et de l'autre, de diriger ses yeux jusqu'à la région la plus élevée des astres. Ils le mettent à portée d'en mesurer les dimensions, d'en calculer tous les mouvements et de lire, comme à découvert, les lois de ces grands mobiles, dont il est séparé par une distance si prodigieuse que plusieurs échappant à la vue simple, il n'avait pu même en soupçonner l'existence.

Tous ces faits sont pour l'homme autant de signes qui lui démontrent que s'il avait le courage d'amener sa volonté à son vrai point d'épurement, il rendrait à son Être intellectuel, une clarté, une *transparence* analogue à sa classe, il lui procurerait un degré de *purification* qui lui ferait non seulement découvrir la marche des Êtres immatériels qui l'environnent, mais même l'aiderait à s'élever jusqu'à l'ordre intellectuel le plus supérieur à lui, jusqu'à cet ordre vivant dans lequel il a puisé son origine, mais dont il est aujourd'hui tellement éloigné qu'il le regarde comme inaccessible à sa vue. Car dans le sensible et dans l'intellectuel, il est certain qu'il n'y a que le grossier, que la souillure qui forment pour l'homme les ténèbres, les éloignements et les distances et que tout est clair pour lui, tout est près de lui, quand tout est pur en lui.

Malgré toutes les beautés écrites dans la création temporelle, convenons que nous n'y voyons que des lois de rigueur et de violence, que des faits non libres, et qui ne démontrent pas même une intelligence dans les agents qui les opèrent, quoiqu'il y en ait nécessairement une hors de ces agents, qui les commande dans tous leurs actes, puisque ces actes s'exécutent avec ordre et régularité.

Ce serait donc en vain que nous chercherions dans la matière des images réelles et permanentes du Principe de la vie, duquel nous sommes malheureusement séparés ; et si l'homme n'eût pas eu d'autres signes que les objets matériels pour recouvrer la connaissance de ce Principe, la Justice divine aurait peu de choses à lui redemander.

Nous avons déjà remarqué que, dans l'homme, quelque corrompu qu'il puisse être, il se trouvait toujours des traces de vertus et facultés étrangères à toute la Nature matérielle ; nous avons vu que dans tous les siècles, chez tous les Peuples, les idées de la justice et de la bienfaisance ont été connues, quoiqu'ils les aient si souvent défigurées, et qu'ils en aient même appliqué les noms respectables à des objets criminels.

Bien plus, en considérant sa forme corporelle, l'homme pourra se prouver qu'il possède des vertus plus actives encore que ces vertus dont nous venons de parler.

On peut dire qu'il porte sur lui des signes vivants de tous les Mondes et de tous les Univers ; et si l'on considère intellectuellement trois des principaux organes dont sa tête est ornée, on verra pourquoi l'organe de l'ouïe est absolument passif, recevant les impressions et ne rendant rien ; pourquoi les yeux sont actifs et passifs, exprimant au dehors les affections internes, et communiquant à l'intérieur les impressions des objets extérieurs ; enfin, pourquoi la langue est un organe absolument actif, et ayant le double pouvoir de peindre avec la même faculté les opérations de la pensée ou du raisonnement, et les mouvements ou passions de l'âme.

Nous pouvons même porter nos observations intellectuelles jusqu'au centre invisible qui anime ces trois organes ; jusqu'à ce séjour caché de la pensée, qui a son siège dans l'intérieur de la tête, comme la Divinité suprême a mis le sien dans un sanctuaire impénétrable quoique ses attributs en manifestent l'existence et l'action à tous les Êtres.

Nous trouverons dans cet homme invisible, le nombre des facultés du Principe divin qui forment le type de tous les Êtres. Quoiqu'elles n'agissent plus dans nous que par une succession lente et pénible, elles y sont absolument indivisibles comme dans la Divinité : elles devraient avoir absolument le même objet ; et si l'homme n'avait le droit funeste de s'égarer par le seul pouvoir de sa volonté, *il en est* qui ne reconnaîtraient pas sa différence d'avec son modèle.

Indépendamment des objets de la Nature dont l'homme est environné, et qui lui peignent son principe, il a donc le moyen plus avantageux et plus vrai de le reconnaître en lui-même et dans ses semblables. Il est certain que Dieu s'étant peint lui-même dans toutes les œuvres de la Nature, et plus particulièrement dans l'homme, il n'existe rien dans nos ténèbres qui ne porte son signe, et l'immensité des images de Dieu. Vérité lumineuse qui doit servir de guide assuré pour découvrir toutes celles qui peuvent remplir les désirs de l'homme.

Dans l'union de l'homme à l'Univers, peut-on se dispenser d'apercevoir une esquisse active de l'harmonie divine, dans laquelle le premier Être se représente à nous comme dominant sur toutes les intelligences, et recevant d'elles le tribut et l'hommage qu'elles doivent à sa grandeur? En effet quel est le rang que l'homme occupe sur la terre? Tous les êtres de la nature sont en action autour de lui, tous travaillent pour lui; l'air, le temps, les astres, les vents, les mers, les éléments, tout agit, tout contribue à son bien-être, tout concourt au soutien de son existence; lui seul au milieu de ce vaste empire a le privilège de pouvoir être supérieur à cette action temporelle; il peut, s'il le veut et qu'il en ait le courage n'avoir d'autre occupation que de s'approprier tous les dons et toutes les *Vertus* de l'Univers.

Le seul tribut que la Sagesse exige de l'homme en lui laissant l'usage de ces bienfaits, c'est qu'il lui rende gloire, et qu'il la reconnaisse comme étant le souverain arbitre de tout ce qui existe; c'est qu'il rétablisse dans ses facultés, la même loi, le même ordre, la même régularité par laquelle il voit que tous les Êtres de la Nature sont dirigés; c'est, en un mot, qu'au lieu d'agir en son propre nom, ainsi qu'il le fait sans cesse il agisse toujours, comme ces Êtres, au seul nom du Dieu vivant qui l'a créé.

C'est là le grand œuvre, ou ce changement de volonté pour lequel nous avons dit que toutes les *Puissances* de la Nature étaient employées depuis l'origine des choses sans avoir encore pu l'opérer.

« Mais cette supériorité de l'homme sur la Nature se démontre d'une manière plus active par les simples manipulations qu'il peut faire sur la matière, et qui doivent nous donner encore une plus grande idée de l'étendue de ses droits. »

« Il n'est aucun corps matériel, tel dur, tel cristallisé qu'il soit, dont on ne puisse extraire les principes qui servent à engendrer tous les corps des trois règnes. Il suffit pour cela de prendre une marche opposée à celle que le corps dur a suivie lui-même pour parvenir à son état de solidité. Il faut donc commencer par travailler à sa dissolution. »

« Quoique l'homme sache opérer fort peu de ces sortes de dissolutions, il n'en est pas moins vrai qu'elles sont possibles, puisque la Nature, par ses opérations secondes, nous en fournit tous les jours la preuve et les moyens. Car à défaut de *science*, on peut au moins profiter des exemples de la Nature, qui est toujours prête à suppléer à notre faiblesse et à notre ignorance. Mais il faut se souvenir que les productions qui résulteront de nos procédés seront toujours inférieures à celles que la Nature opère immédiatement, lesquelles méritent seules les Noms attachés à leur règne, comme en portant sur elles les grands caractères. »

« Sans perdre de vue cette prudente observation, pulvérisons le sel le plus compact, le marbre, le granit le plus dur. Exposons cette poudre, que l'on ne peut rendre trop fine, si l'on veut réussir, exposons-la à l'air libre de l'atmosphère, sans eau, à couvert, autant qu'il est possible, de la pluie, de la poussière et des corps étrangers déjà déterminés ; peu à peu l'acide de l'air agira sur ce sel pulvérisé. Il en extraira les substances qui lui sont analogues, et abandonnera les autres, qui à la longueur du temps se convertiront entièrement en terre végétale. »

« Dès que l'on est en possession de cette terre végétale, toutes les découvertes sont faites ; l'humidité de l'air se joint à elle, et en fait naître de petites plantes. »

« Ces plantes arrivées à leur point de maturité, subiront une nouvelle opération, ou dissolution plus naturelle que celle de la grossière infusion, et l'on en verra naître des insectes et même des espèces de métaux, si l'on sait procéder, et ce sera là une démonstration complète que le Principe universel de vie est répandu dans tous les corps.»

« Qu'on ne croie pas que je contredise ici ce qui a été avancé précédemment sur la fixité des caractères des Êtres, qui ne peuvent jamais s'élever à un autre rang que celui qui leur a été donné par la Nature. Dans les procédés dont nous parlons, les transmutations n'ont lieu, que parce que les différents germes innés dans chaque corps se séparent les uns des autres pour agir librement selon leur loi; mais aucun d'eux ne sort de son règne. Il faut remarquer encore que les résultats des transmutations vont toujours en dégénérant, et que plus on répète le procédé sur les mêmes substances, plus les productions qui en proviennent sont affaiblies, ce qui les rend de plus en plus inférieures aux productions premières de la Nature.»

« Nous pouvons néanmoins admirer les droits de l'homme puisque, par l'usage qu'il lui est libre de faire des différentes substances matérielles, il a le pouvoir de transmuer, pour ainsi dire, tout ce qui se trouve dans son enceinte, de convertir les terres en matériaux, les plantes en insectes, ceux-ci en une nouvelle terre d'où résulteront de nouvelles combinaisons; puisque enfin il peut transformer par un seul procédé les animaux et les plantes en minéraux et en sels, les rochers les plus durs en corps organisés et vivants, et en quelque façon faire changer de face à tout ce qui l'approche. »

« N'hésitons pas d'appliquer ces observations aux objets immatériels. Ils sont tous pour lui, ou séparés, ou comme engagés dans des substances et dans des enveloppes qui semblent gêner leur action. Mais comme il est lui-même un *dissolvant universel*, il pourrait en quelque sorte, s'il jouissait des droits de son intelligence, opérer dans la classe des objets intellectuels, ce qu'il fait sur les corps par le moyen des agents sensibles et corporels.»

«Tout nous engage donc à croire que l'homme rétabli dans ses droits, pourrait agir tant sur les Êtres immatériels corrompus, que sur les Êtres purs dont il est actuellement séparé par de fortes barrières ; à l'image de l'Agent suprême, il aurait le pouvoir de dissoudre, de décomposer les *enveloppes*, de mettre à découvert les principes qui y sont contenus et concentrés, de leur fournir par là les moyens de produire les fruits de tous les *règnes* qui leur sont propres, de *recomposer* ceux qui sont *simples*, de tenir dans l'inaction ceux qui sont *malsains*, c'est-à-dire, de faire succéder partout l'abondance à la stérilité, la lumière aux ténèbres, la vie à la mort, et de transfigurer tellement tout ce qui l'environne, que son séjour ressemblât à celui de la Vérité même.

IX

Ne nous abusons point ; le spectacle merveilleux de l'action non interrompue des Êtres corporels, « celui même de la supériorité que l'homme devrait avoir sur eux par l'usage et l'application qu'il peut faire de leur loi » n'est sans doute qu'une représentation très faible et très inférieure de cette harmonie divine qui lie les trois *facultés premières* à tous les Êtres intelligents.

Dans cette classe divine, tout est saint, tout est vrai, tout agit de concert et tend à un seul but. Le Chef divin au centre de ses pures émanations, répandant, jusque dans leur sein, les douceurs de son existence et de ses *Vertus*, les unit à lui par tous les droits de l'amour et de la félicité.

Là, les Sujets ne peuvent jamais s'élever au-dessus de leur Souverain, et si quelques-uns d'entre eux furent assez malheureux pour se révolter contre ses lois, ils ne purent jamais porter leurs attaques jusqu'à lui, puisqu'à l'instant qu'ils conçurent cette horrible pensée, ils perdirent de vue sa présence. D'ailleurs, quels que soient les crimes, la clémence du Maître n'abandonne point les coupables ; il tempère sa justice, plutôt qu'il ne l'excite ;

il cherche à gagner les criminels, plutôt qu'à les subjuguer ; il enveloppe, pour ainsi dire, sa puissance de son amour, pour leur épargner la terreur de son nom et pour leur montrer qu'il est plus jaloux de régner sur eux par l'amour que par la puissance.

Il n'en est pas ainsi dans la classe temporelle ; le Sujet et le Maître y sont presque toujours confondus. Tous ces Êtres corporels : tous ces agents de la Nature, destinés au service de l'homme, lui font continuellement la guerre : et quand il est abandonné à lui-même, loin de le regarder comme le Roi de l'Univers, on le prendrait plutôt pour un proscrit, ou pour le vil esclave de ceux qu'il devrait commander et même lorsqu'il use de ses droits et que son empire paraît le mieux réglé, il ne nous offre que des figures de ce véritable empire dont nous venons de tracer un faible tableau : la puissance et l'étendue de ses facultés ne sont ni constantes, ni inaltérables : et s'il annonce en effet une représentation des trois facultés divines, on ne peut dire qu'elle n'en est qu'une esquisse presque méconnaissable.

Non seulement sa pensée n'est pas à lui, non seulement sa volonté n'est pas constamment pure, mais son action même est incertaine, et n'a ni l'assurance, ni l'autorité du Maître et du Souverain, en sorte qu'on ne peut presque y reconnaître aucun des traits vivants de la troisième *Vertu* divine que cette action devrait représenter.

Cependant, c'est par notre ressemblance avec cette troisième faculté que nous devons commencer à corriger les difformités qui nous défigurent ; car la loi par laquelle le premier Principe nous laisse ici-bas apercevoir son image, étant liée à un ordre temporel et successif, nous devons travailler à manifester leurs droits et la *vie* de l'action divine, avant de prétendre à manifester les deux facultés qui la précèdent, puisque dans toute progression ascendante, il faut passer par l'inférieur avant d'aller au supérieur.

Toutefois, ces mots de supérieur et d'inférieur ne doivent être employés que pour se prêter aux bornes qui resserrent aujourd'hui notre intelligence. Dans Dieu rien n'est supérieur, rien n'est inférieur ; tout est un dans l'indivisible, tout est semblable, tout est égal dans l'unité.

Mais les suites des écarts de l'homme n'ont pas seulement fait subdiviser les *Vertus* temporelles des Êtres de la création, elles ont même engagé la Divinité à ne plus montrer que successivement les *Vertus* de sa propre essence à cet Être coupable, et c'est là une nouvelle preuve de l'amour qu'elle a pour lui, puisque l'homme n'ayant plus la force nécessaire pour contempler l'unité divine sans péril, elle se partage, pour ainsi dire, en sa faveur, afin qu'il ait toujours quelques moyens de la reconnaître, et qu'elle ne l'éblouisse pas, comme il arriverait, si elle se présentait à lui dans tout son éclat.

Or dans cette espèce de subdivision qui n'est relative qu'à l'homme seul, la troisième faculté divine, ou *l'action*, est celle dont nous devons d'abord nous approcher, puisque son nombre la place après les deux autres et par conséquent plus près de nous.

Si l'on trouve trop de difficultés à concevoir ces mots : *action, volonté, pensée*, que je présente comme distinctes les unes des autres tandis que ces trois facultés sont unes dans leur essence, il suffira pour avoir la parfaite intelligence de cet écrit, de s'en tenir à cette idée générale, que par son crime l'homme ayant perdu de vue l'unité des puissances divines, ne peut plus les contempler que séparément ; que ces puissances, en se communiquant à lui, ne peuvent se montrer que sous une multitude innombrable de faits, de signes, d'emblèmes ; sous une complication d'Agents et de moyens, qui fasse sentir à l'homme la privation où il est de cette unité et des délices dont elle est la source et le foyer.

Si dans l'espèce humaine, considérée relativement à l'ordre physique, nous voyons des hommes remarquables par la beauté et la proportion de leur corps, par leur force, leur agilité, et les différents avantages de la forme et des organes, nous devons penser qu'il en est de même dans l'ordre de leurs facultés intellectuelles, et que si le plus grand nombre est en effet réduit aux notions les plus communes et les moins élevées, il a dû en exister dans tous les temps qui ont été distingués parmi leurs semblables, et qui se sont plus approchés qu'eux de la lumière ; différences qui s'observent encore tous les jours par rapport à ce qu'on appelle vulgairement : *Sciences*.

Quoique tous les hommes de la terre soient destinés à manifester, même ici-bas, quelques rayons des facultés divines, on peut donc croire que quelques-uns d'entre eux sont appelés à cette œuvre avec une détermination plus positive que les autres hommes, et qu'ils ont à opérer des faits plus vastes et plus considérables.

Les uns, chargés seulement de leur propre régénération, n'ont, pour ainsi dire, qu'à contempler le tableau des secours que la Sagesse suprême leur présente, et à tâcher de s'en appliquer les fruits. Les autres, destinés à répandre ces secours, doivent avoir des forces plus grandes et des dons plus étendus.

Pour fixer notre pensée sur cet objet, nous regarderons tous les hommes de la terre comme des Élus, mais divisés en deux classes, celle des *Élus particuliers* et celle des *Élus généraux*.

Nous ajouterons que difficilement les Élus généraux peuvent descendre au rang des Élus particuliers; mais qu'il est donné à tous ceux-ci de s'élever au rang des premiers, par leur courage et par les efforts soutenus de leur volonté: parce qu'il est plus difficile à un homme consommé dans la Science, d'oublier ce qu'il sait, qu'à un homme ignorant d'acquérir des connaissances.

Ceci nous force d'examiner un instant le système de la prétendue fatalité attachée à la destinée de l'homme.

Les difficultés qui se sont élevées sur cette matière viennent de ce qu'on attribue aux Élus particuliers, ce qui n'a été dit que des Élus généraux.

Il est clair que ceux-ci, vu l'immensité de leurs avantages, peuvent se regarder comme prédestinés selon la notion vulgaire. Mais de ce qu'il y aurait dans l'espèce humaine, quelques êtres privilégiés et destinés à de plus grandes œuvres, faudrait-il en conclure que tous les hommes doivent l'être, puisqu'il est clair que la plupart demeurant dépositaires de leur libre arbitre, demeurent aussi dépositaires de leurs actions, et par conséquent du résultat qui doit les suivre? On aurait tort, en un mot, d'assimiler tous les Élus, et de conclure du petit nombre à l'universalité des hommes.

On ne s'en tiendra pas là sans doute, et l'on demandera pourquoi tel homme a été choisi de préférence parmi tous les autres, et placé au rang des Élus privilégiés ou généraux.

Pour atteindre au nœud de cette difficulté, il faudrait s'élever jusqu'aux lois simples, mais universelles de la Sagesse divine, qui ayant marqué son empreinte sur tous ses ouvrages, l'a gravée sur l'espèce humaine comme sur ses autres productions. Ajoutons que la Nature humaine étant le tableau figuratif universel de la Divinité, ainsi que de ses *Vertus et Puissances*, doit voir répéter tous ces types par les différents individus de sa propre espèce.

Voilà pourquoi il doit y avoir des hommes chargés de manifester les choses divines; d'autres, les choses intellectuelles; d'autres, les choses physiques et naturelles; sans parler d'une autre sorte de manifestation, dont la nécessité est également absolue parmi les hommes, mais qu'il ne serait pas prudent de révéler à la multitude.

La loi qui dirige ces sortes d'élections est semblable à la loi qui constitue la Divinité même: elle a pour base la propriété sacrée des facultés du premier principe et l'ordre numérique agissant sur tous les Êtres qui doivent les représenter. Propriété coéternelle avec l'essence suprême, et dont il ne peut y avoir d'autre raison que celle de son existence, puisque cette raison et son existence sont une même chose. Et c'est par cette seule connaissance que nous pourrions comprendre ce que nous avons nommé liberté dans ce grand Être.

Ainsi l'on ne pourrait savoir pourquoi certains hommes sont tels ou tels types à manifester par préférence à d'autres hommes, sans connaître auparavant la loi numérique à laquelle la Sagesse suprême a assujetti leur origine; ou plutôt il faudrait savoir pourquoi les facultés divines sont elles-mêmes diverses, quoique intimement unies et à jamais inséparables; pourquoi enfin la pensée n'est pas la volonté, la volonté n'est pas l'action, l'action n'est ni la pensée, ni la volonté. Mais, si à la rigueur ces questions ne sont pas au-dessus de l'intelligence de l'homme, elles sont au moins inutiles et souvent très dangereuses pour lui, surtout quand il ne les poursuit pas par le véritable sentier, qui est l'action. Car si cette *action*, est le germe essentiel de notre réhabilitation, il faut d'abord que ce germe, pour nous procurer ensuite les connaissances et les lumières qui sont ses véritables fruits. Demeurant donc fidèles à cette *action*, nous reconnaîtrons que c'est à elle seule à confirmer toutes les vérités exposées jusqu'ici, et à dissiper toutes nos obscurités.

Rentrons dans notre sujet et découvrons les voies physiques et intellectuelles par lesquelles les Élus généraux ou privilégiés ont été admis à ce titre sublime.

S'ils n'avaient eu que les secours naturels et humains dont nous avons parcouru ci-devant le tableau; si même ils n'avaient jamais eu que les secours des autres hommes privilégiés comme eux, ils n'auraient vu là que des types seconds et inférieurs, par lesquels ils n'auraient pas découvert pourquoi l'homme existe. Et ne connaissant point encore les *Vertus* efficaces du grand Principe, il leur eût été impossible de remonter au rang sublime d'où ils étaient descendus, et Dieu aurait porté sur l'homme un décret qui n'aurait jamais pu s'accomplir.

Il faut donc, selon l'ordre de l'immutabilité divine, que la Sagesse suprême ait présenté à ces Élus privilégiés des *signes actifs, frappants* et *directs* de ces *vertus* et facultés par lesquelles l'homme doit commencer le cours de sa régénération.

Enfin, il est indispensable que les *Vertus* mêmes de la Sagesse divine se soient rapprochées de ces hommes privilégiés; qu'elles leur aient fait toucher, pour ainsi dire, sa propre substance, afin de leur fournir les moyens de manifester leur action, et de commencer à remplir la tâche pour laquelle ils avaient reçu leur existence temporelle.

Nous n'aurons aucun doute sur ces vérités, quand nous réfléchirons que les *vertus* Divines rayonnant dans tous les sens comme le feu solaire, sont dans une continuelle activité qui les fait procéder à la fois dans toutes les progressions de l'Infini: qu'ainsi il faut nécessairement qu'elles rencontrent l'homme dans leur cours, et que plus cet homme est analogue à elles, plus elles tendent à s'unir à lui par les rapports essentiels de leur nature.

Et c'est là cette réaction, qui, indépendamment de l'universalité de l'action divine, se prouve en particulier sur chacun de nous; en ce que l'homme n'ayant pas la pensée à lui, il reçoit cependant chaque jour des pensées vives et lumineuses. Car si quelque homme se plaint de n'en pas recevoir de semblables, cette disette n'est pas un vice de sa nature, mais une suite de sa négligence à n'avoir pas saisi les rayons qui lui avaient été offerts dans son premier âge, et qui ne s'étaient présentés à lui que comme des guides, qui devaient le conduire à la jouissance habituelle d'une plus grande lumière.

Lorsque nous disons que les *Puissances* de Dieu se communiquent indispensablement aux hommes, nous parlons d'une nécessité appuyée sur les lois fondamentales que Dieu imprime aux Êtres, et sur l'immutabilité de ses décrets. Ainsi elle ne doit point affaiblir à nos yeux la grandeur de son amour, et encore moins nous faire croire que nous soyons dispensés de concourir à l'œuvre avec lui, comme s'il devait l'opérer seul et sans le concours de notre libre volonté.

En faisant une classe à part des *Élus généraux*, qui étant toujours unis avec le grand Principe même, ne nous laissent point de distinction à faire entre son Action divine et leur libre Arbitre, nous dirons qu'il en est de l'amour comme de la justice; l'un et l'autre ne sont que des appuis qui nous sont présentés pour nous aider à sortir de l'abîme, mais qui nous laissent ordinairement la plus entière liberté pour nous en saisir, ainsi que pour les fuir et les abandonner.

Quoique les secours que la Sagesse suprême accorde

à l'homme soient une suite nécessaire de l'amour qui la constitue, il doit encore lui demander la force même d'en faire *usage*, il doit employer toutes les *Puissances* de son Être, pour que ses secours ne lui soient pas donnés en vain. Car cette Sagesse exigeant toujours de l'homme un travail, met par là une condition à ses grâces, c'est à la volonté de l'homme ensuite à en déterminer l'efficacité; enfin, semblables à ces traits de lumière colorée, qui se prolongent quand ils trouvent des milieux trop divisés et trop faibles pour pouvoir s'y appuyer et se réfléchir, les rayons suprêmes frappent inutilement sur l'homme et le laissent loin derrière eux, quand il n'a en lui aucune base pour les fixer.

Si les hommes pouvaient agir, suivant leur véritable loi, sans le secours de Dieu, ou, si Dieu devait agir en eux sans leur concours, les Théologiens et les Philosophes seraient fondés à faire tant de questions sur le libre arbitre, et sur les effets de la grâce divine, qui n'est autre chose que l'amour. Mais comme le bon usage du libre arbitre attire cette grâce ou cet amour, et comme réciproquement cet amour dirige le libre arbitre et le purifie, il est visible qu'on ne doit jamais les séparer; il est clair que l'amour et la liberté se secondent continuellement l'un et l'autre et que ces deux actions, quoique distinctes, sont toujours liées par des rapports intimes et respectifs.

Cependant il ne faut pas croire que la volonté humaine puisse rendre nuls les décrets des manifestations de la Puissance suprême, qui devraient se faire par l'organe de l'homme; parce que si l'homme ne remplit pas le but de son émanation, c'est cette puissance qui se montre elle-même. Ainsi ceux qui doivent en être l'objet ne peuvent jamais manquer de l'avoir présente devant eux, soit pour leur avantage, soit pour leur molestation. Suivons notre sujet.

Il ne suffisait pas que les Puissances divines en se subdivisant, apportassent jusqu'auprès de l'homme les *vertus* qui les constituent, il fallait encore que chacune d'elles le fît d'une manière proportionnée à la région ténébreuse qu'il habite; il fallait qu'elles employassent pour ainsi dire les moyens mêmes qu'il avait pris pour y descendre; qu'elles passassent par les mêmes voies; qu'elles se couvrissent des mêmes couleurs que lui, et qu'elles suivissent les lois de la même apparence qui l'environne, et cela par les rapports que je ferai apercevoir dans la suite entre le corps de l'homme, l'origine des langues et les caractères de l'écriture.

Sans cela, sa vue affaiblie n'aurait pu supporter l'éclat de ces *Puissances*; ou, n'apercevant en elles aucune analogie avec lui-même, elles lui auraient paru étrangères, ou trop au-dessus de lui, il en aurait pris de l'ombrage, et détournant les yeux, il aurait perdu les seuls et uniques moyens qu'il pût attendre pour se rappeler son premier état.

C'est ainsi que le feu des astres nous éblouirait ou nous consumerait, s'il pouvait parcourir l'espace qui les sépare de nous, sans traverser les fluides de l'atmosphère, qui par leur nature humide et dense, modèrent à la fois et son activité et sa splendeur.

C'est ainsi que ces fluides eux-mêmes, trop subtiles et trop raréfiés pour notre région, seraient inutiles et même nuisibles à la terre, s'ils pouvaient descendre sur sa surface, sans se condenser encore en rosée, en pluie, en neige, et sans se rassembler en globules sensibles et analogues aux substances qu'ils viennent fertiliser.

Enfin, c'est ainsi que la pensée de l'homme serait nulle pour ses semblables, s'il n'employait d'abord des formes ou des caractères sensibles pour la communiquer. Or ces moyens, nécessaires à l'homme dans son état actuel, ne sont qu'une image de ce qui se passe en réalité pour lui, dans un ordre plus vaste et plus élevé, puisque tout doit être sensible ici-bas; vérité qui sera plus développée dans la suite.

En un mot, c'est une loi constante et invariable que, conformément aux classes dans lesquelles elles pénètrent, toutes les *vertus*, toutes les *actions*, toutes les *facultés* se proportionnent et se modifient aux canaux par lesquels elles passent, et aux objets qu'elles ont pour but d'identifier avec elles-mêmes; et tel est l'état violent des choses temporelles, que tous les *Principes* qui y descendent, ne le peuvent sans des canaux sensibles qui les préservent, tandis qu'ils devraient par leur nature se communiquer sans intermède : car étant obligés de se produire eux-mêmes ces enveloppes préservatives, l'action qu'ils emploient à cette œuvre, est toujours aux dépens de leur véritable action.

Nous apercevons donc déjà la nécessité qu'il ait paru parmi les hommes des *signes* visibles, des *Agents* substantiels et des Êtres réels, revêtus comme nous de formes sensibles ; mais en même temps des Êtres qui fussent dépositaires de ces *Vertus* premières que l'homme avait perdues, qu'il cherchait sans cesse autour de lui, dont il ne pouvait voir que des indices faibles et impuissants dans tout ce qui l'environnait, et qui, quoique subdivisées devaient être représentée à l'homme avec leur caractère primitif.

Il se pourrait même que parmi ces signes, parmi ces agents, il y en eût qui eussent existé, et qui existassent encore au milieu des hommes sans que ceux qui sont ignorants ou corrompus s'en aperçussent. Leur action, leur marche ne devant se découvrir qu'à ceux qui sont assez purs pour les saisir, elles sont presque toujours nulles pour les autres ; comme tous mes actes intellectuels sont inconnus à la matière dont mon corps est formé, parce qu'il n'y a rien en eux qui lui soit étranger : et c'est là ce qui jette tant d'obscurité, de doutes et d'incertitudes sur l'existence de ces *signes* et de ces *Agents*.

Exposons une troisième loi également indispensable ; c'est que si par la destination sublime sur laquelle est fondée l'origine de l'homme, non seulement il était nécessaire que même après son crime, les *vertus* de la Sagesse parvinssent visiblement jusqu'auprès de lui, et prissent le soin de lui retracer son modèle, il fallait encore que les dépositaires de ces dons l'instruisissent des voies par lesquelles il pouvait se régénérer dans son premier état. Il fallait que ces *Agents* remplissent leur destination par des actes sensibles, puisqu'ils habitaient auprès d'un Être sensible et obscurci par sa matière ; il fallait enfin qu'ils missent cet homme à portée de pouvoir exercer et transmettre à son semblable, les dons et les connaissances qu'il avait reçues d'eux autant pour l'instruction et l'avantage des autres hommes que pour la sienne propre ; ce qui nous conduit à reconnaître la nécessité d'un culte sensible et physique sur la Terre, et nous découvre en même temps l'objet pour lequel il y a des Élus qui ont été privilégiés.

Dans sa vrai définition, un culte n'est que la loi par laquelle un Être, en cherchant à s'approprier les choses dont il a besoin, se rapproche des êtres vers lesquels son analogie le rappelle à chaque instant, et fuit ceux qui lui sont contraires. Ainsi la loi d'un culte est fondée sur une vérité première et évidente, c'est-à-dire, sur la loi qui résulte essentiellement de l'État des Êtres et de leurs rapports respectifs.

Dans l'état des choses ici-bas, il n'est aucun être qui soit sans besoin ; puisque tout y étant séparé et divisé, ils sont tous dans le cas de chercher à se réunir, et à rallier leur *action dispersée* ; ils sont tous mus par l'impulsion de leur analogie naturelle, qui les force à tendre sans cesse les uns vers les autres, selon les lois et le vœu de leur nature.

De là, si l'on ne peut accorder précisément le nom de culte, aux lois des Êtres matériels et non libres ; au moins doit-on reconnaître que tous ces Êtres, de quelque classe qu'ils soient : que notre sang, que nos corps placés parmi toutes les productions de cet Univers, ont des actes à opérer et un ordre à suivre pour satisfaire au but de leur existence, soit pour se guérir ou se préserver des différentes maladies auxquelles les influences élémentaires les exposent continuellement.

Cependant sur quoi est fondée cette loi, si ce n'est sur l'analogie qui se trouve, par exemple, entre nos corps et les aliments ou les remèdes, dont l'action et les *Vertus* viennent ranimer, renouveler nos forces et nous rendre la santé ?

Or l'analogie entre notre Être intellectuel et les autres *Vertus* de la Divinité, étant reconnue ; éprouvant en outre qu'il existe hors de nous une source de pensées fausses et désordonnées qui nous obsèdent, et font que l'esprit de l'homme est, pour ainsi dire, exposé à autant de maladies que son propre corps, il suit que nos rapports naturels avec les *Vertus* divines, nous mettent à leur égard dans la même dépendance et le même besoin où sont nos corps relativement aux substances alimentaires; il suit que pour ces *Vertus* divines, nous sommes également assujettis à un culte ou à une loi, qui nous procure de leur part les *secours* que nous en attendons; il suit enfin qu'ayant à guérir ou à préserver notre Être des influences intellectuelles qui nous sont nuisibles, comme nos corps des influences corporelles mauvaises, nous devons par une nécessité évidente chercher les *secours* analogues à ce besoin intellectuel, et les employer *activement* quand nous les avons trouvés.

Ce ne peut être que le défaut de ces réflexions, qui ait conduit dans tous les temps les hommes des diverses Religions, à l'indifférence sur ces objets; et leur ait fait non seulement négliger les substances, les temps et les formes qui doivent entrer dans leur culte, mais la prière même, sous prétexte que le premier Être n'en a pas besoin et qu'il suffit aux hommes de ne pas faire ce qu'ils appellent du mal, tandis que la prière est pour leur Être intellectuel ce que la respiration est pour leur corps.

Peut-être auraient-ils raison, si leur pensée pouvait lire dans la pensée suprême, comme celle-ci lit dans la leur; parce qu'alors leurs jouissances étant complètes et assurées, ils n'auraient d'autre occupation que de les savourer, et d'en célébrer la douceur, sans aucun combat pour les obtenir; mais dans l'état actuel de l'homme, il y a entre la pensée suprême et la sienne, *une action* qui les empêche de se réunir, et il ne peut démolir et détruire cette *Barrière* que par un moyen analogue à elle, c'est-à-dire par une *action*.

Enfin, nous apercevons dans la Nature physique même des preuves que tous les Êtres doivent rendre un hommage au Principe de la vie, s'ils veulent en recevoir des secours et des bienfaits. Pour que la terre produise, il faut que des vapeurs s'élèvent hors de son sein ; qu'elles aillent s'unir aux *Vertus* célestes, et qu'ensuite elles descendent sur sa surface pour l'humecter de cette rosée féconde, sans laquelle elle ne peut rien engendrer. Leçon vivante qui apprend à l'homme qu'il a une loi à suivre, s'il veut connaître les droits et les douceurs de son existence.

Il n'y pourra jamais parvenir que quand son ardeur pour le vrai fera sortir de lui de violents désirs ; quand des vœux et des mouvements, pour ainsi dire créateurs, s'élèveront de toutes les facultés de son Être, qu'ils monteront jusqu'à la source de la lumière, et qu'après en avoir reçu l'onction salutaire et sacrée, ils lui rapporteront ces influences vivifiantes, qui doivent faire germer en lui les trésors de la Sagesse et de la Vérité.

Mais en faisant dériver le culte de l'homme, de ses besoins, et de la nécessité de combattre l'obstacle qui lui sert de barrière, je paraîtrais admettre une multiplicité innombrable de différents cultes ; puisqu'en général l'homme étant exposé à des besoins aussi différents aussi variés dans son Être intellectuel que dans son être corporel, vouloir prescrire une loi uniforme pour ces différentes espèces de besoins, ce serait marcher contre l'ordre et contre la raison. Quelques mots suffiront pour faire disparaître cette difficulté.

Si l'unité d'un culte est une vérité incontestable, et fondée sur l'unité même de celui qui doit en être l'objet, cette unité n'exclut pas la multiplicité des moyens auxquels la variété infinie de nos besoins nous oblige de recourir ; alors ce culte pourrait recevoir des extensions sans nombre dans les détails, et ne pas cesser pour cela d'être parfaitement simple, et toujours *un* dans son objet, qui est de rapprocher de nous ce qui manque à notre Être, et ce qui est nécessaire à son existence.

Aussi, quels sont les Dieux de l'homme dans son enfance et dans sa jeunesse : Ce sont les objets naturels et physiques ; ce sont ceux qui lui en dévoilent la beauté ce sont ses père et mère, ce sont ceux qui le guidant et le soutenant dans tous ses pas deviennent pour lui des agents visibles de la Divinité, parce que n'ayant point encore l'intelligence ouverte aux grandes vérités, il ne peut en recevoir les notions que par des signes et des agents corporels et sensibles comme lui.

Dans l'âge mûr, l'homme sage prenant des idées plus justes sur la Divinité, ne tarde pas à reconnaître que ceux qui ont été ses Dieux dans sa jeunesse, sont ainsi que lui, infirmes et impurs, qu'ils sont aussi dans la dépendance d'un Être intelligent et invisible, qui se démontre à lui par la pensée, et qui lui fait comprendre qu'il n'a reçu la vie et l'intelligence que pour manifester à son tour les titres de son véritable Auteur.

Il conçoit alors qu'étant lui-même chargé de son œuvre, c'est à ses propres efforts à la produire, à sa propre intelligence à la diriger; que l'Être suprême étant pur et sans tache, il doit avoir des Ministres purs et incorruptibles, sur lesquels la confiance de l'homme puisse reposer sans risque et sans inquiétude.

Mais quoique, dans ces différents états, nous voyions le culte de l'homme se diversifier, ou plutôt s'étendre et s'élever à proportion qu'il découvre mieux l'étendue et la nature de ses vrais besoins; ce culte, tant qu'il est conforme à l'ordre naturel, est toujours un, puisqu'il tend continuellement au même but, qui est de pourvoir aux besoins de l'homme selon les divers états où il passe, et de le faire par les moyens les plus vrais et les plus naturels dont il soit susceptible.

Car les voies de la Sagesse sont si fécondes qu'elle se transforme à chaque instant pour se proportionner à toutes nos situations; et si par la plénitude de ses facultés, elle embrasse tous les Êtres, tous les temps, tous les espaces, dans quelque position que nous nous trouvions, elle ne peut jamais laisser épuiser la source de ses dons; et quelque multipliés qu'ils soient, ils ont tous la même unité pour principe et pour fin.

D'après cela, quelque supériorité qu'un culte présente, il serait imprudent de proscrire ceux qui, ne l'ayant pas encore atteint, en exerceraient de moins parfaits; parce que non seulement les lois de la réhabilitation des hommes se combinant avec les lois des choses sensibles, sont assujetties à des temps et à un ordre successif, mais encore parce que nous ignorons s'il ne se trouve pas des lumières cachées et de secrètes vertus sous des apparences peu imposantes.

Enfin, l'homme n'est point le juge de la prière; il n'en est que le générateur et l'organe : et de même que les *émanations* des corps terrestres, en s'élevant dans les airs, disparaissent pour nos yeux matériels, et nous laissent dans l'incertitude, tant sur leur cours que sur la place qui les attend dans l'immensité des réservoirs de la nature, de même les prières des hommes, ne séjournant pas sur la terre, deviennent inaccessibles à notre vue, à nos jugements, et nous ne pouvons prononcer ni sur leur valeur, ni sur le cours qu'elles suivent pour s'approcher de la lumière, ni sur le rang que le premier des Principes leur destine autour de son Trône.

Malgré la supériorité d'un culte sur les autres cultes peut-être la Terre entière participe-t-elle aux droits qui distinguent le culte parfait ; peut-être, chez tous les Peuples, et dans toutes les institutions religieuses, y a-t-il des hommes qui trouvent accès auprès de la Sagesse et, loin de vouloir diminuer le nombre des vrais Temples de l'Eternel, nous devons croire qu'après les dons universels qu'il a répandus sur notre demeure, il n'est aucun homme sur la terre, qui ne pût, s'il le voulait servir de Temple à ce grand Etre. Car en quelque lieu que l'homme aille, quelque isolé qu'il soit, *ils sont* toujours *trois ensemble*; et ce nombre est suffisant pour constituer un Temple.

Cessons donc de juger les voies de la Sagesse, et de circonscrire des limites à ses *Vertus*. Croyons que les hommes lui sont également chers; que si elle en a comblé quelques-uns de ses faveurs les plus précieuses et les plus gratuites, c'est une raison de plus pour eux d'imiter son exemple, en employant envers leurs semblables, la même indulgence : enfin, que cette indulgence, qui n'est autre chose que l'amour divin, est douce, bienfaisante, et qu'elle ne proscrit point, lors même qu'elle laisse les Êtres dans la privation.

Eh! comment cette *Vertu* pourrait-elle proscrire? Elle est vivante par elle-même, et elle ne tend qu'à multiplier à l'infini, l'ordre et la vie qui sont en elle. C'est la seule, par laquelle l'homme puisse acquérir une idée véritable et intime de son Etre, tant dans son état actuel que dans son état à venir. C'est la seule qui étende à la fois toutes les facultés de l'homme. Enfin, c'est la seule peut-être, par laquelle le premier de tous les Principes puisse se comprendre lui-même, et s'assurer de toute sa grandeur.

Du point où nous sommes parvenus, le Lecteur peut voir s'étendre le tableau des rapports qui existent entre Dieu, l'homme et l'univers; puisque le culte vrai, et les Agents préposés pour le répandre, n'ont eu pour but que de rétablir l'harmonie entre ces trois Êtres, de montrer à l'homme l'emploi de toutes les substances de la Nature et leurs propriétés; de lui peindre visiblement celles qui sont en lui même, et qui combinées avec toutes les autres vertus naturelles, doivent être l'image et l'expression complète du grand Etre dont tout est descendu.

Nous ne pouvons méconnaitre en effet cette chaîne immense, qui lie les êtres de toutes les classes, et qui distribue sur chacun d'eux les *Vertus* qui leur sont nécessaires.

Dans l'ordre physique, nous voyons les facultés créatrices du grand Principe produire et vivifier les mobiles de la Nature, et ceux-ci retracer l'activité de leurs modèles jusque dans les dernières subdivisions de l'Univers sensible, céleste et terrestre.

Dans l'ordre supérieur ou physique, nous voyons les *vertus* pensantes de ce même Principe universel, se reposer sur des Agents intellectuels, d'où elles se transmettent à des hommes privilégiés, et à tous les rejetons de la postérité de l'homme.

Enfin, l'homme lui-même représente en nature cette double activité; il est un tableau vivant de ces deux lois fécondes qui servent à substantier tous les êtres.

De l'intérieur de sa tête, émane sans cesse un fluide puissant et sensitif, qui, descendant successivement dans les différentes régions de son économie animale, communique sa force et son action jusqu'à ses fibres les plus ténues et le plus éloignées de leur source radicale.

De l'intérieur de ce même organe, l'homme sage et pur sent naître des pensées lumineuses et profondes; et les exprimant au dehors par ses discours, il peut par leur moyen vivifier les hommes qui l'environnent, et faire parvenir successivement ses propres lumières à tous les points du cercle qu'il habite.

Il est donc clair que l'homme présente en tout l'empreinte de son Principe, et qu'il en est l'expression dans l'Univers physique et dans l'Univers intellectuel.

Nous apercevons aussi quel est le but de la Sagesse dans la distribution de ses dons bienfaisants, et quel est l'objet de son action constante et continue. De même que les exhalaisons malsaines de la terre, sont perpétuellement corrigées par les influences physiques supérieures, de même les pensées fausses et criminelles des hommes, et celles des êtres corrompus qui séjournent avec lui, sont contenues et purifiées par les impressions actives de la *vie*, ou par ces *Agents virtuels* que nous devons regarder comme les organes premiers et nécessaires du culte et des moyens sensibles accordés à l'homme pour l'aider à accomplir encore les Décrets suprêmes.

Il ne faut point cacher ici que ce culte et ces moyens sensibles, transmis à l'homme par des Agents purs, demandent de sa part une attention très vigilante, une fermeté invincible, et un discernement très délié pour ne pas confondre les *actions* vraies qui doivent animer son culte, avec les *actions* fausses qui tendent continuellement à le défigurer, et qui sont toujours prêtes à égarer l'homme, soit visiblement, soit invisiblement. Car dans l'intellectuel comme dans le physique, plusieurs *exhalaisons malsaines* se dérobant à l'*action pure* qui les combat, s'élèvent souvent au-dessus de la région où elles devraient rester ensevelies; et c'est là ce qui dans l'une et l'autre classe, engendre les orages et les tempêtes.

Si l'on demandait, à quels indices on doit reconnaître la qualité bonne ou mauvaise des *actions intellectuelles*, je renverrais à une étude particulière de ces différentes impressions, soit de pensée, soit de sentiments, auxquelles nous sommes journellement exposés, et qui par leur variété nous occasionnent tant d'incertitudes.

On découvrirait par là que quand l'homme est borné aux impressions sensibles matérielles, ou à l'impression intellectuelle fausse, il ne peut être sûr de rien ; parce que ces deux classes étant soumises à plusieurs actions toutes relatives, sans qu'il y en ait aucune de fixe, exposent les êtres qui en reçoivent les attaques, à ne rien distinguer de positif, à ne porter que des jugements confus, ou à rester dans le doute le plus ténébreux.

Mais quand l'homme reçoit l'impression intellectuelle bonne, il ne peut tomber dans les mêmes erreurs, parce que l'action de l'Être intellectuel pur, étant sensible, porte avec elle-même la preuve de sa simplicité, de son unité, par conséquent de sa réalité. On verrait donc que cette réalité, ne se trouvant que dans l'Être pur et vrai qui en est dépositaire, c'est en lui seul et par lui seul que nous pouvons apprendre à le connaître.

On verrait aussi que quand de semblables impressions s'opèrent, l'homme est à l'abri de toute incertitude et de toute méprise ; car les yeux impurs sont sujets à se tromper, attendu qu'ils ne voient que des résultats mixtes et composés ; mais les yeux purs de l'intelligence ne se trompent jamais, parce qu'ils voient les *principes* qui sont simples.

Enfin, l'on saurait que par une de ces faveurs qui ont été accordées à l'homme dans sa pénible carrière pour lui servir de guide, les impressions intellectuelles fausses sont assujetties à des lois semblables à celles de l'ordre physique et matériel ; et qu'ainsi que les corps après avoir montré une apparence gracieuse et régulière, finissent par devenir hideux et difformes, de même dans la classe intellectuelle, les *Tableaux impurs* les plus séduisants, ne tardent pas à se décomposer, et à déceler leur illégitimité. C'est tout ce que je puis dire sur ce point.

Résumons en peu de mots toutes les vérités qui viennent d'être exposées.

Elles nous apprennent que par une suite de l'amour que la Sagesse a pour l'homme, elle dut, lors même qu'il détourna pour la première fois les yeux de sa lumière, lui en conserver des rayons proportionnés à la faiblesse de sa vue, et qu'à quelque degré que son crime l'eût fait descendre, il ne pouvait tomber que dans les mains de son Dieu.

Et même n'étant pas gêné, comme nous, par les idées fausses et les voiles ténébreux que sa malheureuse postérité ne cesse d'ajouter à sa dégradation originelle, quelque criminel qu'il fût, il était encore bien plus près que nous de ce Dieu qui l'avait formé ; il pouvait mieux apercevoir la source pure dont il venait de se séparer ; il ne languissait pas comme nous dans le néant, et l'insensibilité des maux dont nous sommes dévorés. Enfin, autant il est vrai que nous n'avons que des regrets sur l'état de notre première existence, autant le premier homme coupable eut-il à la fois et des règles et des remords.

A mesure que la postérité de l'homme s'est multipliée et que les temps se sont écoulés, la grandeur et la bonté de la Sagesse suprême ont dû se manifester de plus en plus, en plaçant près de lui des *Images vivantes* d'elle-même, ou des *Agents* assez *virtuels* pour le porter à en recouvrer la ressemblance.

Ces *Agents* ont dû l'initier aux actes qu'ils exerçaient eux-mêmes, puisque ces actes n'étaient institués que pour lui ; que pour l'aider à séparer de lui-même ce qui contrarie sa vraie nature, et à se rapprocher de ce qui manque à la perfection et à la vie de son Etre ; que pour lui rendre enfin la vue de ses *Vertus* qu'il devait contempler dans leur unité lors de son état glorieux, et le mettre à portée de les exprimer ensuite dans leur pureté, et de remplir à la fois par là, sa destination et le Décret que le premier des Principes prononça sur lui, lorsqu'il lui donna l'existence.

C'est là où nous reconnaîtrons les bases et les voies qui sont présentées à la volonté de l'homme pour accomplir son œuvre. Car de même que ces bases seraient inutiles, si la volonté de l'homme ne les mettait à profit, de même la volonté de l'homme, quoiqu'étant le principal mobile de son œuvre, demeurerait sans efficacité, si elle n'avait des bases sur lesquelles elle pût exercer son action. C'est ce qui a fait dire à quelques Anciens que *les Prières sacrées nous avaient été données par les Dieux*. Mais il y a un genre de prières destinées à nous faire obtenir ces dons précieux, ce sont les prières de la douleur et celles-ci ne peuvent nous venir du centre supérieur et suprême, attendu qu'on n'y souffre point.

« La sagesse infinie a pris soin cependant de prévenir notre faiblesse, et notre négligence à satisfaire le besoin que nous avons de prier, et quelques-uns pensent qu'elle a placé sur la terre un animal qui ne chante à des heures marquées et fréquentes, que pour avertir les hommes de vaquer à cette salutaire occupation. »

Tel est le tableau des lois et des vérités que nous avons établies solidement, en les appuyant sur les rapports et la nature des êtres. Cherchons à en confirmer l'évidence par l'universalité des signes et des traces visibles qu'elles nous offrent parmi tous les Peuples de la Terre.

X

La sublime origine de l'homme, sa chute, l'horreur de sa privation actuelle, la nécessité indispensable que des Agents visibles aient apporté des secours supérieurs sur la Terre, et qu'ils aient employé des moyens sensibles pour en rendre les vertus efficaces, voilà autant de vérités tellement gravées dans l'homme, que tous les peuples de l'Univers les ont célébrées, et nous ont laissé des traditions qui les confirment.

Tous les récits historiques, allégoriques et fabuleux, renfermés dans ces traditions, parlent du premier état de l'homme dans sa pureté, des crimes et de la punition de l'homme coupable et dégradé ; ils exposent avec une égale évidence les bienfaits des Divinités envers lui pour adoucir ses maux et le délivrer de ses ténèbres.

Ce n'est point assez qu'on y ait déifié les hommes vertueux qui ont donné à leurs semblables des exemples de justice et de bienfaisance et qui ont retracé par leurs actions quelques vestiges de notre première loi ; on n'a pas craint d'y faire descendre sur la Terre les Divinités mêmes pour apporter à l'homme les *secours supérieurs* que des Héros mortels ne pouvaient lui faire connaître et pour l'engager à devenir semblables à elles, comme l'unique moyen de se rendre heureux.

En même temps, ceux qui ont eu soin de nous transmettre de tels récits, s'accordent à nous représenter ces Divinités bienfaisantes sous des formes sensibles, et analogues à la région que nous habitons ; parce que sans cela leurs secours auraient été en quelque sorte perdus pour des êtres aussi grossièrement corporisés que nous le sommes.

Enfin, chez toutes les Nations, les secours de ces Divinités bienfaisantes ont été célébrés par des cultes. Qui oserait assurer même que toutes les lois, tous les usages, toutes les conventions sociales, civiles, politiques, militaires, religieuses que l'on voit établies sur la Terre, ne soient pas des traces parlantes de ces institutions primitives ; qu'elles ne soient pas des émanations, altérations ou dégradations de ces premiers présents faits à l'homme après sa chute, pour le ramener à son Principe ? Car il ne faut pas oublier que les hommes peuvent tout altérer, qu'ils peuvent tout corrompre, mais qu'ils ne peuvent rien inventer.

Nous aurions donc sous les yeux un moyen de plus pour lire et pour reconnaître dans toutes les œuvres de l'homme, la loi qui le concerne et à laquelle il devait s'attacher ; attendu que malgré les différences infinies que nous offre la forme de ces institutions humaines dans tous les lieux de la Terre, elles ont toutes le même but le même objet, et que ce but perce partout ses enveloppes.

Il faut convenir néanmoins que les traditions allégoriques et fabuleuses, à force de vouloir assimiler les Dieux à l'homme, leur ont donné souvent ses passions et ses vices; qu'elles les ont fait agir comme les êtres les plus corrompus; et que les avilissant ainsi à nos yeux elles ont en quelque sorte perdu tous leurs droits à notre croyance.

Mais ne doit-on pas sentir que si la Mythologie s'annonce sous des apparences ridicules, telles que ces fureurs, cette jalousie, cette ardeur des sens qui paraît y être presque le seul mobile des Dieux et des Héros c'est qu'étant un tableau universel, elle doit offrir les maux et les biens, l'ordre et le désordre, les vices et les vertus qui circulent dans la sphère de l'homme. D'ailleurs l'abus des mots et l'ignorance de leur véritable signification ont donné à ces récits emblématiques, une multitude de sens louches et forcés qu'ils n'avaient pas dans l'origine, où ils peignaient des objets aussi réguliers, aussi élevés, aussi respectables que ces emblèmes paraissent aujourd'hui imparfaits, ridicules et dignes de mépris.

C'est par là qu'on peut expliquer en partie les contradictions que présente la Mythologie. L'ignorance du vrai sens des noms, a porté à attribuer au même Etre, à un Héros, à une Divinité, des faits et des actions qui appartenaient à des êtres différents; on ne doit donc pas être surpris d'y voir le même personnage montrer dans ses actions, tantôt l'orgueil et l'ambition des êtres les plus coupables, tantôt l'excès de la débauche la plus honteuse, tantôt les vertus des Héros et des Dieux : il ne faut point s'étonner d'y voir Jupiter maître du Ciel, Chef des Dieux terrestres, ses frères, et Jupiter livré aux passions les plus vicieuses; d'y voir Saturne être à la fois le Père des Dieux, et manger ses enfants; enfin, d'y voir Vénus Uranie et Vénus Déesse de prostitution; ainsi, quoiqu'on trouve rassemblés dans la Mythologie, tous les faits et tous les types; quoiqu'elle présente plusieurs tableaux opposés sous les mêmes noms, l'intelligence doit en discerner les couleurs et les véritables sujets.

Au reste, j'indiquerai tout à l'heure un point de vue lumineux sur cet objet important, par lequel on découvrira des solutions plus satifaisantes, parce que l'on y verra sortir de l'homme même la vraie source de toutes les Mythologies; car il ne faut pas chercher ailleurs que dans lui, l'origine naturelle de tous les faits soumis à ses spéculations.

Si l'on réfléchit sur l'universalité des opinions des Peuples relativement aux manifestations visibles des Puissances divines, sur les preuves que nous avons données de la nécessité de ces manifestations pour l'accomplissement des Décrets suprêmes, et sur les traces qui nous en restent dans toutes les institutions quelconques établies sur la Terre, nous serons très disposés à croire que ces manifestations ont eu lieu en effet parmi les hommes.

L'on se confirmera dans cette idée, si l'on considère que de pareilles traditions se sont trouvées chez les Peuples séparés de notre continent par des distances considérables et par des mers immenses ; chez des Nations qui ont respiré le même air que nous, qui ont joui du même *soleil* pendant nombre de siècles, sans nous connaître et sans nous être connus.

Les différents Peuples de l'Amérique avaient des idées uniformes sur la création de l'Univers; et sur le *nombre* qui en a dirigé l'origine; ils admettaient, comme les Anciens peuples, une multitude de Dieux bienfaisants et malfaisants dont il était rempli, et auxquels ils offraient de nombreuses victimes en sacrifice; ils étaient d'accord avec tous les Peuples, sur la perfection d'un état antérieur pour l'homme, sur sa dégradation, sur la destinée future des bons et des méchants; ils avaient des Temples, des Prêtres, des Autels, un feu sacré entretenu par des Vestales, soumises à des lois sévères, comme elles l'étaient chez les Romains. Les Péruviens eurent des Chefs visibles, lesquels, comme Orphée, se dirent enfants du Soleil et obtinrent les hommages de leurs contrées; ils avaient une idole dont le nom, selon les Interprètes, signifie *trois en un*;

les Mexicains en avaient une qu'ils regardaient tous comme un Dieu qui s'était corporifié en faveur de leur Nation. Enfin, il suffirait peut-être de changer les noms, pour trouver chez ces Peuples la même théogonie et les mêmes traditions qui sont de toute antiquité dans l'ancien Monde.

Si la persuasion des manifestations visibles des puissances divines et de leur nécessité, n'était pas dans l'homme un sentiment essentiel et analogue à sa propre nature, ces opinions ne se seraient communiquées que par tradition, de proche en proche. Elles n'auraient point existé chez ces Peuples, s'ils n'ont jamais tenu à nous par aucun lien : ou elles se seraient effacées de leurs souvenirs par la longueur des temps depuis notre séparation, si primitivement nous les avions partagées avec eux.

Nous ne prétendons point, par cette alternative, fortifier les incertitudes et les soupçons qui ont pu régner sur la diversité d'origine de tous ces Peuples. On ne doute plus aujourd'hui que le Nord de l'Asie ne communique de très près au Nord de l'Amérique ; que le détroit qui sépare ces continents ne soit rempli d'Iles, qui en rendent la communication plus facile ; enfin, que leurs habitants ne commercent ensemble et que même dans le Nord de l'Asie, il n'y ait des Peuplades Américaines.

Indépendamment de cette voie de communication entre les deux continents, il faut croire que dans l'intervalle qui s'est écoulé depuis les premiers siècles, plusieurs Navigateurs, soit de l'Orient, soit de l'Occident, ont été jetés sur ces plages inconnues, où produisant en divers lieux différentes peuplades, ils leur auront transmis les vices et les vertus, l'ignorance et les lumières qu'ils avaient apportés avec eux.

Car si l'on considère la diversité des Nations qui habitaient l'Amérique, la variété extrême de leurs mœurs, de leurs usages, de leurs langues, et même de leurs facultés physiques ; si l'on considère que la plupart de ses Nations ou familles étaient inconnues les unes aux autres, et ne montraient aucun indice qu'il y eût jamais eu de relation entre elles, on se démontrera sans peine qu'elles doivent leur existence à divers naufrages, ou à des émigrations de l'ancien continent et que leurs pères ont été jetés sur ces rivages à des époques différentes et dans des siècles éloignés.

Sans nous arrêter plus longtemps à cette question, et quelle que soit la manière dont cette population a eu lieu, on ne peut se dispenser de reconnaître une unité d'origine primitive, à des Peuples dont les diverses espèces engendrent avec nous, et dont les fruits provenant de ces alliances, engendrent à leur tour; à des Peuples chez qui l'on découvre les traces des vérités que nous avons annoncées sur la nécessité de la manifestation des facultés et puissances de l'Etre divin dans cet Univers et devant les hommes; enfin à des Peuples qui sont absolument semblables à nous par leur nature, par leurs idées fondamentales et par leurs traditions.

Disons plus; quand même leur origine primitive ne serait pas commune avec la nôtre, dès qu'ils nous ressemblent ils doivent participer aux mêmes avantages. Enfin, s'ils sont hommes, s'ils sont comme nous dans la privation et le besoin de l'Etre supérieur et universel qui les a formés, cet Etre tient à eux, comme à toutes ses autres productions. Ainsi, quand ils n'auraient jamais eu de communication avec notre continent, cet Etre aurait toujours pu leur faire parvenir des preuves et des manifestations de son amour et de sa sagesse.

Quant à l'antiquité des temps où les manifestations de ces *Vertus* supérieures ont commencé à s'opérer parmi les hommes, les traditions de la plupart des anciens Peuples nous offrent encore les indices les plus sûrs.

L'origine de ces Peuples est presque toujours enveloppée d'un voile merveilleux et sacré. Ils se disent presque tous protégés, et même descendants de quelque Divinité qui a présidé à leur naissance, qui a fondé leur établissement et qui les soutient par un pouvoir invisible.

N'est-ce pas nous annoncer depuis quel temps l'œil de la Sagesse veille sur l'homme malgré son crime?

N'est-ce pas nous dire que, dès l'instant que l'homme est devenu coupable et malheureux, la lumière s'est empressée de venir au devant de lui en se partageant pour ainsi dire afin de se mettre à sa portée, et n'a cessé depuis de répandre les mêmes bienfaits sur toute sa postérité ?

Il ne serait pas aussi facile de déterminer d'après les traditions le nombre des actes solennels de manifestation que les Puissances divines ont faites parmi les hommes depuis cette première époque.

Les doctrines anciennes, ne s'accordant point à cet égard font naître des doutes sur la plupart des Agents qu'elles nous présentent ; en sorte qu'on est réduit à penser qu'il peut y en avoir dont la tradition ne nous a pas transmis la mémoire, et que plusieurs de ceux qu'elles nous annoncent comme de vrais Agents de ces facultés suprèmes n'ont jamais existé, ou n'étaient peut-être que des imposteurs.

Des observations biens attentives, et fondées sur la connaissance des véritables lois des Etres pourraient sans doute nous guider pour *nombrer* ces manifestations et pour en calculer les époques : car, selon les notions les plus naturelles, elles doivent être égales et relatives au *nombre* des *facultés* et des *vertus* que l'homme avait abandonnées ; c'est-à-dire, analogues à la véritable nature de l'homme dont par leur *nombre* elles doivent opérer le *complément* et la *justesse*. Mais la génération présente n'en est pas encore là ; les fausses idées qu'elle a prises de l'homme et de sa destination, lui ferment encore les routes qui mènent au Sanctuaire de la Vérité.

Par les mêmes raisons on ne doit point être surpris, si le sens sublime que nous faisons entrevoir dans les traditions mythologiques des anciens Peuples, paraît imaginaire à la plupart des hommes. Ils ont tellement perdu de vue la science de leur Être et celle de leur Principe, qu'ils ne connaissent plus aucun des rapports qui les lieront éternellement l'un à l'autre.

En effet, le vulgaire ne voit dans les récits mythologiques que le jeu de l'imagination des Écrivains, ou la corruption des traditions historiques, ou peut-être les effets de l'idolâtrie, de la crainte, ou du penchant des Peuples pour les faits merveilleux. Ainsi, en exceptant quelques allégories ingénieuses tout dans la fable lui paraît bizarre, ridicule, extravagant.

Des hommes estimables, et placés dans la classe des Savants, ont employé la plus vaste érudition, à établir à cet égard des systèmes plus sensés que l'opinion commune: mais, comme ils n'ont point assez approfondi la nature des choses, leur doctrine, tout imposante qu'elle puisse être, reste au-dessous des traditions qu'ils ont essayé d'interpréter.

En effet, l'on ne peut porter un autre jugement de ceux qui ont borné exclusivement à un objet inférieur et isolé, le sens des traditions mythologiques, qui se sont efforcés d'y faire voir partout le système particulier qu'ils avaient embrassé, et qui n'ont point aperçu que ces traditions, n'ayant pas toutes le même caractère, ne pouvaient supporter la même explication; que les unes, tenant à la haute antiquité, renfermaient les emblèmes des vérités les plus profondes; que d'autres, beaucoup plus modernes, ne devaient leur existence qu'à la superstition et à l'ignorance des Peuples, qui n'ayant pu comprendre les traditions primitives, les ont altérées et confondues avec les traditions postérieures et particulières à chaque Nation; que le mélange de ces traditions, les préjugés des Historiens, et les fruits de l'imagination des Poètes, avaient augmenté l'obscurité. En sorte que loin de vouloir concentrer la Mythologie dans un objet particulier, on devrait plutôt convenir qu'elle présente des faits qui n'ont aucune analogie.

Enfin, s'il est permis à tous les Observateurs d'y chercher des rapports avec la classe des choses qui leur sont connues, la raison défend d'être assez aveugle pour n'y voir rien au delà et pour réduire à un objet inférieur et borné, des emblèmes qui peuvent avoir un but plus vaste et plus élevé: elle s'oppose, bien plus encore, à ce qu'on donne à ces traditions et à ces emblèmes, un sens et des allusions qui n'ont jamais pu leur convenir.

Ce sont ces applications fausses et rétrécies que nous nous proposons de détruire, afin d'élever la pensée de l'homme à des interprétations plus justes, plus réelles et plus fécondes.

Cependant, pour ne point nous écarter de notre marche, à laquelle ces remarques ne sont qu'accessoires, nous nous bornerons à examiner les deux principaux systèmes mythologiques; ce qui suffira pour fixer l'opinion que l'on doit avoir de tous les autres.

Le premier de ces systèmes présente dans toutes les Fables de l'Antiquité, les emblèmes des travaux champêtres, les indices des temps et des saisons propres à l'Agriculture, et toutes les lois, que la Nature terrestre et céleste est forcée de suivre, pour l'accroissement, l'entretien et la vie des productions végétatives.

Ce système une fois conçu par les Observateurs, ils ont fait des efforts étonnants pour le justifier, et pour y trouver des rapports avec tous les détails de la Mythologie : mais pour en apercevoir le défaut, la plus légère attention sera suffisante.

En aucun temps, chez aucun Peuple, on n'a vu faire usage de figures plus belles et plus nobles que les choses figurées. Ne serait-ce pas renverser toutes les notions que nous avons de la marche de l'esprit de l'homme, que de prétendre qu'il a employé le supérieur pour emblème de l'inférieur, et qu'il a imaginé des symboles et des hiéroglyphes plus élevés et plus spirituels que l'objet qu'il voulait désigner.

N'est-il pas certain, au contraire, que le vrai but de *l'emblème* est de voiler aux yeux du vulgaire quelque vérité, dont l'abus ou la profanation seraient à craindre, si elle était révélée; de faire en sorte qu'il soit difficile à celui qui n'est pas digne de cette vérité, de la découvrir ou d'y remonter par l'emblème, tandis que ceux qui sont heureusement disposés, apercevront d'un coup d'œil tous les rapports qu'il renferme.

N'est-il pas certain aussi que les *symboles* et les *hiéroglyphes* sont des tableaux ou des signes destinés à rendre sensibles au plus grand nombre les vérités et les

Sciences utiles, et à les faire comprendre à ceux dont l'esprit borné ne pourrait les apercevoir, ni en conserver le souvenir, sans le secours de ces signes grossiers?

Ces définitions simples démontrent assez que les emblèmes, les figures, les symboles ne peuvent être ni supérieurs, ni même égaux à leurs types; parce qu'alors la copie s'élèverait au-dessus de son modèle, ou pourrait se confondre avec lui : ce qui la rendrait inutile.

Il suffit donc de comparer la plupart des emblèmes mythologiques avec les types que les Interprètes ont voulu leur donner, pour décider d'après l'infériorité de ces types, si leur application peut présenter quelque justesse.

Qu'on examine, en effet, ce qui paraîtra plus noble, plus ingénieux, ou des détails grossiers et mécaniques du Labourage, ou de ces Peintures vives dans lesquelles on fait jouer toutes les passions, et où l'on personnifie tous les vices et toutes les vertus.

Qu'on examine en outre, si l'on peut regarder comme le type de la Mythologie, les constellations célestes et leurs influences sur les corps terrestres, relativement à la végétation. Cette opinion présentant la même infériorité du type à la figure, les mêmes motifs la rendent inadmissible.

Quant aux signes astronomiques vulgaires, sur lesquels on voudrait fixer exclusivement notre pensée, disons que par ignorance, l'homme les a presque tous établis sur des divisions idéales, sur des noms arbitraires d'animaux, de personnages et d'autres objets sensibles, dont les rapports qu'on nous présente, étant imaginaires et conventionnels eux-mêmes, n'offrent point l'idée d'un vrai type, et ne sont que des figures vagues, étrangères aux *Véritables signes* astronomiques, et aux *Vertus* qui leur servent de mobiles.

Ceci doit suffire pour ouvrir les yeux à ceux qui n'apercevant qu'un objet isolé dans les traditions fabuleuses croient que toute la Mythologie des anciens ne doit son origine qu'à l'Agriculture et à l'Astronomie. L'erreur vient de ce que postérieurement on a confondu quelques symboles de ces deux Sciences avec les traditions symboliques primitives. Par là les hommes se sont trouvés encore plus éloignés des vérités simples et importantes, qui faisaient l'objet de ces traditions.

Ainsi, sans prétendre nier les symboles en petit nombre, que l'Agriculture et l'Astronomie ont fourni à la Mythologie, nous pouvons rendre service à nos semblables, en les avertissant que ces traditions, telles que nous les avons reçues des Anciens renferment une infinité d'autres emblèmes, pour lesquels il est de toute impossibilité d'admettre le même sens et les mêmes rapports; parce que leur type ne se trouve ni dans la terre, ni dans les astres, ni dans aucun Être corporel.

Ceux qui ont donné ces interprétations de la Mythologie, en ont fait descendre également l'Art de l'Écriture et de la Peinture, comme devant servir à transmettre les signes visibles des lois et des faits, dont les Nations voulaient perpétuer la mémoire et l'intelligence. Ils ont expliqué par ce même principe tous les emblèmes de l'idolâtrie, prétendant que les figures hiéroglyphiques qu'elle employait, n'étaient que la représentation symbolique des objets matériels de son culte.

Ils ont cru en trouver des preuves dans les traditions des Hébreux, où un Prophète parle des Peintures sacrilèges qu'il aperçut sur les murs du Temple de Jérusalem, et devant lesquelles les Anciens d'Israël et le Grand-Prêtre même, tenant l'encensoir à la main, semblaient offrir des sacrifices criminels. Tout ce que nous nous permettrons de dire sur cette interprétation, c'est qu'il serait à souhaiter qu'elle fût aussi vraie qu'elle est ingénieuse.

Des observateurs ont réfuté avant moi le système que je viens de combattre relativement à l'agriculture; mais après l'avoir détruit, ils ne l'ont pas remplacé. Car, dire aux hommes que la Mythologie n'a voulu peindre que le feu vivant de la Nature, et que leur unique objet doit être d'en disposer pour la réparation de leurs forces, et pour la conservation de leur forme corporelle; c'est leur donner, il est vrai, une grande idée, mais ce n'est pas leur donner le complément de la vérité; puisque les hommes ont encore une destination plus élevée. Ainsi, c'est tomber dans le cas des Philosophes hermétiques, dont nous allons observer les dogmes et la doctrine.

La règle qui exige que les types soient supérieurs aux figures, aux symboles et aux hiéroglyphes, s'applique également à l'opinion de ceux qui ne voient dans les traditions anciennes, que les procédés de l'Art hermétique; qui n'aperçoivent dans les Divinités de la Mythologie, que les emblèmes des matières ou des substances premières, sur lesquelles ils prétendent opérer.

Le but de l'Art hermétique, le plus généralement connu, ne s'élève jamais au-dessus de la matière : il se borne pour l'ordinaire à deux objets ; l'acquisition des richesses, la préservation et la guérison des maladies : ce qui, au gré de ses Sectateurs, ne laisse plus de bornes aux désirs et au pouvoir de l'homme, et lui permet d'espérer des jours heureux et d'une durée infinie.

En vain quelques partisans de cette Science séduisante, prétendent-ils obtenir par elle une Science plus noble encore, qui les élèverait autant au-dessus des adeptes matériels que ceux-ci le seraient au-dessus du vulgaire. Ces hommes, très louables dans leurs désirs cessent de l'être, dès que l'on considère par quelle voie ils cherchent à les remplir. Car une substance quelconque ne peut produire que des fruits de sa nature : et très certainement les fruits après lesquels ils semblent soupirer, sont d'une nature bien différente des substances qu'ils soumettent à leurs manipulations.

Si l'Art hermétique matériel n'atteint pas au delà des objets matériels, cet Art n'est pas dans une classe plus élevée que l'agriculture; il est donc évident que les emblèmes et les symboles de la Mythologie lui sont également étrangers, puisqu'ils présentent le langage de l'intelligence, et qu'ils donnent une vie et une action à des facultés qui sont inconnues à la matière.

Ceux qui ont cru voir tant de rapports entre des choses aussi différentes, ne les ont confondus qu'en se laissant séduire par l'uniformité des lois qui leur sont communes. Il faut observer des temps, des degrés, des mesures, des poids, des quantités, pour la direction des procédés hermétiques ; il faut de même un *poids*, un *nombre*, une *mesure* pour nous diriger conformément aux lois de notre Nature intelligente. Il faut une précision, une justesse extrême dans toutes les opérations hermétiques ; il faut, avec bien plus de nécessité encore, suivre un ordre fixe et régulier dans la *marche intellectuelle*.

Ce sont ces conformités qui ont abusé les Observateurs. Ils ont attribué à des opérations absolument matérielles, une foule de principes qui ne pouvaient convenir qu'à des objets supérieurs par leur action et par toutes les propriétés qui leur sont inhérentes. Par là il est certain qu'ils ont ravalé les anciens symboles, au lieu de nous les expliquer.

Le mépris des Sectateurs de la Science hermétique vient donc de ce qu'ils ont sans cesse confondu et dans leur doctrine et dans leur œuvre, deux Sciences parfaitement distinctes.

L'amour du Principe suprême n'avait présenté aux hommes les lois de la Nature matérielle, que pour les aider à y reconnaître des traces du modèle vivant qu'ils avaient perdu de vue. Au contraire, les Philosophes hermétiques se sont servi de cette similitude entre le modèle et l'image pour les confondre et n'en composer qu'un seul Être.

Trompés par cette idée précipitée, les Philosophes hermétiques n'ont pas vu que la simple Physique matérielle, à laquelle ils ont appliqué tous leurs efforts, ne méritait point ces mystères, ni ce langage énigmatique et enveloppé que présentent les anciens emblèmes ; ils n'ont pas vu que, s'il existait une Science digne de l'étude et des hommages de l'homme, c'était celle qui mettait sa grandeur en évidence, en l'éclairant sur son origine, et sur l'étendue de ses facultés naturelles et intellectuelles.

On peut donc dire que si leur objet n'est pas chimérique

dans tous les sens possibles, la voie qu'ils suivent est au moins très étrangère au véritable emploi de l'homme et tout à fait opposée à celle de la vérité, qu'ils semblent tous honorer.

Premièrement, ils attaquent cette vérité, en prétendant l'égaler dans leur œuvre, et en cherchant à faire les mêmes choses qu'elle, sans son ordre ; quoiqu'ils se défendent de cette inculpation, en disant avec raison qu'ils ne créent point.

Secondement, ils attaquent cette vérité, de la manière la plus insensée, en cherchant à faire son œuvre par une voie opposée à celle qu'elle a suivie dans toutes ses productions. Ainsi, n'agissant pas par *voie virtuelle*, ils ont beau se procurer l'esquisse de toutes les Natures, ils ne retiront jamais que des fruits muets, silencieux, sans vie, sans intelligence, devant lesquels ils se prosternent, il est vrai ; comme s'ils les avaient reçus de la Vérité même : mais ils cesseraient de les exalter, s'ils en connaissaient la source et l'origine ; et, tout en jouissant de ces fruits, ils gémiraient sur les procédés qui les leur procurent, et sur la médiocrité des avantages qu'ils en peuvent espérer.

En effet, les procédés de l'Art hermétique ne peuvent ébranler le siège du *Principe* sans ébranler le *Principe* lui-même, puisque c'est là qu'il règne et qu'il agit. Or n'est-ce pas tenir une marche absolument contraire à la nature des Êtres matériels que de vouloir en gouverner le *Principe*, par une autre action que celle qui est analogue à sa propre essence ? Ne viole-t-on pas par là l'ordre établi, tant pour la Nature temporelle matérielle, que pour la Nature temporelle immatérielle ?

D'ailleurs ce *Principe* étant actionné par une autre loi que *celle qui lui est propre*, et ne recevant ainsi qu'un ébranlement faible et passager ne rend de même qu'une action faible et passagère.

Voilà pourquoi ces résultats ne parlent qu'à la vue ; pourquoi l'on ne peut les apercevoir qu'à la faveur de la lumière élémentaire naturelle, ou artificielle ; pourquoi ils n'ont qu'un temps ; et pourquoi, ce temps étant passé, ils ne se manifestent plus ; enfin, pourquoi ils n'ont aucune des conditions indispensables pour être vrais, pour fournir des preuves qu'ils ont été extraits par la bonne voie, et pour montrer qu'ils ont effectivement en eux le germe de leur *feu* et de leur *vie*.

Ceci, je sais, ne sera compris que par les Phylosophes hermétiques et par des hommes instruits dans des Sciences plus profondes et plus essentielles que la leur. Cependant ceux qui ignorent les procédés de l'Art hermétique, et qui ne connaissent aucun des fruits qui peuvent en provenir, m'entendront assez pour apprendre à discerner ces fruits, s'ils avaient un jour occasion d'en apercevoir, et pour se tenir en garde contre l'abus des expressions employées par les Partisans de cette Science; car parmi ceux-ci, il en est qui sembleraient assez habiles, et assez persuadés, pour être dangereux : mais leur est-il possible d'être de bonne foi, en suivant le culte des substances corruptibles ; et en se dissimulant qu'ils ne recherchent avec tant d'ardeur un esprit qui soit matière, que pour pouvoir se passer de celui qui ne l'est pas?

Cet abus d'expressions, cette confiance, ou plutôt ces illusions se montrent à découvert dans les prétentions de la plupart des Philosophes hermétiques, qui se flattent de pouvoir opérer sur la matière première.

Tous les procédés sensibles et matériels, loin de tomber sur la matière première ne peuvent jamais avoir lieu que sur la matière seconde et mixte; attendu que la matière première ne peut être sensible ni à nos mains, ni à nos yeux, ni à aucun de nos organes, qui ne sont eux-mêmes que matière seconde et composée.

D'ailleurs, quelle disproportion n'y a-t-il pas entre le feu grossier et déjà déterminé qu'ils emploient, et 'e feu fécond et libre, qui sert d'agent à la Nature? Et que peuvent-ils attendre de leur vains efforts s'ils comparent l'objet de leurs désirs, avec ce qu'ils recevraient par la *jouissance* et *l'emploi* d'un *feu* plus pur et moins destructeur?

Nous ne rappellerons point ce qui a été dit dans l'Ouvrage déjà cité, sur la différence de la matière première et de la matière seconde, ou, si l'on veut, sur la différence des corps et de leur Principe. Il suffit de dire que cette matière première, ou ce Principe des corps, est constitué par une loi simple, et qu'il participe à l'unité, ce qui le rend indestructible, au lieu que la matière seconde, où les corps sont constitués par une loi composée, qui ne se montre jamais dans les mêmes proportions et qui par là rend incertains et variables tous les procédés matériels de l'homme.

A défaut d'avoir fait ces distinctions importantes, les Philosophes hermétiques sont à tout instant dupes de leur première méprise; et leur doctrine, ainsi que leur marche, conduit à l'erreur tous ceux qui se laissent séduire par le merveilleux des faits qu'ils nous présentent.

L'usage où ils sont d'employer la prière pour le succès de leur œuvre, et leur persuasion de ne pouvoir jamais l'obtenir sans cette voie, ne doit point en imposer. Car c'est ici où leur erreur se manifeste avec plus d'évidence; puisque leur travail se bornant à des substances matérielles, ne s'élève point au-dessus des causes secondes.

Or ces causes secondes étant par leur nature au-dessous de l'homme, ce n'est pas le tromper que de lui dire qu'il est fait pour en avoir la disposition. Si les Philosophes hermétiques ont assez d'expérience et de connaissances pour préparer convenablement les substances fondamentales de leur œuvre, et que cet œuvre soit possible, ils doivent donc y parvenir avec certitude, sans qu'il soit besoin pour cela d'interposer d'autre *Puissance* que celle qui est inhérente à toute la matière, et qui constitue sa manière d'Etre.

D'ailleurs, il est un danger presque inévitable, auquel le Philosophe hermétique est exposé: c'est qu'en priant pour son œuvre, il n'arrive que trop souvent qu'il prie sa matière même. Plus les fruits qu'il obtient, paraissent parfaits et dégagés des substances grossières, plus il est tenté de croire qu'ils approchent de la Nature divine; parce que ces sens voyant quelque chose de supérieur à ce qu'il aperçoit ordinairement, il est séduit par ces apparences, et croit avoir des motifs très légitimes pour se justifier son erreur. Par cette voie les Philosophes hermétiques, s'enfonçant dans de nouvelles ténèbres, perpétuent les tristes suites de leur enthousiasme et de leurs préventions.

Je m'arrête peu au motif qui les empêche de révéler leurs prétendus secrets, à cette crainte qu'ils affectent, que si leur science devenait universelle, elle n'anéantit les Sociétés civiles et les Empires, et ne détruisît l'harmonie qui paraît être sur la Terre. Comment leur science pourrait-elle devenir universelle, si comme ils l'enseignent, elle ne peut être le partage que du petit nombre des Élus de Dieu ? Et d'ailleurs qu'est-ce que les Sociétés civiles et les Empires auraient à regretter, si en changeant de forme, ils ne renfermaient plus dans leur sein que des hommes vertueux, et assez instruits pour savoir éloigner les maladies, de leur corps, les vices, de leur cœur, et l'ignorance, de leur esprit ?

Réunissant à toutes ces observations, la grande loi de l'infériorité que doivent avoir les emblèmes envers leur type, on reconnaîtra que la Philosophie hermétique n'a pu être le premier but, ni le type réel des allégories de la Fable. Il serait contre la vraisemblance, que la nature de l'homme éclairé l'eût porté à imaginer l'intervention des Divinités, pour voiler une Science qui se contredit et qui les injurie : une Science qui nourrit cet homme de l'espoir de l'immortalité, et qui le dispense de la tenir de leur main ; qui lui promet, sans leur secours, les droits les plus puissants sur la nature ; qui, si elle est possible dans toute son étendue, doit se trouver dans les simples lois des substances élémentaires et dès lors inférieures à la science vraiment propre à l'homme ; qui, si elle a une source plus élevée, n'est plus à notre disposition ; qui enfin renferme en elle seule, plus d'illusions et de danger que toutes les autres Sciences matérielles ensemble, parce qu'étant fausse comme elles dans sa base et dans son objet, elle a néanmoins par ses procédés, par sa doctrine et par ses résultats, plus de ressemblance avec la vérité.

Si dans les différentes classes de philosophes hermétiques, il en est qui semblent prendre un vol plus élevé et qui prétendent parvenir à l'œuvre, sans employer aucune substance matérielle, nous ne pouvons nier que leur marche soit fort distinguée : mais nous ne trouverons pas leur objet plus digne d'eux, ni leur but plus légitime.

XI

Plus j'ai démontré avec évidence que l'Agriculture et la Science hermétique n'ont pas été l'objet des emblêmes et des allégories, plus je suis engagé à indiquer clairement quel en peut être le véritable but.

Plusieurs Observateurs ont déjà donné à ces traditions une interprétation plus vivante, plus noble, plus analogue à nous-mêmes que celles que nous venons de parcourir. Je ne crains point de m'abuser en adoptant hautement la doctrine de ces judicieux Interprètes. Plus elle sera sublime, moins il y aura d'erreur à se rapprocher d'eux.

L'homme, son origine, sa fin, la loi qui doit le conduire à son terme, les causes qui l'en tiennent éloigné, enfin la *Science de l'homme*, inséparablement liée à celle du Premier de tous les Principes, voilà les objets que les Auteurs des Traditions primitives ont voulu peindre ; voilà ce qui peut seul ennoblir et justifier leurs symboles ; voilà le seul type digne de leurs emblêmes ; parce qu'ici le type est supérieur à l'allégorie, quoique l'allégorie convienne parfaitement au type.

En effet, il n'est point d'homme instruit de sa vraie nature, qui, s'il cherche à pénétrer le sens des Traditions mythologiques, n'y aperçoive avec une espèce d'admiration les symboles des faits les plus importants pour l'espèce humaine et les plus analogues à lui-même.

Alcyonée, Pandore, Deucalion, Sisyphe, les Danaïdes, Hercule, la Robe de Nessus, le Caducée, Argus, les Parques, les Champs-Élysées, le fleuve Léthé, le nombre des circuits du Styx, Sémélé consumée par la présence de

Jupiter dans sa gloire, Pygmalion, Circé, les Compagnons d'Ulysse, Tirésias devenu aveugle à l'instant, pour avoir regardé Pallas pendant qu'elle s'habillait, les Centaures ; en un mot, presque tous les détails de la Mythologie offrent à l'homme des instructions profondes, qui le confirment dans la Science que ses efforts lui ont procurée.

Mais ces emblèmes n'ont-ils d'autres fondements que l'imagination ou le génie de ceux qui nous les ont transmis ? Les Mythologistes se sont-ils proposés volontairement de semblables tableaux ou en ont-ils reçu les plans tout tracés ? C'est une question qu'il est important de résoudre.

De simples rapports entre les différents traits de la Mythologie et l'histoire de l'homme ne nous montreraient point une Science assez ample ni assez certaine, si nous n'élevions notre pensée jusqu'à leur origine. Pour le faire avec succès, rappelons-nous que l'épigraphe de cet écrit nous impose la loi d'expliquer les choses par l'homme, et non l'homme par les choses.

Considérant ici cet homme dans sa nature intelligente, nous répèterons qu'il est sujet aujourd'hui à recevoir une multitude de pensées diverses ; qu'il en reçoit de lumineuses et d'obscures, de vastes et de bornées, de justes et de fausses, d'avantageuses et de malfaisantes, d'ailleurs par la loi des Décrets suprêmes il est des hommes choisis qui, passant leurs jours dans les délices de la vérité, doivent être regardés comme vrais types des *vertus*, tandis que d'autres, par négligence ou par lâcheté, deviennent des types complets des *vices*.

Nous retraçant ensuite la nécessité de la manifestation des signes visibles des *vertus* supérieures sur la Terre ; nous retraçant cette loi invariable par laquelle tous les Etres liés au temps, soit bons, soit mauvais, ne peuvent rien connaître que par le sensible, nous verrons s'il n'est pas naturel d'admettre qu'il doit y avoir une analogie et une proportion entre ces signes visibles de tous les genres et les différentes pensées de l'homme et que les uns et les autres doivent suivre la même marche et le même cours.

La réflexion des rayons solaires n'est-elle pas proportionnée et analogue à la nature des substances qui les reçoivent; nulle sur des surfaces noires, faible sur des fluides sans couleur, plus forte sur des fluides colorés, vive sur des solides colorés et compactes, immense sur les solides purs et unis comme le verre, comme le diamant? N'est-ce pas là une preuve parlante que les résultats intellectuels tiennent à notre manière d'être, et qu'ils en réfléchissent nécessairement l'éclat ou l'obscurité, la force ou la faiblesse, enfin, les vices et les *vertus*.

Il se trouve en nous-mêmes un nouvel indice de l'existence de ces signes sensibles. Nous ne pouvons communiquer aucune de nos pensées, qu'elle ne soit précédée en nous d'un tableau engendré par notre intelligence. Quand nos pensées sont actives, le tableau qui les représente en nous, est souvent assez sensible pour nous offrir une sorte de réalité; et dans tous nos arts d'expression, nous sommes plus ou moins satisfaits, selon que les traits sensibles, sous lesquels on nous peint les pensées, sont rapprochés d'elles, et qu'ils en marquent le caractère.

Si l'on veut une preuve plus complète encore de la relation des signes sensibles avec nos pensées, nous la tirerons de l'état actuel de notre Etre, et de la loi violente qui l'assujettit. Car, s'il est évident que nous ne puissions rien recevoir dans l'intellectuel que par le sensible, et que cependant nous ne doutions pas que l'intellectuel de l'homme n'ait reçu, comme il reçoit tous les jours, des pensées, il résulte que ces pensées ont pris une modification sensible, avant d'arriver jusqu'à lui; il résulte, en un mot, que cette modification ou ce signe sensible existe invisiblement autour de nous, près de nous, ainsi que la source des pensées; et que, si au lieu des pensées secondaires que nous recevons des hommes, nous nous élevions jusqu'aux *pensées vives* et *primitives*, puisées dans leur *source* même, elles seraient nécessairement précédées des *signes analogues et vivants* qui leur appartiennent, comme les signes grossiers et conventionnels, tels que l'écriture et la parole, précèdent pour nous les pensées que les hommes nous communiquent.

Enfin, si l'éducation de l'homme n'était pas si fausse et si abusive, les *signes primitifs* et *naturels* seraient les éléments de son instruction; et il commencerait le développement de son existence intellectuelle par la perception et la connaissance physique de ces signes, dont le sens ne lui serait communiqué que dans un âge plus avancé.

Quoiqu'on ne puisse appuyer ce principe que sur un très petit nombre d'exemples, on aurait tort d'en nier la certitude. Considérons l'enfant débile et concentré dans ses organes: la tendresse vigilante de ceux à qui la Nature l'a confié, emploie tous les moyens sensibles propres à le soulager; il en reçoit les effets, et quoique les personnes qui les lui transmettent, et le motif bienfaisant qui les fait agir lui soient inconnus, cela ne détruit point leur existence; et il n'en est pas moins certain que sans elles, jamais l'enfant ne recevrait aucun secours, aucune sensation favorable. Telle est l'image de ce qui se passe dans l'ordre des pensées, par rapport aux organes et aux signes qui leur sont nécessaires pour parvenir de leur source jusqu'à nous.

Sans m'étendre davantage sur la nature de ces signes, qui doivent être très ressemblants à ceux que nous employons nous-mêmes pour la communication de nos pensées, puisque nous ne pouvons rien inventer, nous dirons que s'il y a une variété extrême entre les pensées de l'homme, de même il peut y avoir des différences considérables parmi les signes visibles qui leur appartiennent, puisque ces signes ne sont que les organes et les modifications des pensées. Alors la proportion que nous avons établie entre les pensées et leurs signes analogues, devient encore plus indispensable pour éviter la confusion.

D'après ces principes, de même que l'enfant qui commence à croître, commence aussi à apercevoir, quoique obscurément, les objets qui l'environnent; de même celui qui par les premiers *progrès* de ses *facultés intellectuelles*, serait en état de commencer à recevoir des *pensées*, pourrait apercevoir d'une manière incertaine, les *signes* qui les représentent; mais ces *pensées* et ces *signes* se perfectionnant proportionnellement avec l'âge, comme ses facultés physiques, la *croissance naturelle* de son Etre intellectuel, le conduirait au point d'être favorisé de *pensées vives*, justes, étendues, et d'en revoir aussi le signe analogue; c'est-à-dire, un *signe complet de régularité*, avec des traits si parfaits et si achevés qu'il le prendrait pour un homme accompli, pour un Agent supérieur, pour un Ministre de la Divinité; comme l'homme au sortir de l'enfance reconnaît visiblement pour des hommes, les agents sensibles qui ont soulagé ses premiers besoins, et ceux dont il tient l'existence et la vie.

Celui au contraire qui aurait des *pensées fausses*, dépravées et malfaisantes, pourrait les distinguer à des *signes difformes*, et assez irréguliers pour qu'ils lui parussent provenir des *Agents* mêmes de l'erreur.

En effet, l'homme étant la plus noble pensée de Dieu, l ne devrait pas être étonnant que les *pensées divines* qui viennent jusqu'à lui, eussent des analogies avec la plus belle des formes, qui est celle de l'homme; et c'est ici que s'applique avec justesse le passage de Sanchoniaton cité précédemment, dans lequel il représente le Dieu Thot tirant le portrait des Dieux, pour en faire les caractères sacrés des lettres: car le corps de l'homme est la plus belle *lettre* de tous les *alphabets* existant sur la Terre, et par conséquent la copie la plus correcte du portrait invisible de la Divinité.

On pourrait même étendre cette induction jusque sur la forme des astres qui comme l'homme sont des *lettres vivantes du grand alphabet*; et s'ils nous paraissent sphériques c'est que telle est la forme que les objets ont pour l'homme dans son enfance, où tout lui paraît égal et uniforme; car nous ne pouvons nier que nous ne soyions ici-bas dans l'enfance, par rapport à la *vraie connaissance* des astres.

Enfin, il faut appliquer au développement de nos facultés intellectuelles, et à toutes les merveilles qui leur appartiennent, la même progression que celle qui s'observe dans le développement des facultés physiques de l'enfant. Il y a une égale suite de degrés, des ténèbres à la lumière, même mélange d'impressions douces et d'impressions fâcheuses, même perception d'objets gracieux et d'objets contraires ou malfaisants.

Si l'on ajoute à cela, les *mélanges* qui se font dans notre être, où les vices s'allient avec les vertus, la lumière avec l'obscurité, l'on trouvera pour leurs analogues une nouvelle espèce de signes, c'est-à-dire, des signes mixtes tenant du vrai et du faux, avec des variétés infinies relatives aux différentes mesures de *pensée juste* ou *fausse* dont les mélanges sont formés.

Mais il est une vérité plus vaste et plus convaincante c'est que d'après les principes qui ont été exposés sur la dégradation de l'homme et sur les liens par lesquels il tient toujours au Principe dont il est descendu il faut que ce Principe ait communiqué aux hommes chargés spécialement de concourir au *grand œuvre* toutes les pensées relatives à leur état ancien, actuel et même futur afin de leur montrer à la fois ce qu'ils avaient perdu, ce qu'ils souffraient et ce qu'ils devaient espérer.

Il faut donc que ces hommes choisis aient vu sensiblement le tableau universel de l'histoire de l'homme dans lequel on doit comprendre ses jouissances primitives, tous les *combats* qu'il avait à soutenir, qui se sont renouvelés et multipliés à l'infini depuis la démolition de son *premier temple*; les *secours* perpétuels et *puissants* que la main suprême place sans cesse auprès de nous ; l'harmonie et la marche de tous les principes de la nature ; la forme et la structure de l'Univers ; les *lois* de la *Terre*, les *vertus* de ces astres brillants qui nous éclairent ; enfin les *Astres* plus vivants encore, qui sont de même nature que l'homme, et que, par cette raison, il lui sera permis de contempler un jour.

En un mot, il fallait que chacune de ces pensées, ou de ces connaissances, fût accompagnée du signe sensible qui lui est analogue, pour que les hommes choisis à qui la Sagesse voulait communiquer ses lumières, reçussent le complément des instructions qui leur étaient nécessaires.

Mais si l'homme se représente tous les jours la même vérité sous des images et des tableaux variés, il ne faudrait pas être étonné que les divers hommes choisis pour servir de *Colonnes* à *l'Édifice*, eussent reçu la connaissance des grands faits et de grandes vérités par des signes différents, et sous des rapports qui n'offrissent pas tous les mêmes caractères, comme nous voyons que les Langues ne se sont multipliées et diversifiées que parce que chaque Peuple a considéré le même Être sous une face et une acception particulière.

Il ne faudrait pas non plus être étonné que la succession des siècles eût multiplié pour l'homme les tableaux de la vérité, et les signes qui leur sont relatifs, de façon que les hommes fussent aujourd'hui à portée de puiser à des réservoirs plus abondants qu'ils ne l'auraient pu dans les premiers temps; parce que les sources qui se sont ouvertes, dès l'instant de la chute de l'homme, n'ont cessé et ne cessent point de couler sur sa malheureuse postérité.

De ce qui vient d'être exposé, l'on peut aisément voir descendre toutes les traditions de la Terre, et les différentes Mythologies des Peuples.

Les hommes favorisés des grandes lumières ne les avaient reçues que pour l'utilité et l'instruction de leurs semblables : afin de remplir cet objet ils n'auront pu se dispenser de les communiquer au petit nombre de ceux qu'ils jugeaient disposés convenablement ; et cette communication a dû se faire de deux manières, l'une par le discours et les instructions, l'autre par *l'exercice* et *l'emploi* des *actes* enseignés aux Sages par ces *vertus* supérieures dont l'existence et les rapports avec nous ont été suffisamment démontrés.

Les Sages, en exerçant ces *actes* en présence de ceux

à qui ils avaient donné leur confiance, les rendaient témoins de tous les *résultats sensibles* qui pouvaient en provenir; et comme les connaissances, et les signes que les Sages avaient reçus de ces *vertus* supérieures, contenaient l'Histoire complète de l'homme, soit dans sa gloire, soit dans son état d'avilissement et de souffrances, les *résultats* que recevaient leurs Disciples, contenaient le même mélange de lumière et d'obscurité, de mal et de bien, de perfection et de désordres; de pâtiments et de remèdes; de dangers et de moyens de délivrance.

Ces mêmes Disciples, soit par ordre de leurs Maîtres, soit par zèle, auront communiqué chacun aux Nations parmi lesquelles ils habitaient, sinon les faits, au moins les récits de ces faits, et les discours instructifs auxquels ils avaient assisté.

Voilà pourquoi, chez les anciens Peuples, les traditions parlent d'un âge d'or; de Géants; de Titans; de l'usurpation du feu céleste et du trône de la Divinité; de la colère du père des Dieux contre les prévaricateurs; des divers pâtiments que ceux-ci éprouvent sur la Terre et dans les différentes Régions de l'Univers; des *vertus* répandues sur les mortels pieux et fidèles, à qui les Divinités même accordent leurs faveurs; et de l'espoir qu'elles les admettront à des félicités plus grandes encore, s'ils observent la loi de leur Principe, et qu'ils sachent respecter leur *Être*.

On ne doit point être étonné que ces traditions et ces doctrines soient universelles, parce que dans l'origine elles formèrent le fonds des dépôts historiques de tous les Peuples. Ce n'est qu'à la suite des temps et des événements politiques, que l'Histoire civile en a pris la place; ce qui fait que dans l'antiquité nous avons si peu de monuments de l'Histoire politique des Nations, et beaucoup de traditions Théogoniques; au lieu que dans les temps modernes, nous voyons peu de traditions et de faits relatifs à l'Histoire *naturelle* et religieuse, quoique nous ayons beaucoup d'Histoires civiles: ces deux classes ayant eu rarement entre elles une parfaite affinité.

Quoique les Sages instruits par les *vertus* supérieures, et les Disciples instruits par les Sages, aient obtenu essentiellement les mêmes *connaissances* et les mêmes *résultats*, ils n'ont cependant reçu chacun les *grandes lumières* et les *grands traits* de l'Histoire universelle de l'homme, que sous les *signes* et les *tableaux* qui leur étaient particulièrement analogues; parce que s'il est vrai que tous les hommes aient le même Être quant à l'essence, il est aussi certain qu'il y a parmi eux une variété universelle de dons, de facultés, de manière de saisir les objets; et la Sagesse en envoyant *physiquement* aux hommes ses *présents*, se prête toujours à ces différences. Ces Sages et ces Disciples, en communiquant les mêmes choses, ne l'auront donc fait chacun que conformément à l'idée que leurs *dons particuliers* leur permettaient d'en prendre.

De là résulte la variété infinie qu'on aperçoit dans tous ces récits parmi les différents Peuples de la Terre quoique le fonds des vérités y soit généralement uniforme.

Les Disciples qui étaient admis à ces *connaissances*, et à ces *manifestations*, non seulement ont pu ne pas tous les saisir avec la même intelligence, mais quelques-uns ont pu y joindre des interprétations particulières et hasardées ; d'autres confondre les choses emblématiques avec les types qu'elles devaient exprimer, et donner ensuite l'allégorie pour le fait même : oubliant que la similitude des *signes naturels* et *supérieurs* avec les objets sensibles n'avait lieu que relativement à leur *forme*, et à raison de notre assujettissement aux lois inférieures et matérielles ; mais que cette similitude ne peut jamais avoir lieu quant à leur essence.

Quelques autres s'abandonnant à la dépravation, ont pu altérer à dessein les types et les emblèmes, ou ne s'attacher dans toutes les merveilles auxquelles ils participaient, qu'aux *objets irréguliers* désordonnés : et chacun d'eux professant ensuite ces sciences ainsi rétrécies ou corrompues, ont donné lieu à ces traditions absurdes, à cette multitude infinie de récits ridicules, impies et insensés, dont les différentes Mythologies sont remplies; et qui ne se concilient point avec les vérités fondamentales et primitives, parce que plusieurs de ces récits tiennent si peu à la vraie source, qu'ils ne peuvent avoir aucun rapport avec nous ; enfin, de là dérivent principalement les différentes Sectes des Religions des hommes, et toutes les branches de l'Idolâtrie.

Car s'il est constant qu'il y a une idolâtrie où l'on n'aperçoit que l'ignorance et le néant, il y en a une qui tient évidemment à la dépravation, et qui conduit à de plus grands crimes encore que ceux que le fanatisme et la surperstition ont pu engendrer sur la terre. Elles sont l'une et l'autre une altération du culte vrai ; elles mettent également un Dieu faux à la place du Dieu réel. La différence d'origine de ces deux espèces d'idolâtries, vient de ce que dans l'une, l'homme a abusé de ses connaissances pour en former une science coupable, et que dans l'autre, il a été grossièrement instruit.

Mais toutes ces erreurs annoncent également l'idée et la connaissance d'un Être souverain ; car si l'idée d'un Dieu n'était pas analogue à notre Nature, jamais ni les objets de nos affections sensibles ni l'instruction même des Agents supérieurs ne l'auraient fait naître, ni dans l'esprit des instituteurs, ni dans celui des autres hommes. De même si un homme n'avait jamais connu sensiblement aucun objet supérieur et digne de ses hommages, il n'aurait pu enfanter l'Idolâtrie *souverainement criminelle*, puisque, pour être vraiment *Idolâtre*, non seulement il faut commencer par connaître un Principe divin, mais encore il faut l'avoir connu de manière à ne pouvoir ignorer qu'il lui est dû un culte pur et légitime.

Ainsi, lorsque nous nous remplissons d'admiration pour les beautés naturelles, de vénération pour des héros, de tendresse pour un ami, nous sommes encore loin de l'Idolâtrie, et nous n'attribuerions jamais à aucun Etre inférieur, ni les noms, ni les titres qui appartiennent à la Divinité, si l'idée de la perfection suprême n'avait été antérieurement développée en nous, soit *en nature*, soit par l'exemple et l'instruction même altérée de nos éducateurs et de ceux qui nous environnent.

Et même, lorsque nous nous oublions jusqu'à diviniser des hommes ou des objets purement terrestres, ce n'est point eux que nous élevons réellement à la qualité de Dieu, ils sont trop faibles et trop infirmes pour nous induire à une véritable idolâtrie, mais c'est la majesté de notre Etre que nous faisons descendre du point d'élévation où l'exemple et l'instruction l'avaient portée, et que nous laissons reposer sur des objets inférieurs; c'est cet Etre qui sachant qu'il est destiné à rendre hommage et à contempler la Divinité suprême, s'abaisse vers les Etres qui sont au-dessous d'elle, et le prend pour le terme de son adoration.

C'est donc moins en divinisant les objets sensibles, qu'en se matérialisant lui-même, que l'homme s'est fait idolâtre. Ce n'est point par des affections sensibles que l'homme s'est élevé à l'idée de la Divinité, et à celle de ses *Agents* : c'est au contraire en ravalant cette idée sublime et naturelle, qu'il a perdu de vue les objets supérieurs dont son essence le rapprochait, pour s'attacher à des Etres grossiers et périssables qui n'en avaient ni la réalité ni les vertus. Car, je le répète, si l'homme n'avait eu primitivement la preuve de l'existence de ces Etres supérieurs, s'il ne l'eût transmise à ses semblables, ou par des faits, ou par des traditions, aucun d'eux n'eût jamais erré sur un principe dont ils n'auraient point eu de connaissance; et l'on peut regarder comme une vérité constante, que si un homme dès l'enfance était entièrement séparé des autres hommes, il lui serait plutôt possible de recevoir et de pratiquer le culte suprême, que de commencer par se créer une seule idole.

Ceux mêmes qui ont adoré le Soleil, et ceux qui voudraient en annoncer le culte comme le plus naturel, parce que l'objet en est plus rapproché de nous, ne détruisent point le principe que j'expose. Les Peuples qui ont exercé le culte du Soleil, ne sont parvenus à cette idolâtrie, que par une altération d'un culte plus sublime; et il suffit pour s'en convaincre de confronter leur antiquité avec celle des Peuples qui ont adoré l'Etre invisible. Les traditions Chinoises annoncent un culte pur et éclairé chez cette Nation, longtemps avant l'établissement du culte du Soleil chez aucune autre Nation de la terre.

Quant à ceux qui prétendent justifier cette idolâtrie matérielle, ils ferment les yeux sur la nature de l'homme, ils ne voient pas même qu'un semblable culte ne peut longtemps le satisfaire ; parce que l'homme étant un Être actif, a besoin de prier, de concourir à *l'œuvre* qu'il désire opérer, et que le Soleil remplit régulièrement ses fonctions envers nous, sans que nous agissions, et sans qu'il soit nécessaire que nous lui adressions des prières : parce que l'homme est destiné par son origine à exercer une fonction sacrée, qui le met en correspondance avec son Principe ; enfin, parce que l'homme, ainsi que tous les Êtres, ne peut se plaire qu'avec des Êtres dans lesquels il reconnaisse sa ressemblance, et que le Soleil, tout majestueux qu'il est, n'a point une véritable similitude avec l'homme.

On a vu précédemment la nécessité que les *vertus* supérieures, en se communiquant à l'homme soient présentées à lui sous une forme analogue à la sienne, comme étant la plus expressive de toutes les formes et afin que les secours de ces *vertus* ne fussent pas inutiles pour lui. C'est donc sous de pareilles *formes* que les Sages et leurs Disciples ont dû recevoir les principaux *signes* et les *résultats* les plus essentiels de ces *actes purs* et *réguliers* qu'ils employaient pour leur propre instruction, et pour la propagation de la vérité.

Les Emules, en transmettant aux différentes Nations, les récits et les faits dont ils voulaient communiquer la connaissance, les auront représentés dans leurs discours par des expressions et des tableaux analogues à ce qui leur avait été transmis, à eux-mêmes ; et les Peuples qu'ils instruisaient voulant conserver la mémoire de tout ce qu'ils entendaient, se sont tracé, peint et taillé des monuments matériels que leurs descendants ont fini par regarder comme la réalité de la chose même que ces monuments étaient destinés à représenter, tandis qu'ils n'en étaient que des copies et des emblèmes.

Voilà pourquoi parmi les anciennes Divinités des Idolâtres matériels et ignorants, il en est plusieurs qui furent honorées sous des figures corporelles humaines, et représentées par des statues.

Mais il est également vrai qu'avec tous ces *signes réguliers*, et semblables à la forme humaine, les Sages et leurs Disciples ont dû recevoir des *signes* et des *formes* relatives et similaires à tous les objets de la Nature, parce que les *secours* supérieurs ayant pour but de peindre aux yeux de l'homme son ancienne grandeur, ils lui représentaient successivement toutes les parties de son domaine.

Les Disciples de ces Sages transmirent à leurs Nations cette nouvelle classe de connaissances, comme ils avaient fait de celles qui tenaient essentiellement à la Nature supérieure de l'homme ; et les Peuples en ayant également confondu les signes avec les objets terrestres, il n'est pas étonnant que les différents Peuples de la terre, aient eu tant d'Idoles informes et monstrueuses, et qu'ils aient pris pour objet de leur culte des Astres, des Animaux, des Plantes, des Reptiles, et autres substances de la Nature.

Et vraiment si l'on réfléchit à quel point de dégradation l'esprit de l'homme peut descendre par l'ignorance, et le peu de soin qu'il a de cultiver son intelligence : si l'on considère ces degrés si nombreux et si variés auxquels il peut s'arrêter dans le désordre de ses idées, on aura l'origne évidente de cette multitude d'Idoles distinguées entre elles par des formes et des pouvoirs si différens, car dans toute l'étendue du cercle des Etres, il n'en est aucun, vrai ou faux, sur lequel l'homme ne soit le maître de se reposer, et vers lequel il ne puisse diriger son culte.

Ainsi il n'est pas étonnant de voir honorer matériellement sur la Terre, des Dieux de l'Empirée, des Dieux célestes, des Dieux terrestres, des Dieux aquatiques, ignés, végétatifs, reptiles, minéraux, enfin, des Dieux infernaux même, et des Dieux du crime et de l'abomination ; parce que l'homme a le droit de se porter vers tel objet qu'il se voudra choisir et d'y attacher l'honneur et le respect qu'il ne doit qu'à la Divinité suprême.

Mais s'il est vrai que la forme de l'homme soit la plus expressive de toutes les formes, sur laquelle sont fondés tous les rapports et toutes les relations, plus les signes et les monuments de l'idolâtrie en seront éloignés, plus ils seront inférieurs et altérés. C'est donc en comparant avec la régularité de notre forme, tout ce qui nous est représenté de sensible, que nous pourrons juger, non seulement des différents degrés de l'idolâtrie matérielle des Peuples, mais aussi de ce qui tient, soit à une *Idolâtrie* plus criminelle, soit au *culte* pur, actif et légitime : parce que les correspondances de cette forme sont universelles.

Convenons à présent que la Mythologie, dans ses récits les plus sensés et les plus réguliers en apparence, doit être comme inexplicable pour ceux qui n'ont pas pénétré dans la science de l'homme et de la Nature. Ceux même qui y auraient pénétré, doivent encore trouver de grandes difficultés dans cette espèce d'étude ; parce que pour s'assurer de la justesse des rapports, il faudrait en quelque sorte passer en revue les *signes originels* mêmes sur lesquels ils reposent. Or les copies seules de pareils signes ne suffisent pas pour de telles vérifications, et il faut aller chercher les originaux dans les *dépôts* mêmes d'où les premiers Écrivains les ont tirés ; c'est-à-dire, dans leurs *réservoirs naturels*.

Ne soyons donc plus étonnés qu'un si grand nombre d'Observateurs aient en vain consumé leur temps, et employé leurs travaux à expliquer l'origine et le but des traditions mythologiques, pour nous persuader de la vérité de leurs différents systèmes, puisqu'ils n'ont pas eu pour base un Principe général, ni de véritables lumières. Comment auraient-ils pu éclaircir l'obscurité de l'origine des Fables et des Allégories, n'ayant pas une juste idée de l'homme, et ne connaissant point ses rapports primitifs et fondamentaux.

Mais on demandera peut-être pourquoi les mêmes *lumières*, les mêmes *signes*, les mêmes *faits*, étant toujours à la portée des hommes, le langage allégorique et les emblèmes ont presque disparu aujourd'hui de dessus la Terre? J'ai déjà répondu en partie à cette question, en exposant combien les traditions religieuses sont plus anciennes que l'Histoire civile des Peuples, et en faisant voir pourquoi ces deux sortes de traditions ont suivi un ordre inverse. Il suffira donc de dire ici que les hommes actuels jouissent moins généralement de ces *grands secours* que dans l'origine; et qu'ils sont sans doute en cela plus coupables, puisque ces *signes* et ces *emblèmes* sont toujours à leur portée et à leur disposition; d'ailleurs, lorsqu'ils en jouissent aujourd'hui, ils sont tellement rapprochés des *réalités*, qu'ils ne pensent plus même aux *figures*.

XII

Quoique l'origine et le but des récits Mythologiques soient presque universellement inconnus; quoiqu'ils aient été si souvent altérés, ou par l'ignorance des Traditeurs et des Emules, ou par celle des Ecrivains et des poètes, nous en avons indiqué plusieurs qui montrent des rapports évidents avec les vérités exposées dans cet Ouvrage. Présentons-en quelques exemples, et prenons-les dans les Fables Egyptiennes et Grecques.

Qui ne reconnaîtra dans Alcyonée, dans ce Géant fameux qui secourut les Dieux contre Jupiter, qui fut jeté par Minerve hors du Globe de la Lune où il s'était posté, et qui avait la vertu de se ressusciter; qui n'y reconnaîtra, dis-je, l'ancien Prévaricateur, exclus de la présence du Principe suprême, réduit à l'horreur du désordre et enchaîné dans une enceinte ténébreuse, où des forces supérieures ne cessent de le contraindre et de molester sa volonté toujours renaissante?

On verra avec la même clarté l'histoire de l'homme criminel dans Prométhée; et celle des différents crimes de sa postérité, dans tous les malheureux dont la Mythologie nous présente les noms et les supplices.

Tel est Épiméthée ouvrant la boîte de Pandore. Nous remarquerons ici que Prométhée signifie *voyant avant* ou *premier voyant*, et Épiméthée *voyant après* ou *second voyant*; expression dont nous tirerons dans la suite d'autres rapports.

Tel est Ixion qui projette un commerce incestueux avec la femme de Jupiter, son père, et qui, n'embrassant qu'une nuée, produisit les Centaures, ou les monstres moitié hommes et moitié chevaux; par où notre nature mixte est évidemment représentée. Son supplice est une image fidèle de celui de l'homme précipité aux extrémités de la circonférence autour de laquelle il circule et où il ne rencontre que des ennemis furieux et implacables.

Tel est Sysiphe révélant les secrets du Roi son maître et condamné à remonter toujours un rocher énorme sur une montagne d'où il redescend toujours c'est-à-dire à persévérer dans ses entreprises audacieuses pour être continuellement molesté en les voyant continuellement renversées.

Telle est enfin l'allégorie des Danaïdes qui tuent leurs maris et qui sans la vertueuse conduite d'Hypermnestre auraient à jamais dégradé le nombre parfait centenaire dont cette famille était composée. Aussi étant réduites à puiser de l'eau sans relâche dans des vaisseaux sans fonds elles nous font comprendre ce que peuvent les êtres qui ont éloigné d'eux leurs Guides et leur soutien lequel est figuré par le chef ou le mari de ces filles criminelles.

Les yeux exercés entrevoient sans doute à tous ces emblèmes, des rapports plus directs et plus sensibles; tels que le tableau de la marche des êtres coupables qui, étant chacun condamnés à un seul acte, l'opèrent toujours de la même manière; qui, par cette monotone uniformité, se décèlent eux-mêmes, et mettent l'homme bien intentionné à couvert de leurs attaques: comme nous l'éprouvons par les différentes *passions* qui nous obsèdent, lesquelles se présentent toujours avec la même couleur, que chacune avait en commençant à nous poursuivre. Mais ces notions n'étant pas à la portée du vulgaire, contentons-nous de remarquer, dans le tableau de

Tantale, les peines auxquelles nous sommes assujettis : de voir dans le Chien à trois têtes, dans les trois Fleuves des Enfers, dans les trois Parques, dans les trois Juges les trois différents genres de combats, de pâtiments et de suspensions que nous avons à subir en raison des trois *Actions* supérieures dont nous sommes séparés, et les trois degrés d'expiation que tout homme doit monter avant de parvenir au terme de sa réhabilitation.

Les Traditions mythologiques Grecques et Egyptiennes ne se bornent point à nous présenter les effets de la Justice des Cieux sur l'homme; elles nous peignent également les traits de leur amour, en nous offrant, quoique sous des voiles, les rayons de leur propre lumière.

Il est vrai que par une suite de notre malheureuse situation, cette lumière ne peut déployer toute sa splendeur, parce que, répandant aussi sa clarté sur les dangers et sur les maux dont l'homme est entouré, il n'éprouverait que l'horreur et l'effroi, s'il apercevait à la fois tous les ennemis qui l'environnent et tous les obstacles qu'il doit combattre et surmonter.

Aussi entre-t-il dans l'ordre de la Sagesse qu'il ne soit exposé que peu à peu aux *Adversaires* formidables qui le poursuivent; elle ne lui laisse ouvrir les yeux qu'avec précaution et successivement; elle veille sur lui comme sur l'enfant qui frémirait de crainte et de terreur, si dans sa faiblesse il pouvait connaître la rigueur et la violence des éléments, ou des agents actifs qui se disputent sa chétive enveloppe.

Et si l'on voit tant d'hommes être encore enfants sur ces grands objets, c'est qu'il en est de ces faits comme de ceux de la classe élémentaire, où des milliers d'hommes recevant, pendant toute leur vie matérielle, les actions et les contr'actions des agents de la Nature, sont néanmoins disposés à ne leur point reconnaître de lois ni de causes régulières, à défaut d'avoir observé leur marche; enfin, c'est que, par la faiblesse de leur intelligence, ils laissent passer devant eux tous ces phénomènes sans les comprendre et sans en retirer d'instruction.

Mais si la doctrine qui a été établie ci-devant sur nos rapports avec notre Principe, est incontestable, nous ne pouvons plus méconnaître les signes de l'amour vigilant de la Sagesse pour l'homme, dans l'emblème de Minerve, fille de Jupiter, couvrant ses favoris d'une Egide impénétrable; dans cette espérance qui fut laissée à Epiméthée, après qu'il eut ouvert la boîte fatale; dans les conseils que les Dieux donnèrent à Pyrrha, sa fille, et à son époux Deucalion, pour repeupler la Terre, après que la race humaine eut été détruite.

C'est par une suite de ce même amour, que la piété du Roi Athamas lui fit obtenir des Dieux la toison d'or; que le courage et la vertu de Thésée lui méritèrent le fil d'Ariane; qu'Orphée fixa la roue d'Ixion; que Jupiter fit présent aux Naïades de la corne d'abondance, en échange de celle qui avait été arrachée à leur père; enfin, que les Dieux avaient placé sur la Terre un caducée, pour y faire régner l'ordre et la paix; un trépied, pour y rendre leurs oracles, et des hommes choisis pour les prononcer; tous ces symboles annoncent clairement l'intérêt que la Divinité prend à l'homme, et l'idée indestructible qu'en ont eu ceux qui nous ont tracé ces emblèmes.

On sait d'avance ce que l'on doit penser de ce fameux Hercule, dont les Interprètes de tous les genres ont fait un type de leurs systèmes; ses nombreux travaux, opérés tous à l'avantage de l'espèce humaine, annoncent assez de quel modèle il est la figure emblématique: et sans détailler tous ses travaux, on doit sentir ce qu'il nous enseigne, en tuant le vautour dont le malheureux Prométhée croyait devoir être éternellement dévoré; en étouffant le Géant Anthée, qui avait fait vœu de bâtir à Neptune un temple avec des crânes d'hommes; et en se chargeant du poids de la terre pour soulager Atlas, qui dans son vrai sens étymologique signifie *un Etre qui porte, un Etre obéré*: or à qui ce sens-là convient-il mieux qu'à l'homme accablé du poids de sa région terrestre et ténébreuse? Enfin il faut se souvenir que pour récompenser Hercule de ses glorieux travaux, les Dieux, après sa mort corporelle, lui firent épouser Hébé ou l'Eternelle Jeunesse.

Les vérités physiques percent également au travers des emblèmes mythologiques. Argus est un type actif de ce Principe vivant de la Nature, qui ne ralentit jamais son action sur elle, qui la pénètre et l'anime dans tous ses points, qui en entretient l'harmonie, et qui veille partout pour empêcher le désorde d'en approcher.

La Divinité, qui présidait à la fois aux Cieux, à la Terre et aux Enfers, annonçait le triple et quadruple lien qui unit toutes les parties de l'Univers; lien dont la Lune est pour nous le signe réel, parce qu'elle reçoit l'action quaternaire du Soleil; parce que non seulement se trouvent rassemblées en elle, les *vertus* de tous les autres astres, mais encore parce qu'habitant les cieux comme eux, elle porte en outre son action directe sur la terre et sur les eaux, qui sont l'emblème sensible des abîmes.

C'est sans doute en raison de cette grande *vertu* que les Néoménies ou nouvelles Lunes furent si célébrées par les Anciens. Comme la Lune était le char et l'organe des *actions* supérieures à elle, il n'était pas étonnant qu'on honorât son retour par des réjouissances. Et si les Anciens n'avaient considéré ce retour que par rapport à la lumière élémentaire, ils n'auraient pas institué des Fêtes pour le célébrer.

Au reste cet usage était d'autant plus naturel, que dans une Langue primitive dont nous ne tarderons pas à nous occuper, les mots *planète* et *influence* sont synonymes.

Enfin le fameux Caducée, séparant deux serpents qui se battent, est une image expressive et naturelle de l'objet de l'existence de l'Univers; ce qui se répète dans les moindres productions de la Nature, où *Mercure* maintient l'équilibre entre l'eau et le feu pour le soutien des corps, et afin que les lois des Etres étant à découvert aux yeux des hommes, ils puissent les lire sur tous les objets qui les environnent. L'emblème du Caducée que la Mythologie nous a transmis, est donc un champ inépuisable de connaissances et d'instruction; parce que les vérités les plus physiques peignent à l'homme les lois de son Être intellectuel et le *terme* auquel il doit tendre pour recouvrer son équilibre.

Ceci nous mène aux symboles et aux hiéroglyphes qui par leurs rapports appartiennent comme tous les autres emblèmes, aux signes des pensées diverses dont nous avons reconnu que l'homme est susceptible; et qui, dans les faits sensibles, doivent montrer à l'homme le vrai tableau de l'état de son Etre intellectuel.

Si l'homme a pu avoir ici-bas des preuves sensibles de l'existence des Puissances suprêmes; si à plus forte raison il a pu en avoir de celle des Puissances inférieures qui composent toute la Nature, et sont comprises dans son Domaine, il y a donc, non seulement pour toutes les classes intellectuelles, mais encore pour tous les Etres physiques de la Nature générale et particulière, des signes analogues et fixes, qui dirigent l'homme dans la carrière de son instruction; autrement sa science serait dénuée de base et d'appui.

Par conséquent les signes et les hiéroglyphes relatifs à la Nature physique, n'ont pu dépendre de la convention arbitraire de l'homme, comme le prétendent les personnes qui ne marchent point par des *sentiers solides*, et qui se rendent aveuglément aux premières opinions qu'on leur présente.

Et la preuve que ces signes sont indépendants de nos conventions; c'est qu'avec des signes arbitraires, l'homme ne pourrait former que des *hiéroglyphes morts* et sans *vertu*, et que dès lors ils seraient nuls et impuissants pour représenter la Nature, où tout est *vivant*.

Il faut donc que les objets naturels eux-mêmes soient accompagnés de signes analogues, qui servent d'indice à leur essence comme à leurs propriétés; et ne doutons pas que les Sages n'aient été guidés par ce principe, lorsqu'ils ont appliqué des caractères distinctifs à toutes les substances, aux planètes, aux métaux, au feu, à l'eau, à tous les éléments. Les hommes qui leur ont succédé, ont voulu sans doute imiter leur exemple, lorsqu'ils ont fait rapporter différents signes et différents caractères à plusieurs productions naturelles, telle que celles dont la connaissance et l'étude sont l'objet de la Chimie.

Mais il est constant, qu'en supposant vrais les caractères que ces hommes imitateurs ont employés, ils ont marché en aveugles dans l'application qu'ils en ont faite; comme il est évident lorsqu'ils ont donné aux métaux, les noms vulgaires et les signes composites de Planètes.

D'après cela on ne peut se dispenser de croire que tout ce qu'on nous a transmis en ce genre, dans les Sciences, dans les Arts, dans les alphabets des Langues, pèche non seulement dans l'application, mais même est altéré dans la figure et dans la forme des caractères. Or de ces signes et caractères ainsi défigurés, doivent résulter dans les sciences naturelles, les mêmes erreurs qui ont été faites sur les signes des Puissances suprêmes, et dont l'abus, engendré par l'ignorance, a donné naissance à l'Idolâtrie *surmatérielle*. Cette vérité nous servira dans un moment de flambeau, pour nous faire connaître avec quelle défiance on doit marcher dans les sciences et dans les systèmes des hommes; mais il faut éclaircir ici une question sur les hiéroglyphes et l'écriture; savoir si les signes hiéroglyphiques sont antérieurs aux signes de la parole et du langage.

Des hommes célèbres ont approché du but en disant que toute écriture, tout signe était hiéroglyphique, c'està-dire, qu'il devait porter avec lui-même les indices de l'objet que l'on se proposait de présenter à l'intelligence, et en effet la *parole* même ne devient intelligible pour l'homme qu'en lui *devenant hiéroglyphique*, et il ne comprend les mots des Langues qu'après que leur sens lui est devenu familier, par le secours des choses sensibles auxquelles ces mots correspondent.

Cependant cette décision, adoptée trop légèrement, entraînerait la nécessité de regarder comme une seule chose, les signes hiéroglyphique et les Langues. Or l'on peut douter que ces deux choses ne soient très différentes, quoique intimement liées et s'il est permis d'employer une comparaison, elles forment ensemble un fruit dont l'une est le suc, et l'autre l'écorce.

Enfin, l'on ne peut douter que si tous les signes des langues sont hiéroglyphiques, comme tenant aux propriétés essentielles du principe qu'ils expriment; de même tous les objets quelconques, indépendamment de ce qu'ils sont hiéroglyphiques par eux-mêmes, doivent encore être dépositaires d'un nom qui puisse passer dans le langage de l'homme, et servir de sujet et de guide à son intelligence, quand l'objet n'est plus sous ses yeux.

Cette vérité et confirmée par l'expérience générale des peuples, qui tous ont deux manières de se communiquer leur pensées : savoir, les objets mêmes, puis les mots qui y correspondent dans leurs Langues. Et si l'on disait que les objets intellectuels n'étant pas présents, les hommes ne devraient pas avoir de mots pour les exprimer, je renverrais à ce que j'ai dit ci-dessus sur la nécessité de la présence sensible des *Vertus* suprêmes parmi les hommes : et même l'objection tournerait à l'avantage du Principe que je défends; puisque, dans l'état actuel de l'homme, les mots étant comme enveloppés dans les objets sensibles, si les hommes ont dans leurs Langues des mots pour exprimer les objets intellectuels, c'est une preuve évidente que les objets intellectuels ont été sensibles pour eux, ou pour ceux qui leur en ont transmis les idées.

On peut donc résoudre ici la question proposée, en disant que dans l'ordre naturel et parfait, les signes hiéroglyphiques précèdent universellement les Langues; que si l'on a reconnu avec raison que les hommes, dans leur état de dégradation, ont eu des Langues avant d'avoir une écriture, cela confirme d'autant notre principe; car il ne faut pas regarder les caractères de l'écriture, actuelle et vulgaire, comme les hiéroglyphes primitifs ni comme la source de la parole de l'homme, mais comme des signes hiéroglyphiques secondaires destinés à réactionner l'intelligence et la parole dans ceux à qui les hiéroglyphes mêmes seraient communiqués; et l'on ne saurait douter que ces signes hiéroglyphiques inférieurs n'aient cet emploi, si l'on observe que les muets se font comprendre par leurs signes : et que plusieurs hommes écrivent des Langues qu'ils ne peuvent ni parler, ni entendre.

Enfin, si l'on veut se convaincre que les signes et hiéroglyphes primitifs sont antérieurs aux langues, il suffit de voir que toutes nos paroles sont précédées intellectuellement en nous, par le tableau sensible de ce que nous voulons exprimer; il suffit, à bien plus forte raison, d'observer que l'homme passe la première partie de sa vie corporelle dans les entraves de l'enfance, et dans les liens des organes matériels, avant de parvenir à la jouissance de la parole.

Mais revenons aux signes naturels des Puissances inférieures qui agissent dans cet Univers, et reconnaissons de nouveau l'existence nécessaire de ces signes pour toutes les classes d'êtres, pour tous les Règnes, pour toutes les Régions, parce que tout est gouverné par cette loi irrévocable.

Comme chaque Peuple, chaque homme est libre de s'appliquer à tel ou tel objet, uacun aussi doit être pourvu plus abondamment des signes relatifs à l'objet dont li s'occupe : c'est même un indice assuré pour reconnaître quelles sont les Sciences qu'un Peuple cultive, et il ne faut pas considérer longtemps les hiéroglyphes des Egyptiens, pour voir qu'ils étaient moins adonnés aux vraies Sciences qu'on ne le croit vulgairement. Cette multitude de reptiles, d'oiseaux, d'animaux aquatiques qui y dominent, annonce assez qu'ils s'exerçaient particulièrement sur les objets élémentaires, et même sur des objets encore plus inférieurs ; parce que l'eau d'où tous ces animaux sont sortis, est par son nombre le vrai type d'une origine confuse et désordonnée. Car si l'on prétendait qu'ils n'eussent tiré ces hiéroglyphes que des objets les plus communs dans leur pays aquatique, il suffirait de se rappeler ce que nous avons déjà dit sur l'origine de l'Idolâtrie, qui n'est qu'une altération du culte vrai, et qui a été nécessairement précédée par les signes primitifs et hiéroglyphiques.

De même, il y a des témoignages certains pour s'assurer de l'ignorance d'une Nation; c'est lorsqu'elle n'a pas d'*écriture naturelle* hiéroglyphique, et que ces monuments sont ornés de figures arbitraires, nulles, et auxquelles elle ne prête qu'un sens conventionnel et idéal on peut être sûr alors que les Savants les plus célèbres de cette Nation n'ont pas même la première idée du titre dont on les honore, et que s'ils tiennent un rang distingué dans l'opinion vulgaire, ils en occupent un très inférieur dans l'ordre vrai des connaissances.

Il est à propos de présenter ici quelques exemples de ces signes naturels, qui doivent avoir des rapports avec les objets temporels, et indiquer les propriétés des Etres.

Si toutes les Nations de la Terre ont employé le triangle dans leurs monuments hiéroglyphiques, peu en ont connu ou dévoilé les véritables relations et le vrai sens. Celles qui l'ont donné pour symbole du Ternaire sacré, auraient dû montrer un symbole intermédiaire entre ce Type suprême et le ternaire corruptible ; parce que sans cela, de l'Etre invisible et invariable, à une figure morte, telle qu'un triangle, la distance est trop grande, pour qu'on puisse s'élever de l'une à l'autre : or le symbole intermédiaire est l'homme, comme on le verra dans la suite.

Il faut donc considérer simplement le triangle corruptible dans ses rapports temporels, et dès lors il devient l'emblème parfait des Principes de la Nature élémentaire, qui sont au nombre de trois, il devient par conséquent l'emblème de tous les corps individuels, puisqu'ils sont constitués par le même nombre et les mêmes lois que la Nature universelle: enfin, il est l'expression sensible de la base fondamentale des choses, et s'il est la première figure et la plus simple que l'homme puisse produire ou concevoir, car la *circonférence* est moins une figure que l'ensemble et le tableau général de toutes les actions et de toutes les figures, il est sans doute l'image parlante de la loi particulière que la Sagesse a suivie pour la production de ses ouvrages matériels.

Avec des rapports aussi vastes, il n'est pas étonnant que cette figure tienne un rang si distingué parmi les hiéroglyphes des Nations.

Les Chimistes qui, dans leurs recherches, s'attachent à des parties séparées plutôt qu'à l'ensemble, ont employé ce signe dans leur Science : mais, au lieu de le considérer sous son vrai rapport, ils ne l'ont établi que comme le signe du feu, ou du phlogistique ; et quoique même, sous ce point de vue isolé, il y eût eu encore une certaine justesse dans l'application, si les Chimistes avaient su nous dévoiler ce qui est contenu dans le feu, il est clair que ne le sachant pas, ce signe est comme mort entre leurs mains et que sa signification devient arbitraire.

Quelques Chimistes ont cru voir le feu exprimé par les faces triangulaires de la pyramide ; et se sont fondés sur ce que la première syllabe *pyr* en grec signifie *feu*, et sur ce qu'il y avait nombre de ces pyramides chez les Egyptiens, qui célébraient le culte du Soleil ou du feu, et de qui les Grecs tenaient la plupart de leurs connaissances. Mais si la pyramide avait des rapports avec le feu, ce ne serait pas précisément par ses faces triangulaires, mais par sa direction verticale, et par sa forme qui va toujours en diminuant jusqu'à ce qu'elle arrive à un point insensible. Ce serait là où l'on trouverait les lois du feu ; parce qu'il monte toujours verticalement, quand des causes étrangères ne gênent pas son action naturelle ; parce qu'il diminue pour nous, à mesure qu'il s'élève, et qu'il finit comme la pyramide, en devenant imperceptible à nos sens.

Les Chimistes ont fait les mêmes erreurs sur la figure cruciale, qu'ils ont adoptée pour représenter l'acide universel. Ce signe correspondant au centre même de la circonférence, puisqu'il est formé par deux diamètres, est l'indice visible de l'unité.

On sait que le *feu* est *un* partout, qu'il occupe le centre de tous les corps, et qu'il tend sans cesse à se séparer des substances grossières avec lesquelles il est combiné. La figure cruciale serait donc avec raison le véritable emblème du feu, et non pas de l'acide : car quoique l'acide soit un feu, comme il n'est jamais sans eau, il n'est pas un feu pur ; ainsi le signe de la simplicité et de la pureté ne lui peut convenir.

Aussi les Anciens étaient si persuadés que cette figure cruciale était l'emblème du feu, que les Prêtres du Soleil chez les Egyptiens la portaient sur leurs habits.

Enfin les Chimistes, en unissant le triangle et le signe crucial, ont pris cet assemblage pour l'emblème du soufre parce qu'en effet le soufre étant composé d'acide vitriolique et de phlogistique, les signes admis pour représenter séparément l'acide et le feu, peuvent être choisis pour représenter leur ensemble.

Mais sans dire autre chose de ces conventions, sinon qu'elles nous instruisent peu, nous croyons pouvoir découvrir dans ces deux signes, des rapports plus élevés et plus intéressants; et ce sera toujours l'homme qui en sera le type.

Le triangle, étant le symbole universel des lois particulières qui ont produit les corps; doit s'appliquer au corps de l'homme, quant à ses principes constitutifs, comme à tous les autres corps.

La figure cruciale étant l'emblème du feu du centre, du *Principe*, convient à l'Etre intellectuel de l'homme, puisqu'il tient directement au centre du Principe supérieur et universel de toutes les Puissances.

En réunissant ces deux signes dans l'ordre même où les Chimistes les emploient, c'est-à-dire, en plaçant le triangle au-dessus de la figure cruciale ⚧ , on a d'une manière évidente et sensible, le tableau des deux substances opposées qui nous composent, et en même temps celui de l'imperfection de notre état actuel où l'Etre pensant se trouve surmonté et comme enseveli sous le poids de la forme corporelle; tandis qu'étant destiné par sa nature à régner et à dominer sur elle, cette forme devrait lui être absolument subordonnée : et voilà comment toutes les lois des Etres pourraient tourner à notre instruction. On peut même trouver là une nouvelle preuve de la nécessité des manifestations supérieures, pour aider l'homme à se rétablir dans son ordre naturel, et afin que notre essence intellectuelle, étant remise dans son rang primitif et supérieur à la matière, l'édifice qui avait été renversé suivant cette figure ⚶

se trouvât relevé ainsi ⚷

On peut remarquer enfin que dans la décomposition des corps, leur feu principe, leur phlogistique échappe à tous les moyens corporels employés pour le contenir. C'est nous retracer visiblement la distance qui se trouve entre la matière et son Principe, et par analogie combien le Principe intellectuel de l'homme est étranger à son enveloppe.

Si des signes naturels nous passons aux signes symboliques, nous y découvrirons les mêmes lumières.

Les Mythologistes nous peignent l'Amour armé de flèches, et Minerve sortant du cerveau de Jupiter. C'est nous rappeler d'un côté que toutes les affections sensibles qui nous viennent par les objets extérieurs, sont destructives, et de l'autre, que la sagesse, la prudence et toutes les vertus ayant leur siège dans le germe intérieur de l'homme peuvent naître de lui, à l'imitation de l'Etre dont il est l'image et qui produit tout : c'est-à-dire, que si l'homme intellectuel remplissait sa destination primitive, et qu'il ne laissât altérer aucune portion de sa substance immatérielle, il *vivrait* moins de ce qu'il en ferait entrer dans lui-même, que de ce qu'il en laisserait émaner par les efforts de son désir et de sa volonté. Principe juste, vrai, fécond, instructif, dans lequel sont renfermés tous les secrets de la science et du bonheur. Mais ce qui rend aujourd'hui si difficile pour l'homme, l'usage de ce principe, c'est que l'application qu'il en doit faire, est devenue double et divisée, en ce qu'elle doit se rapporter non seulement aux objets d'intelligence et de raisonnement, dont toutes les opérations se passent dans la tête, mais encore à toutes les affection *vertueuses* de désir et d'amour pour la vérité, qui ont leur siège dans le cœur de l'homme. Ainsi étant lié à deux *centres* éloignés l'un de l'autre, son action est infiniment plus pénible et plus incertaine que lorsqu'ils étaient réunis ; d'autant que vu la distance immense qui les sépare, leur communication peut souvent être interceptée : et cependant s'ils n'agissent pas de concert, ils ne produisent que des œuvres imparfaites.

Les Mythologistes nous peignent un Sphinx à la porte des Temples des Egyptiens, afin de nous rappeler combien la lumière est aujourd'hui enveloppée pour nous d'énigmes et d'obscurités. Mais ils nous apprennent que cette lumière n'est point inaccessible, en nous transmettant l'emblème que le Sphinx représenta, lorsqu'il fut envoyé à Thèbes par la jalousie de Junon ; car on sait qu'Œdipe, en expliquant l'énigme que la Déesse faisait proposer par son Envoyé, le réduisit à la nécessité de se donner la mort. Convenons toutefois que c'est assez mal à propos que dans l'emblème le Sphinx en vient à cette extrémité, puisque Œdipe ne donnait alors que l'explication de l'homme animal et sensible, et qu'il y a en nous un Etre infiniment supérieur, qui est le seul mot par lequel on puisse véritablement expliquer toutes les *énigmes*.

Ces mêmes Mythologistes nous montrent à quel prix nous pouvons espérer d'atteindre à cette lumière, lorsqu'ils nous parlent de cette pièce d'or que les Ombres donnaient à Caron pour passer le fleuve. L'homme ne pourra jamais trouver accès dans les demeures de paix, qu'il n'ait acquis, pendant son séjour ici-bas, assez de *richesses* intellectuelles pour gagner et soumettre *ceux* qui défendent les enceintes de la lumière ; et même il ne peut pendant son existence sensible et matérielle, faire un seul pas vers la vérité qu'il ne paie d'avance par ses désirs et son dévouement le Guide fidèle qui doit le diriger dans la carrière.

Enfin les Mythologistes nous rappellent visiblement, et en nature, la présence de ce Guide auprès de l'homme, en nous peignant ce Palladium ou cette statue de Minerve qui descendit du Ciel avec le secours d'Abaris, lorsqu'on bâtissait à Troie le Temple de cette Déesse. Ils nous montrent en même temps, quelle confiance nous devons avoir en ce don suprême, puisque à l'exemple de Troie, et d'après l'Oracle qui avait annoncé d'où dépendait la conservation de cette Ville, nous serons à jamais en sûreté, tant que nous ne laisserons pas les *Ennemis* pénétrer par des *souterrains* dans le *Temple*, parvenir jusqu'à l'*Autel* et nous enlever notre *Palladium*.

Toutes les allégories qu'on vient de voir, suffisent pour nous convaincre qu'à commencer à la première origine des choses temporelles, les Traditions mythologiques présentent à l'homme une foule d'images fidèles de tous les faits passés, présents et futurs qui doivent l'intéresser : qu'il peut y voir l'histoire de l'Univers matériel et immatériel, la sienne propre, c'est-à-dire, le tableau de sa splendeur originelle, celui de sa dégradation, et celui des moyens qui ont été employés pour le réhabiliter dans ses droits.

Quant à ceux qui veulent borner à des faits historiques, les traditions de la Mythologie, et qui ne voient dans les anciennes Divinités, que des Héros ou des personnages célèbres, nous croyons qu'ils peuvent avoir raison sur quelques points; mais il faut qu'ils avouent aussi que la plupart de ces applications particulières n'ont été faites que postérieurement, et d'après des traditions mythologiques déjà existantes : en sorte qu'on ne peut s'empêcher de reconnaître que la Mythologie primitive fut hiéroglyphique et symbolique; c'est-à-dire qu'elle a renfermé les vérités les plus importantes pour l'homme; et tellement nécessaires, qu'elles n'en existeraient pas moins, quand ni les Fables, ni aucune espèce de Tradition ne nous les aurait retracées.

Nous terminerons ici sur ces Traditions, pour ne point ralentir notre marche, et pour ne pas hasarder des interprétations, qui trop profondes pour être entendues généralement, paraîtraient n'avoir pas toutes la même justesse, en ce qu'elles n'auraient pas toutes la même évidence; et qui par là pourraient répandre des doutes et de la défiance sur celles qui seraient les plus claires.

Mais les observations qu'on vient de voir, ne se bornent point aux seules Traditions mythologiques Grecques et Egyptiennes : la Théogonie, la Cosmogonie et les Doctrines religieuses des anciens Peuples, ayant eu un Principe et un but commun à toute l'espèce humaine, doivent nous présenter les mêmes tableaux et les mêmes vérités. En effet, ouvrons le Shastah des Gentous, le Zend-à-Vesta des Parsis, l'Edda des Islandais, le Chon-King et l'Y-King des Chinois; en un mot, consultons les Traditions sacrées de tous les Peuples de la Terre, nous ne craignons pas d'assurer qu'on y reconnaîtra aisément l'homme ancien, présent et futur, ainsi que l'expression naturelle de ses besoins et de ses idées; parce que l'homme étant un Être de tous les temps et de tous les lieux, ne peut avoir partout que les mêmes besoins et les mêmes idées.

Parmi ces Traditions, prenons celles des Chinois pour exemple; car indépendamment de ce que leur antiquité prévient en leur faveur, elles présentent les rapports les plus frappants avec les vérités fondamentales qui concernent l'ordre des choses visibles et invisibles.

Elles parlent de la chute des premiers criminels, de la formation de l'Univers par les *Vertus* du grand Principe, par *une Vie qui n'a point reçu la vie*. On y voit l'origine du genre humain, l'état de l'homme dans l'innocence, jouissant des douceurs d'une habitation délicieuse, laquelle était *arrosée par une fontaine d'immortalité, divisée en quatre sources merveilleuses, que l'on nommait le chemin du Ciel, et d'où la vie est sortie :* tout était pour lui dans *une parfaite harmonie: toutes les saisons étaient réglées: rien ne pouvait être funeste, ni donner la mort: cet état se nommait la grande unité.*

Elles enseignent que *le désir immodéré de la science perdit le genre humain; qu'après la dégradation de l'homme, les animaux, les oiseaux, les insectes et les serpents commencèrent à l'envi à lui faire la guerre et que toutes les créatures furent ses ennemies.* On y trouve que *l'innocence ayant été perdue, la miséricorde parut.*

On y reconnaît même des images sensibles des *voies* de cette Sagesse, dans ce fameux *Fou-hi* ou *Pho-hi*, dont la naissance fabuleuse est figurée d'une manière extraordinaire, et qui passe pour avoir institué le Culte dont il reste encore des traces à la Chine. Il passe aussi pour avoir inventé les *Koua*, qui sont les signes hiéroglyphiques et les caractères de la première écriture des Chinois, et qui représentent par leur sens des rapports avec la Langue des Hébreux, où le mot *Koua* signifie également, *il a annoncé, il a indiqué*, et ces rapports sont d'autant plus fondés que la Langue hébraïque peut à plus d'un titre passer pour être le type des autres Langues.

Remarquons que ces *Koua* Chinois n'étaient établis que sur les arrangements et les divisions de trois lignes fondamentales, dont les différentes dispositions indiquaient tout ce que le Maître voulait enseigner à ses Disciples, c'est-à-dire, sans exception, tout ce qu'il est permis à l'homme de connaître; comme les trois éléments constitutifs de l'Univers suffirent au Créateur pour multiplier à l'infini les images de ses pensées aux yeux qui savent les lire.

Pho-hi fit connaître aussi à ce peuple le *ki*, mot que l'on rend sensiblement par *le souffle du Tout-Puissant* mais dont on retrouve encore des traces plus expressives dans l'hébreu, par ce *ki* ou *kai*, qui veut dire le *Vivant*, ou la force et l'action virtuelle du Principe universel qui donne l'existence à tous les Etres.

D'après les connaissances que *Pho-hi* est censé avoir transmises aux Chinois, on ne doit point être surpris de lui voir tenir dans leurs Traditions un rang si élevé, qu'elles ne craignent point de lui attribuer la création du Ciel et de la terre.

Si l'on demandait pour quelle raison je donne la Langue hébraïque comme le type des autres Langues; je répondrais que c'est parce que la langue primitive dont elle dérive, n'est plus parlée généralement dans ce bas Monde; que l'on ne peut regarder comme primitive une Langue sensible, fondée sur la forme, les lois, les *sons* et les actions de tous les objets naturels, attendu que la langue de la pensée leur est étrangère : je répondrais que c'est parce que, dans quelque dialecte que l'on considère la langue hébraïque, soit le Syriaque, soit l'Arabe, soit le Samaritain, soit le Chaldéen, elle offre des traces de tous les principes que nous avons exposés ; parce que ses racines sont presque généralement composées de trois lettres, pour nous rappeler les trois racines universelles de toutes choses ; parce que toutes ses racines sont des verbes, et ne paraissent être des noms qu'à ceux qui n'ont pas observé l'ordre et la progression du langage sous son jour le plus lumineux ; parce qu'elle exprime toutes ses racines par la troisième personne, pour nous faire connaître d'abord celle des trois facultés suprêmes qui est le plus près de nous ; parce qu'elle n'emploie que les temps passés et futurs, comme n'étant affectée qu'aux choses temporelles et apparentes ou nulles, et non pas aux choses présentes et réelles : parce qu'enfin le *langage* n'a commencé à être conventionnel et à se corrompre, que quand il a employé ce temps présent, qui ne peut convenir aux choses incertaines et passagères, et qui n'appartient qu'à l'Etre vrai et fixe, dont l'action est toujours présente, toujours ce qu'elle a été, toujours ce qu'elle sera.

En rapprochant le nom de *Pho-hi* de la Langue hébraïque, avec laquelle toutes les Langues de la Terre ont des rapports primitifs, nous pourrions étendre nos idées relativement à ce célèbre Législateur, sur lequel les savants Chinois eux-mêmes sont si partagés, qu'ils n'ont point encore décidé si son existence est réelle, ou si elle n'est qu'allégorique.

Le mot *Pho* n'est pas éloigné du mot hébreu *Phé*, qui veut dire *la bouche*; le mot *hi* est encore plus près de l'affixe hébreu *i*, qui lié à son nominatif, veut dire *de moi*. Le mot *Pho-hi* étant rapproché de l'Hébreu, pourrait donc avoir quelques rapports avec cette expression *la bouche de moi*, ou *ma bouche*. Je dis simplement quelques rapports ; parce que ceux que nous faisons entrevoir, ne sont pas directs et entiers ; et parce que l'Hébreu lui-même ne rend pas ces mots, *ma bouche*, par *Phéï* qui semblerait devoir être l'expression naturelle, mais par l'abréviation *Phi*.

Soit donc que *Pho-hi* ait été l'un des Agents, ou l'une

de ces *Vertus* subdivisées, qui ont dû nécessairement se montrer dans le séjour de l'homme, soit qu'il n'ait été qu'un homme ordinaire; il est certain d'après les Traditions qui lui attribuent la création du Ciel et de la Terre; d'après les sublimes connaissances dont sa Nation l'a reconnu dépositaire; d'après le sens même qu'une étymologie rapprochée nous fait découvrir dans son nom, il est certain, dis-je, que la Chine a reçu les traits de lumière les plus éclatants.

On ne peut douter, quant aux sciences naturelles, que les Chinois n'y aient été très profonds, lorsqu'on voit les traces qui en sont restées, soit dans leurs monuments astronomiques, soit dans leur système de musique. Cette science, la plus simple et la plus puissante de toutes les sciences temporelles; la seule qui embrasse d'une manière active et sensible, toutes les lois des Êtres, la seule parmi les choses composées qui soit assujettie à une mesure égale et constante puisque les Astres eux-mêmes, quoique ayant des périodes régulières, ont cependant tous une marche dont les progressions varient sans cesse par la loi commune qui les fait dépendre les uns des autres.

Non seulement les Chinois ont été profonds dans la science de la musique, ils ont encore rendu hommage à sa sublimité, en l'appliquant spécialement aux cultes religieux, et aux cérémonies par lesquelles ils honorent les mânes de leurs ancêtres; ils prétendaient même qu'il fallait que leurs Musiciens eussent des mœurs pures, et fussent pénétrés de l'amour de la sagesse, pour tirer des sons réguliers de leurs instruments.

De leurs antiques et sublimes connaissances, les Chinois ne possèdent plus que les monuments qui les leur ont transmises: aussi est-il arrivé parmi eux ce que nous avons pu voir chez toutes les Nations, c'est que les uns se sont prosternés devant ces monuments, sans les comprendre, et que les autres les ont méprisés; ou pour mieux dire, la Nation Chinoise a dirigé toutes ses vues du côté de la morale, et peut-être d'une sage administration, mais dont les fruits ne s'élèvent pas au-dessus du bonheur politique. Ses Lettrés mêmes, qui chez elle semblent faire la fonction des Dieux tutélaires, ont oublié leur institution primitive, et se sont comme ensevelis dans des recherches laborieuses sur la véracité de leur histoire connue, sur les lois civiles, sur le Gouvernement, et principalement sur la connaissance littérale et typographique de leurs Livres.

Ces fameux *Koua*, qui leur sont annoncés comme renfermant toutes les Sciences, n'obtiennent plus d'eux qu'un respect stérile; et n'en connaissant plus l'usage, ils les ont remplacés par cette multitude effrayante de caractères, qui tiennent sans doute à l'expression sensible des signes et des faits intellectuels opérés sur la terre; mais qu'ils bornent aujourd'hui à représenter les choses apparentes, ne sachant plus les appliquer à la Nature et aux lois des Êtres; et sous ce point de vue, ce sont autant de prisons qu'ils élèvent à leur esprit. C'est ainsi que l'homme qui détourne un instant les yeux de son Principe, finit par tout corrompre; et en vient à regarder comme fabuleux, ce dont il n'a plus l'intelligence et la force d'apercevoir la réalité.

C'est pour cette raison que l'on ne peut considérer avec trop de prudence et de discernement, les Traditions allégoriques, mythologiques ou théogoniques, tant des Chinois que des autres Peuples de la Terre, attendu que par ignorance et par précipitation, ils ont tous confondu et mélangé la plupart de leurs Traditions originelles, soit avec leur histoire civile et politique, soit avec leurs lois et leurs usages conventionnels, soit même avec les idées monstrueuses d'une imagination grossière et déréglée, ce qui a totalement défiguré plusieurs de ces Traditions.

C'est donc par une profonde observation de soi-même et de toutes les lois des Êtres, que l'on pourra trouver dans le plus grand nombre de ces récits, une conformation évidente de ce que nous avons dit ci-devant; qu'il était nécessaire que les *Vertus* divines se manifestassent, pour que l'homme dégradé pût se régénérer à leur aspect, et qu'il manifestât à son tour la grandeur du modèle qui l'a chargé d'être son signe, et de porter son caractère dans l'Univers. Avec cette précaution active et vigilante, on y reconnaîtra aisément que la Puissance suprême n'a pu d'abord se montrer aux hommes que sous une sorte de subdivision ; que puisqu'ils étaient faits pour l'Unité, cette subdivision doit les tenir dans un pâtiment inévitable, et qu'elle doit leur faire sentir la rigueur des Décrets divins par la sévérité de la loi qui l'accompagne, laquelle est désignée dans les traditions et les allégories de tous les Peuples, par des traits de violence, de fureur, et de la justice la plus rigoureuse.

Mais je peux présenter au Lecteur un fil de plus pour se conduire dans ce labyrinthe ; c'est de le prévenir que la même allégorie renfermant des vérités de plusieurs ordres, il faut suivre ces vérités selon leur progression naturelle ; qu'il faut d'abord chercher dans l'allégorie, le sens le plus voisin de la lettre, comme étant le plus intelligible et le plus à notre portée, et s'élever ensuite au sens qui lui succède immédiatement : par cette marche attentive et prudente, on parviendra à la connaissance du sens le plus sublime qu'une Tradition puisse renfermer. Si l'on n'observe point cet ordre ; si l'on omet quelque terme de la progression, et qu'on veuille trop tôt en expliquer les extrêmes, l'on n'y trouvera que confusion, obscurité, contradictions, parce qu'en négligeant un sens intermédiaire, on se sera privé du seul moyen qui pouvait rendre ces objets intelligibles. Passons aux Traditions des Hébreux.

XIII

Quelque avantageuses que soient les découvertes que l'on peut faire dans les Livres hébreux, ils ne doivent pas être employés comme preuves démonstratives des vérités qui concernent la nature de l'homme et sa corrospondance avec son Principe; car ces vérités subsistant par elles-mêmes, le témoignage des Livres ne doit jamais leur servir que de confirmation.

D'ailleurs les Livres des Hébreux, vu leur profondeur et la fécondité de la Langue dans laquelle ils ont été écrits, se prêtent à un si grand nombre de sens, qu'ils sont comme un champ de bataille, où chaque Parti, chaque Secte trouve de quoi s'attaquer et de quoi se défendre.

Voilà pourquoi ceux qui, sans autre secours que les lumières vulgaires, plaident pour ou contre la sainteté de ces Livres, ne peuvent se convaincre ni les uns ni les autres, parce qu'ils ne donnent point à leurs opinions une base naturelle et qui leur soit commune, de façon que toutes leurs objections leur sont réciproquement insolubles.

Si les principes qui ont été exposés jusqu'ici, ne reposaient pas sur un appui solide, ce serait peu faire pour l'avancement de la science, que de leur donner pour base des Livres dont la sanction n'étant pas généralement établie, laisseraient toujours des doutes sur l'authenticité dont ils auraient besoin pour être les garants de la vérité. Mais ayant établi ces principes sur des fondements inébranlables, je me crois autorisé à mettre en usage tout ce qui peut en étendre, ou en confirmer la certitude; et les Livres hébreux paraissent convenir à ce but.

Les traditions, tant historiques qu'allégoriques des Hébreux, nous offrent les mêmes vérités que celles des autres Peuples. Elles annoncent également la dégradation de l'homme; les efforts qu'il doit faire pour effacer son ignominie, et les secours que l'ordre suprême lui accorde, sans relâche, afin d'accélérer son retour à la lumière.

On y trouve les mêmes signes des rapports de l'homme à la Divinité; et de la Terre à toutes les Puissances supérieures. On y trouve la même subdivision de ces Puissances relativement à l'homme. Tout y est également, vengeance, rigueur; tout n'y présente que la sévérité d'une Justice, qui ne relâche rien de ses droits.

Ainsi, quoique ces Traditions n'offrent que des objets sensibles et corporels, quoiqu'elles ne montrent, en quelque sorte, que des *vertus* terrestres, et qu'elles ne semblent promettre à l'espérance, que des biens passagers et des récompenses temporelles ; on doit croire qu'elles ont le même but, et qu'elles contiennent la même doctrine que les Traditions mythologiques.

On le pensera avec d'autant plus de fondement, que de nos jours on a découvert des rapports frappants entre plusieurs personnages de la Mythologie Egyptienne et ceux des Traditions hébraïques, dont celle-ci, par conséquent, sembleraient être la première source. Et si nous avons aperçu l'histoire de l'homme dans les principales Traditions mythologiques, à plus forte raison, devons-nous la reconnaître dans des faits qui paraissent avoir été le type et le germe des plus célèbres de ces Traditions.

D'ailleurs, on y voit réunis les faits aux dogmes, et l'*action* à la doctrine ; tandis que dans toutes les autres Traditions, ces deux choses sont presque toujours séparées. Les Traditions Mythologiques Egyptiennes et Grecques ne contiennent que des faits et fort peu de doctrines : les Livres théogoniques des Parsis, des Chinois, et de tous les Peuples qui, dans un sens opposé, se sont également éloignés de leur souche primitive, renferment plus de doctrine que de faits ; parce que tous ces Peuples ont négligé la véritable science de l'homme, qui doit s'égarer dans ses *faits*, quand il ne les règle pas par la morale et qui ne se borne à moraliser que lorsqu'il ne sait pas *agir*.

Mahomet, qui a été et pris naissance parmi les descendants des Hébreux, imite leurs Livres en cette partie. Dans le *Coran*, la doctrine et les faits historiques y paraissent alternativement : et quoique ce Livre, à quelques traits de lumière près, ne soit qu'un recueil informe, rempli de préceptes impuissants ; quoiqu'il ne ramène point les hommes à leur vraie nature, et qu'il avilisse les moyens par lesquels la Sagesse suprême prépare leur régénération, il laisse assez connaître qu'il est l'enfant naturel de l'enfant naturel du Judaïsme.

C'est même par son émanation du Judaïsme, qu'il nous montre plus clairement son illégitimité; parce que les choses réelles et qui tendent à un but vrai, se perfectionnent par le temps, au lieu de se détériorer ; et plus elles avancent en âge, plus elles doivent faire éclater leur beauté, leur grandeur, leur simplicité ou pour mieux dire, leur rapport avec les lois pures et vivantes de ce type premier, que tous les Êtres sont chargés de manifester chacun dans leur classe.

Loin que le mahométisme se présente sous cet aspect, et qu'il soit plus parfait que l'Ismaélisme et que le Judaïsme, il est infiniment au-dessous de l'un et de l'autre. Il n'a ni les *sciences divines* des Hébreux, ni les *sciences naturelles* d'Ismaël : et s'étant séparé de la *force* et de l'intelligence, il n'a pu mettre à la place que les droits du glaive et le règne des sens.

Si les Livres des Hébreux, malgré leurs expressions obscures, malgré la singularité, ou même l'atrocité de la plupart de leurs récits, nous annoncent d'autres droits, d'autres pouvoirs ; s'ils réunissent les faits à des dogmes plus relatifs à notre Être, et plus propres à nous rappeler les *Vertus* de notre principe; s'ils nous présentent des tableaux plus expressifs de ce que l'homme cherche, et de ce qu'il peut obtenir ; enfin, si ces Livres n'offrent pas une seule *Idole* matérielle *parlante*, et qu'ils ne mettent en action que des animaux vivants, des hommes, ou des Êtres supérieurs, on doit leur donner un rang distingué parmi tous les Livres traditionnels qui nous sont connus.

Il n'est pas jusqu'au nom d'*Hébreu (Ghibri)* qui soit le véritable type de l'homme actuel; il signifie *passant* ou *passager*, pour indiquer à l'homme ce qu'est son séjour sur la Terre.

On trouve en effet dans ces Livres, des rapports évidents avec les vérités les plus profondes, soit intellectuelles, soit sensibles.

Les productions universelles y sont représentées comme étant le fruit de ces facultés invisibles qui précèdent tout acte quelconque. Le mot *Rosch* signifiant le Principe, la tête, ou le séjour de la pensée, peut signifier la pensée même ; *bereshit*, qui est le premier mot du texte hébreu, peut donc se rendre aussi bien par ces mots, *Dans la pensée*, que par ceux-ci, *Au commencement*, qui ne tombent que sur le temps. Ainsi, sans rejeter cette version : *Au commencement Dieu créa*, etc. on pourrait lire intellectuellement, *Dans la pensée Dieu créa* etc. ; et on y trouverait une vérité de plus.

Les productions universelles y sont représentées comme étant le fruit de plusieurs agents, par les expressions singulières *Bara Elohim, les Dieux créa :* image parlante de la vérité des choses premières, dans laquelle on voit à la fois un seul fait, et six agents concourant à le produire ; d'autant que le mot *Elohim* offre six lettres distinctes dans sa prononciation, et qu'il les porte en caractères dans la version grecque de Sanchoniaton, quoiqu'il n'en porte que cinq dans l'hébreu.

C'est donc une idée faible et fausse que la crainte de mettre des bornes à la toute puissance du principe universel de la vie, en lui reconnaissant des agents secondaires qui opèrent pour lui les choses périssables, et qui les tiennent en action pendant la durée qu'il leur prescrit ; car cette puissance éclate d'autant plus, en ordonnant des résultats qui sont ponctuellement exécutés, et il est des œuvres que sa grandeur et sa sublime simplicité ne lui permettent pas d'exécuter elle-même.

Ceux qui ont voulu jeter du ridicule sur ces expressions extraordinaires, *les Dieux créa*, n'ont fait que montrer qu'ils avaient peu de connaissance des vérités naturelles.

Ils ont affecté de traduire par *il fit*, le mot *Bara*, qui signifie également *il produisit, il créa*. Ne nous laissons pas tromper ; cette expression *il fit*, annoncerait une coéternité de la matière avec Dieu, qui n'aurait eu d'autre œuvre à faire que de la modifier, pendant que cette coéternité n'appartient qu'au Principe immatériel de la matière.

Les productions immatérielles sont représentées dans ces Livres, comme servant de base et de siège à l'esprit de Dieu, qui, selon les Traductions vulgaires, *était porté sur les eaux*; c'est-à-dire, sur les germes primitifs et invisibles de l'Univers, comme nous voyons que dans l'ordre de l'Univers corporisé, l'eau est le germe primitif des formes matérielles.

Au lieu de l'*Esprit de Dieu*, les traductions auraient dû dire, *l'action fécondante de ces Agents, Elohim*, préposés à la production de ce grand œuvre; car dans l'hébreu les noms propres sont réels et essentiellement constitutifs. Or le mot *Rouach*, qu'on a traduit par *Esprit*, n'est point de cette classe; il ne signifie que le *souffle*, que *l'expiration*; lors donc qu'on l'applique aux émanations et actions supérieures, ce ne peut être que par analogie au souffle des vents, à l'expiration des animaux, laquelle dans sa classe est une sorte d'émanation; mais ni dans l'un ni dans l'autre exemple, cette sorte d'émanation ne doit porter le nom de l'Etre même qui en est le Principe; et il ne faut point confondre l'action avec l'agent, si l'on veut marcher avec justesse.

Rassemblons donc ici les trois tableaux contenus dans ces trois mots *Bereshit, Elohim, Rouach*; l'un nous présente la pensée suprême concevant la production de l'Univers; le second, le nombre des agents, ou le plan actif de son exécution; le troisième le moyen par lequel cette exécution se réalise; et nous reconnaîtrons dans ces trois agents un rapport naturel avec les trois facultés intellectuelles dont j'ai ci-devant démontré l'existence dans l'homme.

Quant au développement sensible de ces productions universelles, on voit dans ces Livres qu'il s'est opéré par un moyen semblable à celui que l'homme emploie pour l'exécution de sa volonté; puisque, s'il ne *parle*, de quelque manière que ce soit, à ceux qu'il veut faire agir, cette volonté demeurera nulle et sans effet.

Enfin, ces productions universelles y sont représentées comme séparant les *eaux* inférieures d'avec les *eaux* supérieures, les ténèbres d'avec la lumière ; par conséquent tel est le but de leur existence, puisque telle est leur loi ; puisque aujourd'hui même, les moindres végétations corporelles n'acquièrent la vie et ne la conservent qu'en occupant une place intermédiaire entre le ténébreux séjour de leur formation et la région d'où descend la lumière élémentaire. Tableau sensible d'une plus importante séparation, qui a été opérée par l'origine de l'Univers, qui s'est répétée sur l'homme prévaricateur, sur toute sa postérité, et qui pour disparaître n'attend rien moins que le concours et le complément de l'action de tout ce qui a reçu l'existence.

Ce grand fait est même indiqué par le mot *Aretz, Terre*, qui signifie également *Région, Univers* ; car il dérive du verbe *Ratzatz, il a brisé, il a resserré, comprimé*. Et l'on doit d'autant moins se défier de cette idée que le mot *Aretz* a conservé dans la plupart de nos Langues modernes une similitude évidente avec sa racine, tant pour la forme que pour le sens. L'Allemand appelle la terre *erd*, l'Anglais, *heartz* ; le Latin par inversion, *terra*, d'où le Français *terre, arrêter, hart*. Toutes expressions où la forme et le sens primitif sont aisés à reconnaître ; et voilà pourquoi la terre est appelée le théâtre d'expiation.

Les lois de la Physique sont exposées dans ces Livres avec une entière justesse ; et la division sénaire, sous laquelle l'Ecrivain présente symboliquement par des *jours* l'œuvre de la formation des choses temporelles, est conforme à la Nature. C'est cette loi manifestée dans le rapport du rayon à la circonférence, par laquelle l'Ecrivain a voulu nous apprendre que c'est un nombre de six actions réunies qui a concouru à la corporisation matérielle de l'Univers ; que ce nombre de six actions doit par conséquent diriger toutes les choses sensibles, comme il a dirigé leur origine ; qu'il doit se faire connaître non seulement dans la direction des corps universels et particuliers, mais même dans les temps qui leur sont accordés pour leur existence.

Indépendamment du rapport métaphysique sénaire du rayon à la circonférence, ces vérités sont représentées dans la partie céleste, où six astres planétaires agissent et se meuvent sous l'œil d'un septième astre qui est leur chef et leur dominateur.

Elles le sont matériellement dans les six puissances simples de la mécanique, qui servent de mobiles fondamentaux à tous les mouvements des corps.

Elles le sont temporellement et intellectuellement dans la musique, qui ne peut avoir de mouvement régulier sans que sa marche soit sénaire; car, quoique nous n'apercevions sensiblement qu'une quinte entre la dominante et la tonique, il n'en est pas moins vrai que cette quinte renferme deux tierces très distinctes.

Enfin, elles le sont corporellement dans les six globules lymphatiques et blancs, qui, selon les Physiologistes, constituent chaque globule rouge de notre sang.

Les Peuples de l'Orient, par lesquels toutes les Sciences se sont communiquées dans l'Univers, nous offrent des faits qui viennent à l'appui du principe que nous avançons : dans toutes leurs mesures de temps, dans toutes leurs périodes, ils procèdent par le nombre *six*, ou par ses multiples; et la fameuse période de six cents ans, connue de toute antiquité par ces Nations primitives, est au-dessus de toutes les périodes dont les Astronomes ont fait ensuite la découverte et l'emploi en différents lieux de la Terre.

Enfin, les Peuples de l'Amérique avaient la persuasion que l'Univers avait été formé par six hommes, qui avant qu'il y eût une terre, étaient portés dans l'air au gré des vents. D'où l'on peut inférer que des rapports aussi exacts, connus de ces Nations si éloignées et si étrangères les unes aux autres, n'auraient pas lieu, si en suivant la division sénaire de la circonférence par le rayon, elles n'avaient suivi la vraie mesure naturelle des choses créées. D'où on peut également conclure que l'Ecrivain Hébreu ne nous a rien transmis d'imaginaire, en nous représentant la formation de l'Univers par les lois de ce même nombre.

Ce nombre de six jours, qui ne peut être que symbolique, puisque Dieu *agissant au sommet de l'angle*, ne connaît point de temps ; puisque nos jours temporels ne se forment que par les révolutions du soleil, et que selon l'Historien même, le Soleil ne fut formé que le quatrième jour ; ce nombre, dis-je, annonce par sa division en deux ternaires, la loi d'action et de réaction nécessaire pour l'existence et la production des Etres corporels ; et ce nombre est observé par l'Ecrivain Hébreu.

Car il représente la terre, et tout ce qui tient à elle, comme le premier ternaire ; puisque c'est au troisième jour que toutes ces choses se trouvent formées ; et il représente les astres, et tout ce qui ne tient pas essentiellement à la terre, comme le second ternaire dominant et réactionnant sur le premier.

Ce n'est que dans ce second ternaire, que tout Être ayant vie prend naissance, et il n'est pas indifférent de remarquer que le soleil et la Terre remplissent alors des fonctions semblables à celles que nous leur voyons faire aujourd'hui ; puisque c'est par la chaleur de ce Soleil agissant au quatrième jour sur la Terre formée le troisième, que tous les animaux reçurent l'existence : loi qui se répète dans la reproduction de toutes les espèces, par la jonction du mâle et de la femelle.

Ici la Physique nous arrête. Nous présentons la production de l'Univers comme s'étant faite sans temps, et le globe terrestre offre des traces apparentes d'une formation lente et successive ; nous présentons la naissance de l'Univers comme un seul fait, et la surface de la terre est couverte de nombre de substances qui semblent n'avoir pu naître et se consolider qu'à la suite de plusieurs siècles ; enfin, la chronologie des Livres hébreux donne au monde une antiquité médiocre, comparée à celle que paraissent lui attribuer les observations faites sur la Nature. Il faut examiner ces difficultés.

Les Observateurs de la Nature enseignent qu'une chaleur si extrême a accompagné l'origine des choses, que l'Univers a été longtemps inhabitable après le moment de sa naissance.

Nous leur demanderons d'abord si leur pensée ne répugne pas à cette progression tardive, à cette suspension dans l'exécution des œuvres d'une main puissante, qui par sa nature ne peut être un instant sans agir; nous leur demanderons en même temps quel but, quel objet remplira cet intervalle qu'ils veulent admettre entre l'origine des choses et leur formation; quelle destination ils supposeront à un monde sans Habitants; car nous montrer des œuvres sans but, sans objet, c'est nous peindre dans son Auteur, un Être dépourvu de sagesse; et ce serait abuser de la raison que de l'employer à nous annoncer un tel Être.

Ils n'ont enfanté ces systèmes, qu'en s'appuyant sur les faits secondaires qui se trouvent sous leurs yeux, tels que la reproduction actuelle des Êtres particuliers, qui ne s'opère que dans des espaces de temps proportionnels à leur classe, et tels que les sédiments et les différentes couches de substances minérales, qui ne s'accumulent plus qu'à la longueur des siècles.

Ces comparaisons les ont trompés; ils n'ont pas distingué les faits seconds, des faits premiers, les productions inférieures et passives, des productions primordiales mues par une vivante activité.

C'est une loi constante que plus les Êtres sont rapprochés du Principe primitif, plus leur force génératrice est puissante; et cette puissance se montre non seulement dans les qualités de la production, mais aussi dans la célérité avec laquelle elle est engendrée; parce que le Principe primitif étant indépendant du temps, les Êtres ne peuvent s'élever vers lui, sans jouir, selon leur mesure et leur nombre, de ses *droits* et de ses *vertus*. Et si l'on en veut trouver la preuve dans l'homme même, il suffit de comparer la lenteur de ses mouvements sensibles et corporels, avec la promptitude de son Être intellectuel, qui ne connaît ni temps, ni espace; et qui se transporte sur le champ en pensée dans les lieux les plus éloignés

Mais sans sortir de la classe physique, remarquons que plus la croissance des Êtres est lente, plus le germe qui les produit est grossier. C'est pour cela que les germes de tous les Êtres particuliers de la Nature sont corporels et visibles, attendu que leurs productions ne se forment que par une suite de temps. Mais la création générale étant le fruit d'un Principe et d'un germe qui ne sont point corporels, mais qui sont invisibles, comme les mobiles intérieurs qui nous dirigent dans tous nos actes, cette création générale doit être née sans temps.

On ne niera donc pas que les principes qui ont produit la Terre et l'Univers matériel, ne soient supérieurs aux principes terrestres qui ont engendré les animaux et les plantes. En outre, les animaux et les végétaux ont dû avoir dans l'origine une force, une vie supérieures à celles dont ils jouissent aujourd'hui, puisque la Nature s'altère, comme toutes les choses corruptibles; par conséquent les animaux et les végétaux actuels pourraient être regardés comme des fruits secondaires relativement aux anciens, et à ceux que la terre *principe* a engendré par la chaleur immense de son feu central, de même que ces derniers sont secondaires par rapport aux sources invisibles et supérieures qui ont constitué la Nature universelle.

Dans l'ordre physique actuel, nous pouvons difficilement trouver des preuves de cette vérité : tout y étant secondaire, les différences entre les reproductions et leur Principe, quoique bien certaines, sont trop peu sensibles pour trouver place dans des démonstrations rigoureuses; et d'ailleurs, quand ces reproductions arrivent à leur dernier terme, elles reprennent le sens inverse des productions primitives, parce que le cercle doit se fermer. C'est pour cela que le ver étant tombé dans l'état de chrysalide, en sort avec l'éclat du papillon, d'où doivent sortir de nouveaux vers; et c'est pour cela que tous les mortels, en s'engloutissant dans les sombres horreurs de la terre, touchent de plus près aux rayons purs de la lumière, que lorsqu'ils erraient sur cette surface.

Mais si nous n'avons pas des preuves actuelles et actives de la différence des Principes premiers et seconds nous en avons au moins d'analogie. Premièrement, dans plusieurs expériences remises à la disposition de ceux qui sachant dégager plus ou moins le *feu principe*, opèrent des végétations matérielles en un temps plus court que celui qu'emploie la Nature pour la reproduction des siennes. Secondement dans la nubilité précoce des animaux qui habitent les climats voisins de l'Equateur; enfin, dans l'altération que la Nature éprouve à mesure qu'elle s'éloigne de l'époque de sa formation, puisque par les os énormes et les végétaux pétrifiés qui nous restent de ces temps anciens, il est constant que les premières productions ont dû être beaucoup plus fortes, plus vigoureuses que celles de nos jours, et que même par l'épuisement de la Nature, plusieurs espèces, soit aquatiques, soit terrestres, se sont perdues.

S'il est évident que dans tous les genres, les Principes secondaires sont inférieurs aux Principes primitifs, pourquoi donc les assimiler? pourquoi vouloir égaler des Agents si disproportionnés : et ceux qui prononcent d'après de semblables calculs ne sont-ils pas exposés à de faux résultats?

La lenteur des reproductions journalières de la Nature ne doit donc rien faire contre l'activité des Agents qui ont dirigé l'origine des choses et toutes les productions primordiales.

Quand les Observateurs veulent considérer l'origine de ces substances calcaires qu'ils aperçoivent sur toute la surface de la terre, elles présentent deux difficultés; l'une relative à leur énorme multitude, et l'autre aux temps qui ont été nécessaires pour les consolider et les convertir en pierres.

Mais la même doctrine de cette grande chaleur centrale, ne suffisait-elle pas pour résoudre ces questions, sans recourir à des explications qui contrarirent l'idée naturelle que nous avons de l'activité du grand Etre, et qui ne peuvent être avouées de la raison, parce qu'elles ne lui présentent que des ouvrages sans but et sans objet?

Sans doute, la chaleur centrale a été plus grande qu'elle ne l'est aujourd'hui ; mais il ne faut pas croire qu'elle l'ait été au point de rendre la terre inhabitable : ce qui contredirait la sagesse de la Nature et l'objet de son existence. Il suffit qu'elle l'ait été assez pour donner subitement naissance aux productions primitives, qui à leur tour l'auront pu donner à de nombreuses productions secondaires, dans un temps plus court qu'il n'en faut aujourd'hui pour les mêmes faits.

C'est cette chaleur qui a pu promptement consolider les minéraux, vitrifier les granits, les grès, les jaspes, le porphyre, le roc vif, les quartz : en un mot, opérer toutes les vitrifications qui composent le sommet des montagnes et la plupart des rochers. C'est cette chaleur qui a pu calciner aussi rapidement cette multitude de coquillages, d'où sont résultés les marbres, les spaths, les craies, les stalactites, et toutes les productions qui peuvent se convertir en chaux. C'est cette même chaleur qui aurait pu lier à des substances argileuses, et à des terres calcaires ; ces énormes bancs de coquilles entières et parfaitement conservées, qui se rencontrent dans plusieurs lieux de la Terre.

D'ailleurs on ne peut se dispenser de reconnaître également l'action de l'eau dans ces grands événements : tout nous annonce qu'elle y a agi avec autant de puissance que le feu ; car elle consolide encore tous les jours des basaltes, des laves, et autant de substances vitrifiables, métalliques et calcaires qu'elle en dissout, comme le feu en divise autant qu'il en consolide et qu'il en vitrifie. Enfin, si l'action du feu se démontre encore sous nos yeux, en nous offrant des volcans jusqu'au milieu des mers, celle de l'eau n'est pas moins sensible, en ce qu'elle opère journellement des décompositions et des recompositions terrestres. Car ce ne serait pas avoir la première idée de la Nature, que de croire que le feu y puisse agir sans l'eau, et l'eau sans le feu, puisqu'ils sont toujours contenus l'un dans l'autre, et que sans leur combinaison inconnue aux hommes, la Nature même ne serait point, et rien en elle n'aurait de forme.

Si nous sommes convaincus que le feu a agi dans les premiers temps de l'explosion des choses avec infiniment plus d'activité qu'il ne le fait aujourd'hui, et que cette diminution de chaleur soit la cause de la stérilité actuelle des Pôles, et de la perte de plusieurs espèces d'animaux terrestres, nous devons porter de l'eau le même jugement, d'autant que nous la voyons sensiblement diminuer sur la terre, et que l'on a aussi des preuves que des espèces d'animaux aquatiques se sont détruites.

Enfin, la terre elle-même eut son action à remplir, dans ces premiers temps ; et cette action eut aussi plus d'intensité qu'elle n'en peut avoir aujourd'hui : car si le feu est le commencement et la fin de l'élément, si l'eau est le commencement et la fin de la corporisation, la terre est le commencement et la fin de la forme.

Les *forces* de ces éléments se balancent donc l'une par l'autre ; et c'est quand ils cesseront d'être en équilibre que l'Univers cessera d'exister.

Disons, en passant, que le feu étant le commencement et la fin de l'élément, tout annonce que le feu terminera l'existence de l'Univers, comme c'est lui qui l'a commencée : et voici la marche de cet agent, à la fois créateur et destructif. La terre s'affaisse depuis son origine vers son feu central pour s'y réunir ; le ciel des Planètes la suit pour s'y réunir avec elle. Nous nous en apercevons peu corporellement, parce que l'atmosphère est emporté avec toute la machine mais plus ces masses se rapprocheront du feu central, plus l'eau se dissipera ; à la fin il ne restera que la masse de sel. Alors les Principes ignés, renfermés dans cette masse de sel, fermentant sur eux-mêmes, l'embraseront et la traverseront pour rejoindre leur feu principe.

Si la puissance de l'eau et celle de la terre ont été autrefois plus grandes qu'elles ne le sont aujourd'hui, nous avons en elles un moyen de plus d'expliquer les anciens et prodigieux phénomènes terrestres, ainsi que les célèbres catastrophes de la Nature : sans compter un quatrième agent plus actif encore que le feu, l'eau et la terre, et dont nous aurons occasion de parler dans un moment, lorsque nous jetterons un coup d'œil sur la principale de ces catastrophes.

Enfin, si l'on veut réfléchir à ces consolidations subites que des substances terrestres reçoivent tous les jours par la propriété des eaux de quelques fontaines, ou même par les manipulations des Artistes qui savent diriger les forces de la Nature, on ne sera plus étonné que les éléments primitifs aient pu opérer les mêmes résultats, et il sera inutile de reculer, autant qu'on l'a fait, l'époque et l'origine du monde, pour éclaircir les difficultés qu'il nous présente.

Les Livres hébreux nous parlent d'un septième jour, ou du Sabbat, qui termina l'Œuvre de la création. Ce mot *Sabbat*, que l'on a traduit par *Repos*, annonce seulement que le nombre de l'Univers était complet; et il indique si peu une cessation, un néant d'action dans la Divinité, qu'il est écrit qu'elle *sanctifia* ce même jour; ce qui signifie qu'elle attacha à l'existence de l'Univers, *des vertus* supérieures à celles qui l'avaient formé, puisque celles-ci n'étaient pas *saintes*.

Si ce n'était point abuser des privilèges de la science étymologique, on pourrait trouver au mot hébreu *Shebet* ou *Sabath*, un sens d'une grande sublimité. Car ce mot signifie aussi dans sa racine : *Il s'est assis, il s'est posé*. Alors ce serait dire que *Dieu, au septième jour, se posa, vint habiter, vint établir son siège dans tous ses ouvrages*. Rapports sacrés et dignes de l'activité universelle du grand Être, mais qui ne peuvent être présentés d'une manière positive, attendu qu'ils souffriraient quelques contestations d'après la lettre du texte, quoiqu'ils soient justifiés par les plus pures lumières de l'intelligence.

Il n'en est pas moins vrai qu'à ce septième jour la Sagesse suprême présenta à l'homme des objets plus relatifs à son Être, que ne l'avaient été toutes les *vertus sénaires*; car il est bon d'observer que l'homme reçut la naissance temporelle, après tous les Êtres de la Création, et que ainsi il était plus rapproché de ces *Vertus* saintes et septénaires, qui devaient en consolider l'existence.

Aussi, on voit dans les Livres hébreux, la dignité de l'homme, qui a seul sur tous les Êtres le droit sublime d'être produit par la Divinité même, et selon le texte, *en image de Dieu*, c'est-à-dire, comme en étant l'expression et le signe : rapports vivants et actifs, que les Traducteurs ont faiblement rendus par ces mots, *à l'image et à la ressemblance de Dieu*, mais que j'ai indiqués dans le commencement de cet Écrit, et qui trouvent ici une heureuse confirmation.

On y voit cet homme placé dans un lieu de délices, près de la *Vie* même, d'où coulaient *quatre fleuves* : et n'ayant reçu d'autre défense que celle de s'approcher de la *science du bien et du mal*, qui se trouvait avec lui dans cette enceinte, comme aujourd'hui elle habite encore avec nous. On le voit établi par l'Auteur des choses sur tous les ouvrages de ses mains, préposé pour les commander et les soumettre à son empire ; et l'on ne peut plus douter que l'homme dans sa dégradation même, ne manifeste cette loi glorieuse, portée exclusivement en sa faveur ; puisqu'il offre encore sur son corps la base sensible de toutes les mesures ; puisque, malgré son ignominie et sa faiblesse, il ne cesse de travailler à s'assujettir toute la Nature.

Mais on y voit aussi l'homme dépouillé ignominieusement de cet empire, et n'en conservant aujourd'hui que la figure la plus imparfaite, comme ayant fait alliance avec l'illusion et l'erreur ; car le mot hébreu נחש *Nacash*, dont est tiré celui de serpent, signifie *prestige, enchantement*.

« Et même le serpent, cet animal si disproportionné, cet Être sans aucune armure corporelle, sans écailles, sans plumes, sans poil, sans pied, sans mains, sans nageoires ; ayant toute sa force dans sa gueule, force qui n'est que venin, mort, corruption ; le serpent, dis-je, porte avec lui des signes physiques et analogues à la séduction dont la pensée de l'homme est susceptible, puisque cet animal a seul, parmi tous les autres, la propriété de former avec son corps un cercle parfait, et de nous présenter par là, sous une apparence régulière, la forme et la base de tous les objets sensibles et composés ; c'est-à-dire, de fixer nos yeux sur la matière et l'illusion ; enfin, en formant un cercle vide, où l'on ne voit point de centre, il a la propriété de nous faire perdre de vue le Principe simple de qui tout descend, et sans lequel rien n'existe. Il n'est donc pas étonnant qu'on ait aperçu tant d'antipathie entre l'homme et le serpent, puisque l'homme, au contraire, tient au *centre* par la proportion de sa forme, au lieu que le serpent n'offre sur la sienne que la circonférence ou le néant. Qu'on ne prenne point ceci pour un jeu d'imagination ; des vérités importantes sont enveloppées sous ces rapports. Et c'est là que l'on trouverait à s'instruire des *relations métaphysiques* qui ont existé autrefois entre l'homme, la femme et le serpent ; et qui se manifestent matériellement entre eux aujourd'hui, dans toute la régularité des nombres. »

On voit dans ces Livres, les douloureuses punitions attachées à l'erreur criminelle de l'homme. En cherchant la lumière dans un autre Principe que dans celui seul qui la possède, il perdit de vue jusqu'au moindre de ses rayons, comme tous ceux qui depuis ont cherché leur instruction et leur science ailleurs que dans les principes immatériels de toutes les classes, se sont rendus étrangers à l'intelligence ; et c'est là cette nudité qui fit rougir l'homme après son crime, et qui retient de même toute sa postérité dans l'opprobre, jusqu'à ce qu'elle ait recouvré ses premiers *vêtements*.

« Car la nudité que les Livres hébreux lui attribuent avant son crime, et dont il est dit qu'il ne rougissait point, présente une autre vérité. Le mot *gharoum*, *nu*, vient de la racine arabe *ghoram*, qui signifie, un os dépouillé de chair ; or l'*os* est le symbole sensible du mot *force*, *vertu*, puisque l'os est la force et le soutien du corps. D'un autre côté, ce mot *os* remonte par le mot *ossum* des Latins, jusqu'à la racine hébraïque *ghatzam*, qui signifie une *force*, une *vertu*. Ainsi donc, nous présenter l'homme premier dans un état de nudité, c'est nous dire qu'il était un

Être immatériel, une *vertu*, une *force*, une *puissance* dénuée de chair, ou sans corps de matière. »

« Cela paraît d'autant plus vrai, que dans le passage suivant, l'homme est annoncé comme ne rougissant point de cette nudité ; et en effet, puisque la confusion qu'inspire la pudeur, ne tient qu'aux sens charnels, si l'homme, quoique pur et éclairé, n'éprouvait alors par sa nudité, ni la honte, ni aucune des impressions de la pudeur, c'est une preuve évidente qu'il n'avait point de sens charnels ».

XIV

Si les Livres hébreux enseignent l'horrible dégradation de l'homme, confirmée par notre état actuel, ils annoncent encore plus clairement les différents secours qui lui sont accordés pour sa régénération, et dont on a vu la nécessité, fondée sur le lien indissoluble du chef divin avec son image, et sur l'amour dont il est embrasé pour l'homme, qui est l'extrait de son essence et de ses *vertus*.

C'est pour cela qu'au milieu de tous les fléaux qui ont suivi les différentes prévarications de la postérité de l'homme, et que la Nature a pu ressentir jusque dans ses Principes fondamentaux, les Livres hébreux qui en ont conservé les récits, présentent des *vertus* puissantes, mises en action successivement pour réparer les désordres ; on y voit à différentes époques, des Êtres virtuels, dont les uns agissent sur l'eau, les autres sur le feu, d'autres sur la terre, et qui répètent dans ces régénérations particulières, ce qui s'était passé lors de la régénération primitive, où avant de réhabiliter l'homme, il fallait rétablir son domaine.

Le premier exemple que les Traditions hébraïques nous offrent de ces vérités, est le récit des prévarications anciennes, où les Nations entières des premiers temps sont présentées comme livrées à l'empire des sens matériels, au point d'avoir corrompu toutes *les voies de la nature*, et d'avoir mérité d'être punies par l'élément de l'eau. C'est en même temps le tableau des moyens que la Sagesse suprême employa alors pour conserver sur la terre un asile aux *vertus* de l'homme juste, et à celles de tous les êtres de la création.

Plus l'influence générale des crimes de l'homme sur l'élément de l'eau paraît étonnante, plus on est forcé de convenir qu'il n'y a que la grandeur de son être qui puisse résoudre ce problème. Sa sublime origine est un témoignage véridique de l'étendue de ses droits ; car si l'on ne met point de terme à ses *vertus*, ni par conséquent aux fruits qui en sont la récompense, on n'en doit pas mettre à ses prévarications, ni aux suites qui doivent naturellement les accompagner.

De même que l'homme peut exercer l'empire de ces droits légitimes, et obtenir de la nature entière les hommages dus à un Souverain ; de même il peut montrer les signes d'un traître, d'un rebelle, et attirer sur lui la rigueur de toutes les Puissances qu'il aurait voulu usurper.

Qu'on ne s'arrête donc point exclusivement aux crimes charnels des premières Postérités de l'homme, si l'on veut découvrir la vraie cause du déluge : il y a une trop grande disproportion entre l'influence de ces sortes d'excès sur la dissolution des corps, et ce phénomène destructif que l'Ecrivain nous peint comme produit par le concours de la Nature entière : le dépérissement corporel de l'individu qui s'abandonne à ces excès, étant sa punition naturelle, la justice supérieure se trouve satisfaite, sans qu'elle ait besoin d'étendre l'action des éléments primitifs universels.

Il faut donc admettre que ces premières Postérités ont pu se livrer à des égarements plus considérables, et à des actes criminels assez puissants pour attirer sur elles des fléaux sans bornes et sans mesure. Si le premier crime de l'homme l'assujettit aux éléments, et le plongea dans l'immense région des actions sensibles et confuses, quelle erreur y aurait-il à croire que par de semblables crimes, il eût pu s'exposer de nouveau à la fureur de ces éléments?

La seule différence qu'il faut observer, c'est que l'homme primitif, n'étant pas encore matérialisé lors de son premier crime, ressentit l'action du Principe même des éléments; au lieu que dans les prévarications de sa postérité, les élémen.... n'ont pu opérer sur l'homme que par leur action grossière, parce qu'il est lui-même corporisé grossièrement. Or, d'après toutes les notions physiques qui ont été présentées dans cet écrit, on doit savoir que la première apparence de la corporisation des choses grossières et sensibles, c'est l'eau.

Ce fléau extraordinaire doit cesser de paraître impossible, dès qu'il n'est pas impossible à l'homme de s'y exposer; et si les hommes ont en eux le droit de pouvoir provoquer la justice de différentes manières, elle doit être aussi toujours prête à laisser tomber sur eux l'espèce de punition dont l'espèce de leur crime les rend susceptibles; car la possibilité du crime ne doit pas aller au delà de la possibilité de la punition, sans quoi la vérité serait en danger.

Remarquons, en prenant toujours le physique sensible pour guide, que dans les individus humains, la plus grande effervescence des sens se faisant sentir vers le tiers de la vie, elle a dû suivre la même époque pour l'homme général; et que les crimes intellectuels qui ont pu accompagner ces écarts et attirer les grandes catastrophes, doivent avoir par analogie la même date; d'où l'on pourrait avec de l'attention se procurer quelques éclaircissements sur l'âge du Monde et sur l'époque du Déluge.

C'est en vain que les Observateurs ont attaqué la réalité de ce Déluge, par l'impossibilité qu'il y ait sur la terre, selon leur calcul, un volume d'eau suffisant pour couvrir toute sa surface, et pour s'élever jusqu'aux plus hautes montagnes. Ces objections n'ont pour base que le défaut d'intelligence des Traducteurs, et les erreurs que les systèmes philosophiques ont répandu sur la nature de la Matière, en ne lui reconnaissant pas d'autres principes qu'elle même.

En effet, le mot hébreu ארבה *arubboth*, quoique signifiant *cataractes*, selon la lettre, n'est-il pas, suivant les mêmes Interprétateurs, un dérivé du verbe רבב *rabab*, ou רבר *raba*, qui veut dire, *il a été multiplié?* Alors le texte présente l'idée naturelle d'une action plus étendue dans l'Agent qui produit l'eau, et nullement celle du simple écoulement d'une eau auparavant existante; parce qu'alors il y aurait seulement union, agrégation, et l'on ne verrait point l'acte d'un Être vivant qui crée et qui multiplie.

On ne saurait contester, suivant ce principe, la possibilité des grandes révolutions de la Nature, l'excès d'un élément sur l'autre, et par conséquent les fléaux universels qui peuvent tomber sur des Régions, sur des Peuples, sur la Terre entière.

Car il faudrait commencer par nier l'existence du Monde lui-même, puisqu'il n'est que le résultat apparent de l'action vivante et combinée des éléments, qui se combattent et se surmontent alternativement dans son enceinte; et manifestent les uns envers les autres, la vie et les lois qu'ils ont reçues des Puissances suprêmes.

Les Observateurs ont également contesté l'existence de cette Arche célèbre, bâtie par l'ordre suprême, pour conserver un rejeton de la race humaine. Quelle qu'ait été cette Arche, comme elle représentait l'Univers, elle a dû comme lui renfermer, soit en nature, soit en *principes*, tous les Agents et toutes les facultés qui le composent; et si ces choses paraissent inexplicables à l'homme qui marchent sans sa loi, elles ne le sont plus pour celui qui la connaît, et qui a l'idée qu'il doit avoir de sa grandeur et des droits de son Être.

Ajoutons que comme le *premier germe vivifiant* des choses, l'Arche était portée sur les eaux; que comme lui, elle surnageait sur le chaos et sur l'abîme terrestre, pour lui rendre au temps prescrit, la vie dont il était privé ; et que comme ce *germe vivifiant*, elle contenait un Agent pur, une source vivante de justice et de sainteté, dans laquelle les hommes à naître devaient trouver encore des traces de leur première splendeur.

Je ne puis me dispenser, au sujet de l'Arche, d'engager les Observateurs à jeter les yeux sur les Traditions chinoises ; ils y verront que « le caractère de « *barque, vaisseau,* est composé de la figure de *vais-* « *seau,* de celle de *bouche* et du chiffre *huit,* ce qui « peut faire allusion au nombre des personnes qui « étaient dans l'Arche. On trouve encore les deux ca- « ractères *huit* et *bouche* avec celui d'*eau*, pour ex- « primer navigation heureuse ». Si c'est un hasard, il s'accorde bien avec le fait.

Portons un instant nos regards sur ces vestiges si confus, si variés, de l'inondation générale et du bouleversement universel, dont les signes écrits sur cette surface terrestre, attestent partout la certitude. Dans le point de Physique que j'ai déjà traité, relativement à l'origine de l'Univers, je n'ai eu en vue que les résultats réguliers qui paraissent avoir dû accompagner sa naissance ; ici je le considère dans ses désordres.

Dans cette inondation générale que les Observateurs ne peuvent pas nier, ils ne veulent voir qu'un fait physique, isolé, et indépendant des rapports qu'il doit avoir avec le *grand œuvre* auquel toutes les *puissances* des Êtres sont employées. Mais si le plan immense qui a été exposé dans ces Écrits, peut étendre leurs idées sur la nature de l'homme, et sur sa liaison avec toutes les choses visibles et invisibles, ils trouveront de nouveaux éclaircissements dans ces mêmes Traditions hébraïques, où les lois des choses sont tracées avec fidélité, parce qu'elles mettent en jeu tous les ressorts et tous les Êtres. Ils y verront que pour terminer le Déluge, indépendamment de l'action de tous les éléments en convulsion, une *force supérieure* fit cesser l'action du principe de l'eau, et qu'en même temps elle envoya un *air* ou un *souffle actif*, qui agitant en tous sens les eaux répandues sur la terre, dut occasionner ces énormes transpositions de substances terrestres d'un climat à l'autre, et faire dans un temps très court, des révolutions qui demanderaient des temps sans bornes, si elles n'eussent été que le résultat des simples actions élémentaires.

Ne soyons donc plus étonnés que d'une combinaison d'actions si opposées et si violentes, il ait résulté des effets physiques si bizarres, et si inexplicables quand on supprime quelques uns des Agents qui ont dû contribuer à les produire. Accoutumons nos yeux à saisir l'ensemble des principes, si nous voulons saisir l'ensemble des faits.

A la fameuse époque du Déluge, succède un nouvel égarement de la postérité de l'homme, où les criminels s'efforcent d'usurper les *Vertus* des Cieux par des voies terrestres, matérielles et impures, cachées sous l'expression de cet édifice audacieux, qui n'étant construit qu'avec de la brique, et n'ayant pour ciment que du bitume annonçait à la fois, la folle impiété de ceux qui l'élevaient, et le peu de consistance que devait avoir leur ouvrage.

La suite de ce crime fut cette célèbre confusion des Langues qui divisa le même Peuple en plusieurs Nations. Emblème qui annonce bien plus encore l'obscurité et la confusion de l'intelligence de ces Peuples, que la variété de leur langage sensible et habituel : quoiqu'il soit vrai néanmoins, qu'ayant dès lors formé plusieurs Sectes éparses et séparées, ils ont pu voir ensuite leur langue commune et primitive s'altérer par le temps, et produire une multitude innombrable d'autres langages, presque absolument étrangers les uns aux autres.

Cette division de langages, perpétuée sur toute la surface de la terre, répète d'une manière typique la situation actuelle de l'homme, pour lequel, depuis sa chute, la Langue de tous *les Êtres* vrais qui l'environnent est inintelligible, et qui ne sait plus quel moyen employer lui-même, pour revivifier sa correspondance avec eux, et reprendre son ancien empire.

Par conséquent, ces deux punitions étant semblables, annoncent qu'elles sont le fruit du même crime, et que l'homme ne se trouve aujourd'hui si étranger au langage de la vérité, que pour avoir osé dans le principe parler un autre langage que celui de cette vérité ; comme les postérités premières n'ont cessé de l'entendre que lorsqu'elles ont cessé d'avoir pour but l'exclusive domination du *Premier* de tous les Êtres, et qu'elles ont formé le dessein de lui substituer un autre *Principe*.

J'exposerai ici une vérité qui jettera quelque jour sur l'origine primitive et sur la dégradation des Sciences. On prétend que les hommes ont été d'abord dans la plus profonde ignorance, et réduits aux seules ressources de l'instinct : on les a peints avec les couleurs que nous donnons aux Peuples sauvages, n'ayant à combattre que la Nature, à satisfaire que leurs besoins corporels, et à ne communiquer entre eux que par leurs idées sensibles ; et l'on veut faire croire que telles ont été les bases sur lesquelles se sont élevés successivement les différents étages de l'édifice des connaissances humaines.

On s'est trompé, en plaçant là l'origine accroissante des sciences de l'homme. Lorsque après sa dégradation, il fut admis sur la Terre, il y vint avec plus de lumière que n'en a possédé peut-être toute sa postérité ; quoique ces lumières aient été inférieures à celles dont il jouissait avant d'y descendre. Il a été comme la tige de ces Élus généraux, employés par la bonté divine à la réparation de son crime ; il a communiqué à ses Descendants les lumières dont il avait alors la jouissance : et c'est là le véritable héritage dont les premiers hommes étaient si avides, et dont les hommes des siècles suivants n'ont plus conservé que la figure dans leurs hérédités matérielles.

Mais ces postérités primitives ont laissé altérer cet héritage, comme l'homme lui-même avait perdu celui dont il jouissait pendant sa gloire ; et l'ignorance allant de front avec l'iniquité, n'a fait que croître jusqu'à ce que l'une et l'autre étant à son comble, les fléaux de la justice ont réduit les hommes aux plus épaisses ténèbres et à une *dispersion* absolue.

C'est à cette dernière époque que l'on devait se transporter pour trouver l'homme languissant dans l'incertitude et la misère, et réduit aux seules ressources de son instinct ; c'est à cette époque que l'on doit chercher l'origine des Langues conventionnelles, parce que toute connaissance vraie étant perdue pour les hommes, il leur fallut employer les objets sensibles pour signes de leurs idées ; enfin, telle a été la source de toute l'industrie à laquelle ils furent obligés d'avoir recours, après avoir abandonné les mobiles infaillibles qui pouvaient encore les diriger sur la Terre.

Leurs efforts, excités par leurs besoins, les ramenèrent bientôt par divers moyens à des découvertes, et à des notions, quoique imparfaites, de ces mobiles universels qui leur étaient si nécessaires ; sans qu'aucun Peuple, aucune Tribu, aucun individu peut-être, n'ait marché dans cette carrière, ni du même pas, ni par les mêmes sentiers.

Ce fut alors que les Sciences allèrent en croissant parmi les hommes, et l'on en peut suivre la chaîne comme non interrompue depuis cette époque secondaire jusqu'à nos jours ; on doit même être assuré qu'elles ne feront que se développer de plus en plus, si l'on réfléchit aux moyens sans nombre qui ont été découverts pour les répandre.

Il en a été de l'espèce générale de l'homme, comme de ses individus. Rien de plus pur que les premiers rayons de lumières dont notre Être est éclairé, lorsqu'il commence à être susceptible de les recevoir : bientôt ces rayons précieux se trouvent arrêtés, souvent même obscurcis par des passions orageuses, qui font perdre à l'homme jusqu'au souvenir de ces premières faveurs d'intelligence qu'il avait goûtées au sortir de l'enfance : mais bientôt aussi on le voit se délivrer de ces entraves pour s'élever vers les *régions* des sciences et de la raison et marcher dans des *sentiers* immenses de lumière et de vérités, qui s'étendant chaque jour devant ses yeux vont se perdre dans *l'infini*.

C'est par une suite de cet accroissement progressif, qu'au milieu des prévarications et de la dispersion des anciens Peuples, un Juste est choisi parmi les Chaldéens pour être le dépositaire de la connaissance des différentes lois naturelles à notre Être. Ce Juste est tiré de la ville de אוּר *Our*, qui en hébreu signifie *lumière*, pour nous rappeler l'émanation du premier homme et de toute son espèce, qui a pris naissance dans le sein de la vérité même, et qui appartient et correspond par sa nature, au centre universel de la *Vie*.

Ce Juste paraît favorisé sensiblement de trois signes supérieurs, ou de la présence de trois Agents immatériels corporisés en forme humaine, recevant même de lui l'hospitalité. Ces signes faisant allusion aux trois vertus suprêmes, annoncent le rang sublime auquel cet homme était appelé; et ce rang c'était d'être le *Père* d'une *Postérité* aussi nombreuse que les étoiles du Ciel, et que la poussière de la Terre : c'était en pénétrant le sens de cette expression figurée, de recouvrer toutes les *Vertus supérieures* dont l'homme avait été dépouillé, et de ramener les êtres *inférieurs* ou égarés; c'était enfin d'être le Chef et le père d'un peuple choisi entre tous les peuples de la Terre, destiné à être l'objet des faveurs de la Divinité, et à servir de fanal à toutes les Nations. La pensée nous montre ce choix d'un peuple, comme nécessaire, afin que l'homme eût devant les yeux, et dans sa propre espèce, la représentation vivante de ce qu'il avait été lui-même.

Pour remplir cette glorieuse tâche, voici l'ordre qu'il reçut, avant de prendre possession de la terre qui lui était promise. Il lui fut recommandé de la parcourir en *latitude* et en *longitude*; nouvel indice de la supériorité quaternaire de l'homme, et de ces deux diamètres dont nous avons déjà parlé.

Si l'on voit cet homme privilégié commettre un adultère non seulement impuni, mais comme autorisé, puisqu'il ne nuit point à son élection ; et que cependant l'adultère ait passé ensuite pour un si grand crime chez les Hébreux ; c'est que la *loi* n'avait point encore été publiée ; c'est que l'*œuvre* ne faisait, pour ainsi dire, qu'arriver à son aurore ; et que les hommes ne connaissant encore leurs *vertus* que par les générations charnelles, n'étaient point à portée d'en régler l'ordre par une *loi supérieure et lumineuse;* et tel est le pouvoir des lois sensibles auxquelles l'homme s'est assujetti, que plus il en est rapproché, plus sa nature vraie rentre dans le silence, pour ne laisser régner que ces lois sensibles.

Voilà pourquoi dans l'origine, il fut permis d'épouser sa propre sœur, quoique ensuite les hommes n'aient pu former d'alliance qu'au *quatrième* degré de parenté, parce que ce nombre étant celui de l'action universelle, donne à un même sang le temps de se renouveler, et démontre à l'homme que son Être intellectuel ou *quaternaire* doit être l'ordonnateur de toutes ses facultés.

Après les promesses glorieuses qui furent faites au premier Chef du Peuple choisi, on peut aisément reconnaître dans cet homme Juste, dans son fils Isaac, et dans son petit-fils Jacob, l'expression successive et subdivisée des trois facultés suprêmes dont il avait reçu les signes à la fois, et qui servent de type à celles que manifeste l'âme humaine. Il démontre lui-même visiblement la *pensée*, par le rang de son élection qui le rendit le premier dépositaire des desseins du grand Être sur la postérité des hommes : son fils est l'emblème de la *volonté*, par le sacrifice libre qu'il fait de son individu : et le fils de son fils annonce l'*action* par le combat qu'il soutient contre l'Ange, et par la nombreuse famille qui sort de lui. Ici la liberté de l'intelligence ne pourrait-elle pas s'étendre ; voir dans Rebecca l'image du monde sensible ; et par ces deux enfants qui combattent dans son sein, reconnaître l'image de l'homme, et de ce *frère aîné, son ennemi*, avec lequel il est emprisonné dans l'univers ?

Dans la suite, les descendants de ce Juste hébreu devinrent esclaves de la Nation Égyptienne, dont ils avaient réclamé le secours. Le sens du mot *Égypte*, exprimant la douleur et la tribulation, l'union de la postérité Juive avec cette Nation annonçait celle que le premier coupable fit avec l'abomination même, et montrait que nul être ne peut se précipiter dans un tel abîme, sans être condamné à souffrir, et à y séjourner pendant un temps proportionné à son iniquité.

Les Livres des Hébreux nous peignent en effet les suites de cette criminelle alliance. Ce Peuple réduit à consumer ses jours et ses travaux sur de la poussière, exposé aux injustes exactions de ses tyrans, répète l'humiliante situation de l'homme ici-bas, où son action étant horriblement resserrée, il a cependant à soutenir des combats plus grands et plus multipliés que dans son premier état ; où, enfin, il a *à vivre*, quoiqu'il soit, pour ainsi dire, séparé de *la vie*.

Mais il voit paraître un Agent célèbre, échappé comme Enfant des Hébreux, à la cruauté du Roi d'Égypte, ou à *ces vertus impures* qui s'opposent aux premiers efforts de notre Être pensant, et qui ne travaillent qu'à l'empêcher de reprendre sa liberté. Cet agent célèbre est flottant comme l'homme sur les *eaux de l'abîme*, préservé de leur gouffre par un *berceau*, comme l'homme l'est par les *vertus* de son corps, élevé, dirigé par un Instituteur fidèle, comme l'homme le serait toujours, s'il était actif et docile : enfin, chargé comme lui de veiller au rétablissement de l'ordre et à la destruction de l'iniquité.

Par ses travaux, par ses victoires sur les Égyptiens, ce Juste nous peint donc les pouvoirs de l'homme sur les *vertus* de l'Univers, et sur le Principe du mal. Ceux qui ont prétendu que ce législateur tenait toutes ses Sciences des Égyptiens, n'ont pas observé qu'avant de combattre les Sages de cette Nation, ce Juste avait passé plusieurs années chez son beau-père Jéthro qui était *Prêtre*, et qu'il s'y assit près d'un באר *Beour*, mot qu'on a traduit par *un puits*, mais qui par son analyse

בּ *Beth*, dans, et אור ע, *lumière*, ne signifie rien moins que le séjour de la science de la vérité.

La supériorité de l'homme sur les choses sensibles, et ses pouvoirs sur la corruption, nous sont tracés dans le tableau de la sortie de l'Égypte, et dans celui du passage de la mer Rouge. Le premier nous peint les Égyptiens anéantis, pour ainsi dire, par toutes les plaies qu'ils avaient attirées sur eux, mais ne cédant qu'à la *dixième*. Il nous les peint dépouillés de leurs richesses, dans lesquelles on doit sûrement comprendre les instruments criminels de leur culte ; il nous les peint poursuivant par des routes incertaines, le Peuple Hébreu, qui seul jouissait visiblement de la lumière, tandis que les ténèbres étaient répandues sur ses ennemis et sur toute l'Égypte. Le second nous représente les éléments obéissants à la voix qui leur commande d'ouvrir un passage libre à ceux qui étaient conduits par la *Sagesse*, et de reprendre leur cours naturel à l'approche des impies, qui n'ayant point les *vertus* nécessaires pour s'en défendre, devaient en être les victimes.

Ce second tableau nous apprend encore que les substances corruptibles du sang sont les véritables entraves qui retiennent l'homme dans le pâtiment, et que c'est par la rupture de ces liens, ou par la séparation de son Être intellectuel d'avec le sang, qu'il recouvre quelque liberté ; ce qui avait été déjà indiqué par l'esprit du précepte de la circoncision ; ce qui le fut dans la suite par la défense faite au Peuple de manger du sang, parce que la vie de la chair était dans le sang, et que l'âme de la chair avait été donnée aux Hébreux, ou aux hommes pour l'expiation de leur âme. Expressions assez claires pour justifier le Législateur des Hébreux du reproche que plusieurs lui ont fait de n'avoir pas distingué dans l'homme un être différent de l'Être sensible.

Enfin par les différents campements et les différents travaux qui suivirent la sortie d'Égypte, ce Législateur nous peint les différentes suspensions que l'homme doit subir après son passage corporel, pour réaliser ce qu'il n'a pu connaître ici-bas qu'en apparence ; de façon que Moïse seul présente en lui un type entier du cours universel de l'homme, depuis son origine terrestre jusqu'au terme où sa nature primitive ne cesse de la rappeler.

Nous arrivons à cette époque où la voix divine se fait entendre aux Hébreux ; où le Législateur écoute lui-même comme tout le Peuple, la parole sacrée qui se communiquait aux hommes, pour leur apprendre à ne se conduire que par elle, à ne pas donner leur confiance à des *Dieux étrangers*, et à des *idoles* qui ne *parlaient* point. Dans les faits qui se passèrent alors, on voit figurées la loi première de l'homme dans son état de splendeur, et la seconde loi de ce même homme dans son état de réprobation. En effet, sa loi première lui fut retirée, dès qu'il s'éloigna du centre de la vérité comme les premières Tables furent brisées, lors de l'idolâtrie du Peuple Hébreu.

La seconde loi, quoique contenant les mêmes préceptes que la première, c'est-à-dire, l'obligation indispensable de manifester les propriétés de notre Principe, et d'être en quelque façon l'organe vivant de *ses vertus*, cette seconde loi, dis-je, est inférieure à la première, et infiniment plus rigoureuse. Outre l'expérience journalière que notre situation actuelle nous force d'en faire, nous en avons un indice dans ces mêmes Tables que les Traditions hébraïques nous présentent.

Les premières Tables de la Loi sont annoncées comme ayant été non seulement écrites, mais encore taillées de la main de Dieu. Tableau instructif, dont le vrai sens est l'émanation de l'homme hors du sein de la lumière, sur qui la même main qui lui donnait l'être, gravait à la fois le nombre, ou la convention sur laquelle toute sa puissance et toute sa gloire devaient être fondées.

Au contraire, les secondes Tables nous sont bien données par l'Ecrivain, comme ayant été écrites par la main de Dieu, ainsi que les premières ; mais la différence qui se trouvait entre elles, c'est que les dernières avaient été taillées de la main de l'homme, et que c'est sur cette œuvres de l'homme que l'Être nécessaire, rempli d'amour pour ses productions, daigna encore graver son sceau et sa convention, comme il l'avait fait sur la substance pure dont les premières Tables étaient l'image ; de façon que la loi de l'homme n'étant pas aujourd'hui gravée sur sa matière naturelle, opère en lui cet état violent et douloureux que tous les hommes éprouvent, lorsqu'ils cherchent cette loi avec sincérité, et qu'ils s'en approchent ; parce que ces pâtiments et cette irritation sont inévitables entre des êtres hétérogènes.

L'éclat majestueux et terrible qui accompagna la promulgation de ces lois, nous rappelle le tableau de l'origine des choses, où le désordre faisait place à l'harmonie ; où chaque être recevait son ordre et sa loi ; où la lumière mélangée et comme confondue avec les ténèbres, tendait violemment à s'en séparer ; où les criminels qui devaient habiter ces ténèbres étaient entraînés avec les débris de cette effrayante explosion ; et où ceux qui avaient été fidèles à leur Principe, se ralliaient à sa clarté divine, pour y lire les Décrets irrévocables de son éternelle Sagesse, et pour les exercer dans l'Univers.

C'est toujours sur des lieux élevés que ces grands faits nous sont présentés ; sur des lieux où l'air étant plus pur, semble communiquer à tout notre Être, des influences plus salutaires, et une existence plus conforme à notre nature et à notre première destination.

Car, lorsque dans la suite cette même loi a condamné le Peuple Hébreu, et ceux de ses Chefs qui sacrifiaient sur les *hauts lieux*, elle ne prétendait pas précisément parler des montagnes, mais de certains objets de la Nature auxquels les hommes ont trop souvent donné une confiance aveugle, et qui ayant commencé par servir d'instruments au Saboïsme, ont fini par engendrer les abus de l'Astrologie judiciaire.

Des altérations aussi grandes se sont introduites dans les Sciences des Hébreux. On en trouve la preuve dans les eaux de jalousie, par lesquelles le Prêtre s'assurait du crime ou de l'innocence de la femme accusée d'adultère. Ces épreuves, dénuées de la *vertu* supérieure de l'homme, dont le Prêtre est censé particulièrement revêtu, paraissent suspectes et ne présentent à l'esprit que le prestige et l'imposture : mais lorsqu'on s'élève jusqu'à la nature de l'homme, et qu'on réfléchit sur l'étendue de ses droits rien n'étonne dans de pareils récits, parce que les *causes secondes* lui sont subordonnées, et qu'il a le *pouvoir* d'en diriger les *actes* à la gloire de son intelligence, et au maintien de la loi de celui qu'il s'est chargé de représenter sur la Terre.

Dans la suite, cette *vertu supérieure* s'étant affaiblie par les hommes, ils ont néanmoins conservé les formules ; de là sont venues des épreuves de l'eau, du feu, du fer rouge, des bras en croix, qui ont été pendant longtemps la seule jurisprudence criminelle de plusieurs Peuples ; ces Peuples mêmes, contenus par la superstition, ou aveuglés par l'ignorance, ne jugeaient que d'après les faits, et n'examinaient pas si ceux qui semblaient présider à ces faits, avaient ou non les titres suffisants pour mériter leur confiance, et ils ne doutaient pas de l'innocence de l'accusé, quand son courage ou son adresse l'avaient fait résister à l'épreuve.

Enfin les yeux se sont ouverts, et sur les mensongères prétentions des Juges, et sur les abus de cette Justice extravagante : mais les hommes, en s'épargnant par là des crimes atroces, ne se sont pas avancés davantage vers leur Principe ; ils ont supprimé les abus, sans rendre leurs pas plus assurés ; ils se sont garantis de l'erreur de leurs Ancêtres, et n'en sont pas devenus plus sages ; Ils sont même tombés dans un autre excès ; car n'ayant apprécié ces épreuves que dans un temps où elles étaient déjà privées de leur base, ils ont cru qu'elles n'en avaient jamais eu.

Il en était ainsi de la lèpre : cette maladie était regardée par les Hébreux comme une punition des fautes contre la *Loi* : elle ne pouvait donc être guérie que par le possesseur ou le dépositaire de la Loi : et vraiment, ce privilège ou ce don appartenait au Prêtre. Quand dans la suite, l'Art de guérir n'a plus été l'apanage du Sacerdoce ; quand le Médecin a cru pouvoir cesser d'être Prêtre, les sources de la lèpre sont restées ouvertes, comme elles le sont toujours, et les sources du remède se sont fermées. Alors, dans les ténèbres où l'homme s'est concentré, il a plutôt pensé que la lèpre était incurable, qu'il n'a vu ce qui lui manquait pour la guérir; de façon que les maux de l'homme ont plus que doublé; car il lui reste toujours les *moyens* de gagner la lèpre, et il ne trouve plus ceux de s'en délivrer.

XV

Le Sabbat, si recommandé par la Loi des Hébreux, se rapporte au Sabbat primitif, soit dans son nombre, soit par son objet; et c'est assurément dans l'esprit de ce Sabbat primitif, qu'il leur était ordonné de ne point semer, ni labourer la terre, ni tailler la vigne pendant la septième année, ou année sabbatique; de ne faire même cette année-là aucune espèce de moisson, ni de récolte; et de n'attendre leur subsistance que des productions naturelles de la terre, pour en satisfaire leurs besoins présents, sans aucune inquiétude pour les besoins à venir.

N'est-ce pas, en effet, nous retracer la différence des lois de la matière à celles de l'intelligence ? N'est-ce pas nous indiquer que la matière n'existe, ne produit, ne s'alimente que par des moyens violents et par une culture laborieuse tandis que la vie intellectuelle, active par elle-même, promet à l'homme qui peut y parvenir, des délices faciles et une nourriture assurée ?

N'est-ce pas nous montrer d'avance quelle sera la destinée de l'homme, lorsque le grand Sabbat étant arrivé, il s'unira aux *Vertus* divines mêmes, et possèdera cette *Terre incréée*, qui sans cesse produit par elle-même et sans culture ; lorsqu'étant comme *adhérent* aux sources de la vie, il pourra continuellement s'y désaltérer, avec la confiance qu'elles seront toujours plus abondantes que ses besoins, et que jamais elles ne pourront se tarir pour lui.

Il ne faut point oublier que le vrai Sabbat temporel doit se trouver le quatorzième de la lune de Mars ; que c'est à cette époque que se fit la délivrance du Peuple Hébreu ; et que c'est là l'époque naturelle où s'entr'ouvrent les premières sources de production, puisque c'est vers ce temps, que les principes végétatifs reçoivent les premières réactions du printemps, lequel doit se compter pour nous par le cours de la lune, et non par celui du soleil, quand l'un et l'autre de ces astres ne se trouvent pas ensemble au même point équinoxial.

J'ajouterai que les Hébreux ont dérangé l'heure de leur Sabbat, en le commençant à la première étoile, au lieu de le commencer à minuit, qui est l'heure de la primitive institution, attendu que c'est une heure centrale : mais ce n'est pas la seule négligence qu'ils aient à se reprocher ; car dans son institution leur Loi était pure et appuyée sur des bases invariables.

On y voit que jusqu'aux Règlements relatifs aux aliments, tout est fondé sur les principes de la plus saine Physique. La défense de manger des animaux réputés immondes par la Loi, tient à la nature de ces animaux, dont l'impureté par rapport à nous est écrite sur leur propre forme.

« Ceux dont la tête et le corps sont dégarnis de membres offensifs ; et défensifs ceux dont le col est si gros, qu'il ne fait, pour ainsi dire, qu'un avec le corps, ceux-là, dis-je, sont les Etres les moins purs, les moins réguliers, et en même temps les plus nuisibles à l'homme ; car ce sont ceux dont le sang se porte avec plus d'abondance dans la partie supérieure ; et pour conserver le langage de la Loi hébraïque, leur sang est matériellement sur leur tête, or l'usage fréquent de pareilles viandes ne manquerait pas d'opérer le même dérangement dans l'équilibre de nos liqueurs : c'est alors que les soufres grossiers, dont notre Nature cherche à se purger, refluent sur notre Être, et en obstruent tous les organes. »

« Nul Être n'est sans doute plus intéressé que l'homme à éviter ce terrible effet, parce que le siége de son Principe étant dérangé, le Principe lui-même peut souffrir de ce dérangement. »

« L'homme est destiné par sa nature à être supérieur à tout ce qui est *sang* et impur, puisque sa tête même, distincte de son corps par un col étroit, semble encore être verticalement placée, pour que le *sang* ne pouvant la surmonter, elle règne et domine sur tout ce qui tient au *sang* : et puisque nous avons sous les yeux l'exemple de l'abrutissement des Nègres, qui le doivent en partie à ce que non seulement leur *sang*, mais leur *graisse* même est sur leur *tête*; car ce fait est visible par la couleur rougeâtre et sombre de la substance moelleuse de leur cerveau, et par la laine qui leur tient lieu de cheveux. »

« Si l'on ne marque pas les mêmes irrégularités dans les autres espèces de Nations difformes, et que cependant on y remarque le même abrutissement, ou des mœurs même plus honteuses, et des inclinations plus malfaisantes ou enfin une nature plus lâche et plus débile, c'est qu'au lieu du sang et de la graisse, ce sont d'autres *principes matériels* qui *dominent sur leurs têtes*. Car ces principes matériels étant ennemis de l'homme, ne peuvent le surmonter, sans que quelques-unes de ses facultés primitives ne soient dans la contrainte et dans l'abrutissement, et qu'elles ne soient remplacées par les facultés qui leur sont contraires. »

« Ce que j'ai dit sur la difformité des animaux réputés immondes, doit s'appliquer aux poissons, dont le corps ne formant qu'une masse avec leur tête, semble porter toutes les marques de l'impureté; en sorte qu'on pourrait demander pourquoi la Loi hébraïque ne défendait que ceux qui n'avaient ni nageoires, ni écailles ? »

« En général, l'impureté des poissons immondes doit être moindre que celle des animaux terrestres, parce que le sang des premiers est si tempéré par le fluide aqueux, qu'il n'est ni dans une abondance, ni dans une chaleur capable de produire de grands ravages. C'est pour cela que la Loi tolérait ceux qui n'avaient pas à la fois tous les signes de l'impureté. »

« Cependant, comme l'élément qu'ils habitent, porte avec lui-même le caractère de l'origine confuse des choses matérielles ; comme c'est par l'eau que tous les Êtres de matière prennent leur corporisation, la Loi regardait les poissons comme participant en quelque sorte à la *confusion* de leur élément : aussi n'entraient-ils point dans les sacrifices. »

« On n'ignore pas que le sel, si convenable à nos aliments, était essentiellement recommandé dans les sacrifices et qu'il a été, presque par toute la Terre, le symbole de la sagesse. C'est que les sels en général sont des substances très instructives pour l'homme. Ils ne paraissent que par la réunion de leurs différentes parties répandues dans les eaux qui les tiennent en dissolution, et en devenant par l'action du feu général ou particulier autant d'unités actives, puissantes et dépositaires de toutes les propriétés qui se manifestent dans le corps. En un mot, le sel est un feu délivré des eaux, et les eaux ont un nombre si impur que les Hébreux n'expriment ce mot que par le duel מים *maim*. »

« Ajoutons que si la préférence était donnée au sel marin sur tous les autres, c'est qu'il est carré sur toutes les faces, et qu'il a sept centres ; c'est qu'il reçoit plus directement les influences supérieures par l'action de la Lune sur les mers, et que son acide a moins d'affinité avec les métaux que les autres sels.»

Le pain azyme, si recommandé dans les fêtes, a sans doute de très grandes significations ; car il représente à la fois l'affliction de la privation, la préparation à la purification, et la mémoire de l'origine.

Le mot *manne* dérive d'un nom hébreu, qui signifie *nombrer* ; et pour parvenir à l'intelligenc de cette distribution journalière, que les Livres hébreux nous disent avoir été faite au peuple, voici ce qu'il est nécessaire de connaître.

De même que le Soleil parcourt chaque jour tous les points de notre horizon pour revivifier toute la circonférence, de même tous les hommes reçoivent chaque jour un rayon du *grand soleil*, qui suffirait pour les ranimer intellectuellement, s'ils ne le laissaient pas intercepter par mille obstacles étrangers ; enfin, il y a chaque jour pour l'ordre physique, un mouvement universel par lequel toutes les sphères agissent les unes sur les autres, et se présentent réciproquement des bases, sur lesquelles elles impriment en passant, des actions et des nombres analogues aux traits qu'elles y rencontrent; et on ne peut nier qu'il n'en soit de même dans l'ordre intellectuel, puisque celui-ci est le modèle de l'autre.

Mais, ni dans l'un ni dans l'autre ordre, l'homme ne peut passer les bornes et les mesures de ses facultés, sans les détruire ; et malgré qu'il ait reçu ces facultés par sa nature, il doit attendre que les *vertus* et les nombres supérieurs viennent les compléter et les nourrir; de même qu'il ne doit pas cesser de se reposer sur ces secours supérieurs, et de croire qu'ils peuvent se renouveler comme ses besoins. C'est là ce que signifiaient les vases des Hébreux, la manne dont ils les remplissaient chaque jour, et la défense faite au Peuple d'en ramasser des portions doubles.

Si l'on doutait que cette manne eût existé en nature matérielle, il faudrait seulement se rappeler ce que l'on vient de lire; et si nous reconnaissons que chaque jour de la vie, la manne intellectuelle nous est accordée, nous aurons fait un pas assez grand pour croire à la possibilité de l'autre car cette dernière pourrait bien provenir d'une branche commune au même arbre, mais qui serait descendue plus bas, comme ayant le corps pour objet.

Quant aux lois criminelles, tracées dans les Livres hébreux, quoiqu'elles soient fondées sur la plus exacte justice, je ne me propose pas de justifier leur origine avec autant de soin que celle des lois de précepte et d'instruction dont nous avons traité jusqu'à ce moment : elles présentent trop de difficultés pour oser assurer que la main de l'homme, en les rédigeant, n'ait jamais pris la place de la main suprême; et la principale objection est que si le Chef de la Loi était obligé de *consulter* la lumière supérieure dans toutes les circonstances douteuses, il lui était inutile d'avoir par écrit un Code criminel.

En effet, s'il connaissait par cette *consultation*, quelles étaient les peines décernées par la Loi contre tel ou tel crime, il le connaissait sur la *déposition* de *deux témoins* véridiques, dont je ne puis mieux donner l'idée qu'en les comparant à la signature d'une lettre et à son contenu; « car on sait que les Anciens commençaient sagement leurs lettres par leur nom, et que cette usage existe encore parmi plusieurs Peuples et dans les Ordonnances des Souverains. »

Mais le Chef de la Loi ayant recueilli plusieurs de ces *Sentences juridiques*, il a pu se faire qu'il les ait destinées à lui servir de guides lorsqu'il se présenterait des cas semblables, et qu'il se soit borné à *consulter* sur le crime ou sur l'innocence de l'accusé.

Dans la suite, la forme de cette Jurisprudence a pu encore dégénérer, et les successeurs des véritables Chefs, trouvant des lois écrites pour la punition des crimes, ont pris ces lois pour la seule règle qu'ils eussent à consulter, et les témoins humains pour ceux que le Législateur avait eu en vue : par où l'on voit quels abus ont dû résulter de cette méprise.

Je découvre volontiers cette difficulté, pour que ma marche ne paraisse pas suspecte, et pour avoir le droit de prendre la défense du trésor d'instructions qui, malgré ce mélange, se trouve renfermé dans les Livres des Hébreux.

Contemplons ici cette Arche d'alliance; dépôt de toutes les *Ordonnances* que le Peuple devait observer, pour se maintenir en force contre ses *ennemis*. Comparons ce Tabernacle et les Cérémonies qu'il était ordonné d'y pratiquer, avec les *premières occupations* de l'homme, nous verrons qu'ils n'offrent que la description de ces anciens symboles que la Sagesse devait montrer de nouveau à l'homme, afin de ne pouvoir jamais être accusée de manquer à la convention qu'elle avait faite avec lui en le formant.

Aussi fut-il recommandé à l'Agent choisi pour cette œuvre; de se conformer au plan qui lui en avait été montré sur la montagne, afin que la copie visible étant semblable au modèle que l'homme ne voyait plus, l'homme pût se rapprocher de sa gloire ancienne et de ses connaissances primitives.

Il faut donc étudier avec soin cette copie, si nous voulons recouvrer quelques idées de son modèle : il faut considérer les différentes divisions du Tabernacle, et les différents voiles qui les séparent les unes des autres pour retracer les différentes progressions et suspensions de la lumière pour nous; l'*Oracle* enveloppé et couvert des ailes des Chérubins; la couronne, ou le cercle d'or, qui la surmonte, et semble placée ainsi, comme l'anneau de Saturne, pour servir d'organe aux *vertus* supérieures qui devaient y descendre; les *tables* dressées dans les différentes régions; les douze pains de proposition rangés six par six, pour nous peindre les deux *lois sénaires*, sources de toutes les choses intellectuelles et temporelles; enfin, le chandelier à sept branches répétant le nombre de la *lumière supérieure* qui éclairait et vivifiait invisiblement ce Sanctuaire mystérieux, le siège de sa gloire.

Non seulement le Tabernacle devait avoir des rapports avec la destination de l'Univers, mais il devait encore en avoir avec l'homme, puisque l'homme en était le premier l'objet : ce qui fut suffisamment annoncé par cet autel carré, qu'il fut ordonné d'y placer avec les vases et instruments relatifs au culte qui devait s'y exercer. Cette forme carrée est un symbole analogue au nombre de l'homme intellectuel, symbole que l'on peut facilement démêler, et qui sera encore plus développé par la suite : « mais le propre corps de l'homme paraît y avoir aussi des rapports, puisqu'il forme lui-même un carré par ses dimensions. En outre, cet autel était soutenu et transporté par le moyen de quatre bâtons creux, qui ne s'en détachaient point ; et ce type se trouve en nature physique sur la forme matérielle de l'homme. »

On ne peut considérer la fin corporelle du Législateur des Hébreux, dont la sépulture est restée ignorée, ainsi que l'histoire de ces Élus, qui sont annoncés comme ayant été enlevés dans des chars de feu, sans prendre une idée vaste et instructive de notre véritable destination.

L'homme est un feu concentré dans une grossière enveloppe ; sa loi, comme celle de tous les feux, est de la dissoudre, et de s'unir à la source dont il est séparé.

Si, négligeant l'activité propre à son Être, il se laisse dominer par cette enveloppe sensible et ténébreuse, elle prend un empire plus ou moins fort et durable, selon les droits qu'il lui a cédés par sa faiblesse, par ses penchants ou par ses jouissances. Alors son feu est étouffé ou enseveli, pour ainsi dire, sous ce voile obscur, et l'homme à sa mort se trouve comme confondu avec les ruines de sa forme corporelle : ces débris même devant rester entassés sur lui, tant qu'il ne sentira renaître au centre de son existence, rien d'assez *vivant* pour briser et détruire les liens qui l'attachent à la région inférieure des corps.

Si, au contraire, suivant la loi de sa nature, il a su non seulement conserver la force et les droits de son propre feu, mais les augmenter encore par l'action d'un feu supérieur, il n'est pas étonnant qu'à la mort, leur ardeur ne consume plus promptement la forme impure qui jusque là en avait contraint les mouvements, et que la disparition de cette forme ne soit plus rapide.

Que sera-ce donc si l'homme entier est embrasé de ce feu supérieur ; Il anéantira jusqu'aux moindres vestiges de sa matière ; on ne trouvera rien de son corps, parce qu'il n'aura rien laissé d'impur. Semblable à ces Élus qui à la fin de leur carrière, ont paru s'élever dans les Régions célestes sur des chars lumineux, lesquels n'étaient que l'explosion d'une forme pure, plus naturelle à notre Être que ne l'est notre enveloppe matérielle, et que nous n'avons jamais cessé d'avoir, malgré notre jonction avec la matière.

Que doit-on donc penser des traductions qui font dire à Job : *Je verrai Dieu dans ma chair ?* Il faut penser que le texte leur est contraire. Et, en effet, le mot נקפו *niquephou* appartient au verbe נקף *naquaph*, qui signifie : *Il a brisé, il a coupé, il a corrodé,* et nullement *il a été environné.* Et Job, après avoir reconnu que son Rédempteur est vivant, et qu'il doit s'élever au-dessus de la poussière ; ajoute naturellement : *Lorsqu'ils (mes maux) auront corrodé ou détruit mon enveloppe corporelle, je verrai Dieu,* non pas *dans ma chair,* comme disent les Traducteurs, mais *hors de ma chair.* Car dans מבשרי *mibbesari*, comme dans mille autres cas, la particule מ *mem* est un ablatif extractif qui représente l'existence, hors d'un lieu, hors d'une chose, et non pas l'existence dans cette chose ou dans ce lieu : ainsi le texte porte ici précisément l'opposé des traductions.

Je laisse de côté cette multitude de faits et de tableaux que contiennent les Livres hébreux depuis l'époque où Moïse fut remplacé par un digne successeur, jusqu'au temps où la forme du Gouvernement changea. Avec les principes que nous avons établis, on peut aisément découvrir ce que représente Josué, lorsqu'il introduit le Peuple dans la Terre promise à ses Pères ; lorsqu'il fait la rencontre du Prince de l'Armée du Seigneur, et qu'il prend sur les Ennemis de son Peuple, les Villes de *Cariat-sepher* et de *Cariat-arbé,* ou la Ville *des Lettres* et la Ville des *Quatre* ; on comprendra, dis-je, ce que nous rappelle le Peuple Hébreu lui-même, laissant subsister plusieurs des Nations criminelles qu'il avait ordre d'exterminer, et s'oubliant jusqu'à faire des alliances avec elles.

Pour les autres tableaux qui se trouvent dans ces Livres, on pourra aussi facilement découvrir des interprétations naturelles et instructives ; d'autant que de nos jours on a démontré que la plupart des faits qui ont paru inconcevables, l'étaient beaucoup moins que les traductions ne le laissent penser ; les renards de

Samson, par exemple, qu'on a fait voir n'être autre chose que des faisceaux de matières combustibles, auxquelles toutefois il se peut qu'il ait joint des *feux* plus *actifs* que les feux vulgaires.

Je laisse de même tous les faits qui pourraient paraître révoltants, tels que ces exécutions sanguinaires, ces cruautés opérées ou commandées par les Chefs et les Dépositaires de la Justice, me proposant d'en parler dans la suite de cet Écrit.

Au reste, ce serait être peu versé dans la connaissance de la Sagesse que d'entreprendre l'explication universelle de tout ce qui est contenu dans les Livres hébreux ; puisque non seulement la vie d'un homme ne suffirait pas, mais qu'il faut peut-être la consommation de tous les siècles pour en développer tous les points.

Observons donc que, quand il s'en trouverait encore plusieurs d'inexplicables, par quelque cause que ce soit, cela ne devrait diminuer en rien, aux yeux des hommes sensés, le mérite des faits dont les rapports avec notre Être, et avec la nature des choses, sont de la plus parfaite évidence.

De ce nombre est le changement que subit la forme du Gouvernement des Hébreux. Dans quel temps, surtout, ce changement s'est-il opéré ? C'est lorsque la sainteté de leur loi était profanée ; c'est lorsque l'avarice de leurs Prêtres s'appropriait les Victimes des Sacrifices, et qu'ils n'exerçaient leur profession sacrée que comme une ressource à leur cupidité : c'est enfin lorsque ces Prêtres mêmes n'étant plus capables de défendre l'Arche incorruptible de l'alliance de l'homme, l'avaient laissé tomber entre les mains de l'ennemi, et que le Peuple se trouvait ainsi dénué de tout ce qui faisait sa force et son soutien. C'est alors que malgré les sages avis du dernier de ses Juges, le peuple Hébreu voulut être gouverné par un Roi comme les autres Nations.

Mais de même que le premier des hommes, en se séparant du centre de la lumière, se réduisit à n'avoir pour guide qu'une faible étincelle de cette Lumière ; de même le Peuple Hébreu, en abandonnant ses guides naturels, et se soumettant à un Roi, n'avait plus pour ressource que les seules *vertus* d'un homme, tantôt faible, tantôt méchant; et l'histoire des Rois est en ce genre le tableau le plus instructif que la Tradition hébraïque pût nous transmettre. Car de tous les Rois d'Israël, elle n'en montre pas un seul qui n'ait commis *le crime*; et parmi les Rois de Juda, elle n'en offre qu'un très petit nombre qui en aient été exempts, tels qu'Aza, Josaphat et Josias; encore fait-elle des reproches au premier de s'être allié avec les Rois étrangers, et d'avoir eu dans sa maladie moins de confiance en Dieu que dans les Médecins.

Hâtons-nous d'arriver à l'époque célèbre de ce Temple qui fut élevé sous le *troisième* Roi : monument que les Traditions hébraïques représentent comme la première merveille du monde; et auquel les bâtards d'Ismaël rendent encore une espèce d'hommage.

La construction de ce Temple, faite peu de temps après que le Peuple Hébreu eut abandonné ses guides naturels, est une répétition parfaite du sort que l'homme éprouva, après s'être séparé de la source de sa gloire, lorsqu'il fut réduit à ne plus voir l'harmonie des *vertus* divines que dans une subdivision grossière et compliquée.

Ces images, toutes matérielles qu'elles puissent être, présentent encore à l'homme coupable, les traits de leur modèle : toujours l'auteur des Êtres, jaloux de leur félicité, leur offre le tableau de sa puissance, de sa gloire et de sa sagesse, pour fixer leur vue sur la grandeur et la beauté de ses perfections, et pour ramener leur intelligence à la lumière, après que cette lumière aura fixé leurs sens par ses propres emblèmes.

Aussi l'édifice du Temple réunissait-il tout ce qui avait été annoncé par les signes sensibles des manifestations précédentes.

Il avait dans ses proportions, et dans ses mesures véritables, et non littérales, des rapports avec cette Arche dont la Tradition hébraïque fait mention, lors du fléau de la justice divine sur les prévaricateurs par l'élément de l'eau : et ainsi, le Temple fut, comme l'Arche, une nouvelle représentation de l'Univers.

Il offrait les mêmes attributs que le Tabernacle dont le modèle fut donné au Peuple Juif lors de la promulgation de la Loi. Car il y avait dans ce Temple un lieu pour les sacrifices, tels qu'ils s'opéraient dans le Tabernacle. Il y avait dans l'un et dans l'autre, un *lieu* destiné à la *prière*, lequel était comme l'organe des lumières et des dons, que la main bienfaisante de l'éternel répandait sur ce Peuple élu, et sur ses chefs.

Mais tout dans ce Temple était plus nombreux, plus abondant, plus vaste, plus étendu que dans les Temples précédents, pour nous enseigner que les *vertus* allaient toujours en croissant, et qu'à mesure que les temps avançaient, l'homme voyait multiplier en sa faveur les secours et les appuis.

C'est pour nous instruire de ces vérités, que chacun de ces trois *Temples* est marqué par une distinction particulière. L'Arche du Déluge fut errante, et flottait sur les eaux, pour nous peindre l'incertitude et les ténèbres des premiers temps. Le Tabernacle était alternativement en mouvement et en repos, et de plus, c'était l'homme même qui le transportait et le fixait dans des lieux choisis; afin de nous retracer les droits accordés à l'homme dans sa seconde époque; droits sur lesquels il peut aspirer par intervalle à la possession de la lumière ; enfin, le troisième Temple était stable et adhérent à la terre, pour nous apprendre sensiblement quels sont les privilèges auxquels l'homme peut prétendre un jour ; privilèges qui s'étendent jusqu'à fixer à jamais sa demeure dans le séjour de la vérité.

Ainsi, ce Temple de Jérusalem représentait non seulement ce qui s'était passé aux époques antérieures, mais il était encore un des signes sensibles les plus instructifs que l'homme pût avoir devant les yeux, pour recouvrer l'intelligence de sa première destination, et celle des voies que la sagesse avait prises pour l'y ramener.

Il y trouvait dans les sacrifices et l'effusion du sang

des animaux, l'image de ce Sacrifice universel que les Êtres purs ne cessent d'offrir au souverain Auteur de toute existence, en employant avec activité leur propre vie ou leur action, pour le soutien de sa gloire et de sa justice.

Ajoutons d'avance que tout étant relatif à l'homme ici-bas, c'était par l'*homme* même que ce sacrifice devait s'opérer ; les sacrifices d'animaux n'ayant que secondairement la faculté de manifester la gloire du grand Être. L'homme seul dans la Nature a le droit de lui offrir des tributs qui soient dignes de lui : mais étant aujourd'hui à l'extrémité de la chaîne des Êtres, il s'élève successivement par leur moyen : en mettant à découvert les *vertus* des êtres les plus inférieurs, il peut monter aux *vertus* qui les dirigent, et parvenir par cette progression jusqu'à une force *vivante* qui le mette à portée de remplir sa Loi, c'est-à-dire, d'honorer dignement son Principe, en lui présentant des offrandes sur lesquelles soient empreints les caractères de sa grandeur.

Si le Peuple Juif a eu le dépôt de semblables instructions ; s'il a possédé un temple qui semble être le hiéroglyphe universel ; si ceux qui y remplissaient les fonctions, nous sont annoncés comme dépositaires des lois du culte, et opérant même tous les faits dont j'ai démontré que la source était dans l'homme, il est probable que le Peuple Juif est en effet le Peuple choisi par la Sagesse suprême pour servir de signe à la postérité de l'homme.

D'après cela ne pourrions-nous pas croire que ce Peuple fut mis, préférablement à tous les autres Peuples, en possession de ces moyens de régénération dont nous avons parlé, ainsi que de ce culte apporté nécessairement sur la Terre, par les agents, qui ont été faits dépositaires des *vertus* subdivisées du *grand Principe*, afin de rendre à l'homme la connaissance de ce *Principe*.

Nous le croyons d'autant plus, que nous reconnaîtrons dans le culte de ce Peuple, des rapports avec

la vraie nature de l'homme, et avec ses véritables fonctions, comme nous en avons déjà remarqué entre le Temple de Jérusalem et l'harmonie de l'Univers.

On verra que ces ablutions fréquentes, ces préparations soigneuses, ces holocaustes de toute espèce, soit d'animaux, soit des productions de la terre, ce feu sacré toujours éclairant les sacrifices et les offrandes, étaient des emblèmes très instructifs de toutes les fonctions des Êtres envers le premier des Principes, et de la supériorité de ce Principe sur tous les Êtres. L'ordre seul des temps fixés pour ces différents sacrifices, la disposition de tous les *instruments* qui y étaient employés, la qualité des *substances* qui y entraient, le nombre et l'arrangement des *lampes*, enfin, toutes les parties de ce culte, seraient sans doute autant d'indices de quelques-unes de ces *vertus* supérieures que la Sagesse avait subdivisées pour l'homme depuis sa corruption.

Cependant ces objets, qui ont été, pour ainsi dire, communs à tous les cultes, étant extérieurs et étrangers à l'homme, ne lui rendaient pas le sentiment de son vrai caractère. Il fallait donc que ces grands signes fussent exprimés par lui ; qu'il fussent représentés, mis en action par des Êtres de sa propre espèce, afin qu'il eût le témoignage personnel et intime que c'était pour une telle œuvre qu'il avait été formé.

Si, lors de son origine, il pouvait avoir à la fois trois grands objets de contemplation ; la *Source* de toutes les *puissances*, les *vertus* qui en descendent pour l'accomplissement de ses *Lois*, et les Êtres qui ne cessent jamais de lui rendre *hommage* ; il fallait qu'il lui restât dans son état de dégradation, les indices et les traces de ce sublime spectacle : il fallait que tous ces grands objets fussent présents à ses yeux, et que ce fussent des hommes qui les lui représentassent.

Aussi dans l'exercice et l'ensemble du culte des Hébreux, pouvons-nous remarquer ces trois classes avec la plus grande justesse.

Le peuple rangé autour du Temple, ou dans le parvis, rappelait à l'homme cette multitude de productions pures de l'Infini, qui restent fidèlement attachées à ce Principe, autant par amour pour sa gloire, que par intérêt pour leur propre félicité.

Les Lévites occupés autour de l'Autel lui représentaient, par leur action, les fonctions de ces Agents privilégiés et choisis pour faire parvenir les dons et les *vertus* du grand Principe jusqu'aux moindres de ces productions.

Enfin, le Grand Prêtre entrant seul, une seule fois l'année, dans le *Saint des Saints*, pour y porter les vœux de tout le Peuple et faire couler jusqu'à lui les secours de la *vie*, devenait pour l'homme une image parlante du Dieu invisible, dont un seul acte de puissance suffit pour animer à la fois tout le cercle des êtres, tandis que de tous ces êtres, qui reçoivent perpétuellement de lui les germes même de leur existence, aucun n'a jamais pénétré dans le sanctuaire inaccessible de son essence.

Et voilà comment l'homme a pu recouvrer l'idée de son premier séjour, puisqu'il en a eu sous les yeux un tableau réduit, mais régulier, puisque enfin il a vu retracer dans sa propre espèce le Dieu des Êtres, ses Ministres et ses Adorateurs.

Il y voyait même les *signes sensibles*, et de ses anciennes jouissances, et des *fruits* qui servaient de récompense à sa *prière* ; puisque les Traditions hébraïques donnent à entendre comment ces sacrifices étaient couronnés, en nous apprenant que le temple se remplissait de la gloire de l'Éternel, ou de ces indices positifs de *pensées pures* dont nous avons vu que l'homme était environné.

Quant à cette multitude incroyable d'animaux qu'il est dit avoir été immolés lors de la dédicace du temple, et généralement dans les sacrifices des Hébreux, nous n'entreprendrons point de justifier ces récits, ni de réfuter tout ce qui a été dit sur l'impossibilité que la petite contrée des Juifs renfermât assez de bétail pour fournir tant de victimes, et qu'il y eût un nombre suffisant de sacrificateurs pour les immoler. Ceux qui ont employé leur temps et exercé leur esprit à critiquer ces textes des Écritures, pouvaient faire, de l'un et de l'autre, un usage plus utile.

Il eût été plus prudent de chercher les moyens de pénétrer ces emblêmes, que de s'arrêter à leur enveloppe. Il fallait observer que plus les Traditions des Hébreux offrent de justesse et de profondeur dans les endroits où elles sont claires, plus on doit supposer, quand elles paraissent obscures ou invariables, qu'elles le sont à dessein, pour nous cacher des vérités qui n'appartiennent qu'à l'homme intelligent, et qui serait nulles ou nuisibles à toute autre qui n'y serait pas préparé.

Il eût mieux valu nous rappeler combien la Langue hébraïque est rapprochée des objets de l'intelligence, puisqu'elle n'a pas même de mot pour exprimer la matière et les éléments; il eût mieux valu, dis-je, nous montrer combien le *sens primitif* de ses mots les plus communs, est piquant, juste et sublime ; et nous apprendre que loin de borner la Langue hébraïque à un sens particulier et littéral, elle est si vaste, que pour la saisir dans son véritable esprit, on ne doit s'occuper qu'à l'étendre; car dans l'ordre vrai, c'est au sujet et à l'intelligence à mener les Langues, et non aux Langues à mener l'intelligence et le sujet.

Il eût été, enfin, plus utile de nous enseigner que tous les Êtres corporels sont chacun un symbole d'une *faculté invisible* qui leur est analogue. Alors on pourrait prendre l'idée de la *force* dans le taureau, celle de la *douceur* et de l'*innocence* dans l'agneau, celle de la *putréfaction* et de l'*iniquité* dans le bouc, et ainsi de toutes les espèces d'animaux, et même de toutes les substances qui étaient offertes en nature dans les sacrifices.

Peut être qu'avec cette attention on serait déjà parvenu à percer le voile. Car il se peut que l'espèce d'animal sacrifié fût le signe physique de la *faculté* qui lui correspond; et que la quantité ou le nombre de victimes fût l'expression allégorique de cette *faculté* même, que le Sacrificateur cherchait à combattre, si elle était *mauvaise*; qu'il s'efforçait, au contraire, d'obtenir du souverain Être, si elle était *pure*; ou enfin, dont il lui rendait hommage, lorsqu'il l'avait obtenue.

XVI

Parmi les objets importants que les Traditions nous présentent, il n'en est point qui doivent nous intéresser davantage que l'élection de ces Justes, suscités par la Sagesse divine, qui ne pouvant abandonner les hommes, puisqu'ils doivent être les *signes* de sa gloire, leur en présente de temps en temps des modèles.

Aucun de ces types n'a été plus ressemblant que le juste Elie, dont le nom embrasse toutes les classes d'Êtres supérieurs à la matière, et qui s'est fait connaître par les actes les plus extraordinaires. Mais c'est parce qu'il participait à la force du Principe de toutes choses, que l'étonnement doit cesser à la vue de semblables faits. S'il tenait à l'*Être* qui a tout produit, à la source d'où découlent tous les *signes* sensibles matériels ou immatériels qui sont en action dans l'univers, quelle difficulté y aurait-il que, sous le signe d'un Corbeau, il eût reçu sa nourriture d'une main supérieure ? Quelle difficulté qu'il ait dévoilé l'imposture des Prêtres de Baal, en manifestant les forces du vrai Dieu ? Quelle difficulté même qu'il ait rendu la vie à un cadavre, puisqu'il agissait par ce même Dieu qui l'avait donnée ?

Ne soyons donc plus surpris des droits qui lui furent accordés pour multiplier les aliments de la veuve de Sarepta, pour contenir ou faire tomber à son gré les pluies et les rosées; pour consumer par le feu du ciel les Capitaines d'Ochosias: car si nous ne perdons point de vue les desseins de la Divinité sur nous, si nous lisons le livre de l'homme, nous y trouverons les éléments de toutes ces merveilles.

On voit même ici quel avantage c'est pour nous d'être toujours fortement unis par la pensée, par le désir, et par l'action, aux *vertus* de ces Êtres privilégiés, puisque le fidèle Disciple et successeur d'Élie a répété presque tous les prodiges de son Maître.

Mais une des belles instructions qu'Élie nous ait laissées, c'est lorsqu'étant sur la montagne, il reconnut que le Dieu de l'homme ne se trouvait ni dans *un vent violent*, ni dans *le tremblement de l'air*, ni dans *le feu grossier* et *dévasteur*, mais dans *un vent doux* et *léger* qui annonce le calme et la paix dont *la Sagesse* remplit tous les lieux qu'elle approche ; et en effet c'est un *signe* des plus sûrs pour démêler la *vérité* d'avec le *mensonge*.

Les différents Justes qui ont suivi la même carrière étaient chargés d'annoncer aux Rois et aux Peuples, le sort qu'ils devaient attendre, s'ils venaient à s'écarter de leur Loi ; et comme il y a des voies sans nombre pour s'égarer, et que les maux qui répondent à ces écarts sont également innombrables, ces Élus ayant à offrir le tableau des uns et des autres, s'en acquittaient par les moyens et les signes les plus analogues à ce qu'ils devaient annoncer.

C'est pour cela que la Justice suprême ayant dessein de faire sentir au peuple Hébreu l'horreur de ses alliances idolâtres, lui présenta pour signe, l'union d'un de ses Envoyés avec une femme prostituée ; union qui répétait aussi celle que l'homme premier avait contractée avec des substances impures, si opposées à son Être.

C'est pour cela que la Justice voulant annoncer à ce Peuple, la dispersion dont il était menacé, et l'état honteux où ses ennemis allaient le réduire, ordonna à un autre de ses Agents de se montrer, dépouillé de ses vêtements, sortant d'une brèche faite par lui-même à sa propre maison, et prenant secrètement la fuite.

Enfin, c'est pour cela que voulant représenter au peuple Hébreu les traitements indignes qu'il allait subir dans la servitude, elle ne craint pas de lui faire voir un

Juste plongé dans la plus affreuse douleur, et prenant pour nourriture les objets les plus dégoûtants.

L'homme peut se reconnaître dans ces divers tableaux dès qu'il les comparera à sa déplorable situation.

Telle fut la source de cette multitude d'allégories et de faits emblématiques que l'histoire des Prophètes nous offre avec des traits si extraordinaires, qu'on ne peut les concevoir, lorsqu'on les sépare des événements secrets qui en ont été l'objet et l'occasion.

De là les erreurs multipliées de ceux qui ont osé juger ces récits, sans en connaître le sens ni les rapports : ces Observateurs se sont créés des fantômes pour les combattre avec plus davantage; aussi n'ont-ils pu remporter que des victoires imaginaires.

Lorsqu'au mépris des différents Elus, le Peuple et ses Maîtres se furent abandonnés aux crimes de la *putréfaction*, les Livres des Hébreux nous donnent l'histoire d'une nouvelle servitude plus humiliante et plus dure encore que la première; puisque, dans celle d'Egypte, les Hébreux étaient descendus volontairement dans une terre étrangère; au lieu que dans cette seconde servitude, l'ennemi vient les attaquer jusque dans l'enceinte de leur Ville, répandre leur sang les arracher de leurs foyers, ravir et profaner les objets les plus chers de leur culte.

On peut même observer qu'il est dit que ces ennemis cruels firent arracher les yeux au Roi des Hébreux; et que ce Chef figurant la lumière du Peuple, c'était montrer que la manière dont la Justice sévit contre les Prévaricateurs, est d'éteindre pour eux le flambeau de l'intelligence.

Ce type fut répété pendant la servitude, par l'évasion de plusieurs Tribus, qui s'étant soustraites au joug de leurs Tyrans à Babylone, allèrent au loin, et par des chemins cachés, habiter un pays inconnu sur la Terre; là elles exercent encore dans sa pureté, le Culte de l'Eternel, selon la Loi des Hébreux; là elles expient dans le deuil et dans la tristesse, les prévarications de leurs Ancêtres, et représentent cet *organe vivant* et *pur* de nos pensées, qui s'éloigne quand nous sommes *lâches*, et qui gémit loin de nous sur nos égarements volontaires, afin que toutes ces larmes puissent être offertes comme un tribut à la Justice de la Sagesse suprême, qui oublie les crimes des coupables pour ne faire attention qu'aux douleurs de l'innocent.

Il en est de même de l'Arche d'Alliance que les Macchabées nous apprennent avoir été déposée par Jérémie, pendant la captivité, en un lieu inconnu, où elle doit rester jusqu'à la consommation des choses.

Mais dans tous ces types, on voit sans cesse la clémence accompagner la justice, et laisser toujours l'espérance aux malheureux mortels condamnés à la privation. C'est pour cela qu'il est annoncé qu'à la fin des temps, les Tribus qui se sont exilées viendront se réunir à leur Peuple; et que l'Arche sortira du lieu caché qui la recèle, avec le même éclat et la même majesté qui environnèrent la Montagne célèbre où la Loi de l'alliance fut donnée à l'homme.

Un Roi vainqueur de l'Assyrie, sage, et participant aux Sciences des Hébreux, connaît que le terme de leur esclavage est arrivé; il charge un Juste, indiqué par la Sagesse divine, de les ramener dans la Terre de leurs Pères, pour y rebâtir le Temple abandonné pendant toute la durée de cette affreuse servitude, où ils avaient été privés de leur culte et de leurs vrais sacrifices; où enfin, plongés dans la tristesse, ils avaient suspendu leurs *instruments de Musique* aux branches des saules plutôt que de mêler leurs *chants* aux *concerts impurs* de leurs *Maîtres*. Ces tableaux sont si naturels et si ressemblants, qu'il est inutile que nous en exposions les rapports.

Il en est ainsi de la différence qui se trouva entre ce second Temple et le premier. Elle était si frappante que ceux qui avaient connu l'ancien Temple, et qui virent bâtir le nouveau, ne purent s'empêcher de répandre des larmes amères, tant ils sentaient le prix de celui qu'ils avaient perdu. Cela nous rappelle que le temple corporel que l'homme habite aujourd'hui, n'est qu'un cloaque, un cachot ténébreux, comparé au Temple dans lequel il fit sa première demeure.

Le Prêtre chargé de la réédification de ce Temple retrouva un des exemplaires de la Loi. Ceux qui ont cru pouvoir rejeter les Prophéties des Livres Hébreux, en supposant qu'Esdras avait lui-même fabriqué ces livres, auraient pu faire valoir cette objection pour les Prophéties dont l'événement l'avait précédé, mais non pour celles dont l'accomplissement ne devait avoir lieu qu'après lui, et ils ne peuvent nier que celles-ci ne soient en plus grand nombre.

En rétablissant le culte, Esdras rétablit les offrandes de froment, de vin et d'huile, qui avaient été en usage dans les beaux jours du Peuple Hébreux : je ne cacherai point que ces trois substances combinées sont les fondements matériels sur lesquels repose l'édifice intellectuel du *Grand œuvre* du rétablisement des choses ; parce que l'une est le *récipient*, l'autre *l'agent actif* et *générateur*, et la troisième est le *lien intermédiaire*.

« Pour donner une idée des propriétés de l'huile, je ferai observer qu'elle est composée de quatre substances élémentaires qui lui donnent des rapports *actifs* avec les quatre points cardinaux de la circonférence universelle. Parmi les différentes huiles, celle de l'olivier tient le premier rang, parce que la chair de son fruit étant extérieure, reçoit par ce moyen les *premières actions des influences* ; sans oublier que par sa qualité naturelle, elle fixe et arrête en elle ces mêmes influences, Et c'est de là que pour peindre les prévarications des Chaldéens, Baruch nous représente des femmes brûlant devant leurs faux Dieux des noyaux d'olive. »

Peu de temps après la délivrance de cette seconde captivité, les *Forts* cessent de *combattre*, et *deviennent semblables à des femmes* ; on voit toutes leurs *vertus* se consumer et se corrompre on voit cet *Arbre choisi* devenir si faible et si stérile, que selon l'expression allégorique des Prophètes, il ne produisait pas même un seul *Rameau* assez fort pour qu'on en pût faire un *Sceptre* au *Prince ;* on voit, dis-je, ce Peuple tomber dans un tel aveuglement, qu'il ne craint pas d'aller à prix d'argent, solliciter auprès des Idolâtres la grande Sacrificature de son propre Temple.

On voit ensuite un *ennemi puissant* environner ses murs, lui faire éprouver toutes les horreurs de la guerre et de la disette; et l'on reconnaît par ces maux sans nombre, par ces fléaux terribles l'accomplissement des menaces, qui avaient été souvent réitérées au Peuple Hébreu, dans le cas où il ne garderait pas la Loi de son alliance; jusque là que des malheureux époux nourris dans la délicatesse, se trouveraient tellement pressés par la faim qu'ils s'arracheraient leur propre fruit, et qu'après l'avoir dévoré, ils se disputeraient encore cette masse informe et dégoûtante à laquelle l'homme est attaché dans le sein de sa mère. Image horrible qui apprend à la fois à l'homme corporel et son abominable origine, et la dure nécessité où il est de dévorer journellement l'amertume et l'impureté avec lesquelles le premier crime l'a confondu.

Bientôt *le Sacrifice perpétuel s'interrompt faute de victimes, les monceaux de morts sont accumulés autour de l'Autel, les Soldats armés et couverts du sang de leurs frères s'établissent dans ce lieu redoutable, où le grand Prêtre seul pouvait entrer une seule fois l'année.* C'est alors que subjugué par le nombre et par la misère, il devient errant, sans Temple sans Sacrificateur, sans Autel, comme l'homme depuis sa chute rampe honteusement dans la privation de ces premiers droits, et des fonctions sublimes qu'il devait remplir dans l'Univers.

Les Fastes des Hébreux, considérés dans cet ensemble et sous ce point de vue, nous présentent un miroir fidèle, où nous pouvons contempler l'histoire de l'homme. On ne peut s'empêcher d'y reconnaître aussi des traces d'une lumière et d'une force supérieure, dont l'homme livré à lui-même est absolument incapable; je parle de ces *vertus* qui ont dû apporter des secours visibles jusque dans sa ténébreuse demeure ou de ces Agents, dont plusieurs sont annoncés dans les Ecritures comme ayant été sans Généalogie et sans Ancêtres.

Enfin, le nombre de ces Agents, les différentes époques où ils se sont manifestés, désignent cette subdivision des puissances divines, qui fait ici-bas le tourment de l'homme, mais qu'il doit subir avant de recouvrer son domaine, et dont les tableaux ne peuvent se peindre à lui sous des couleurs trop sévères, attendu que pour celui dont le dernier sentiment a été le mépris de la vérité, le premier doit être la terreur de cette même vérité.

Nous avons maintenant à fixer nos idées sur les apparences de cruauté et d'injustice que nous offrent les Traditions des Hébreux, et sur le choix que la Sagesse a fait d'un Peuple qui a si mal répondu à ses bienfaits.

Arrêtons-nous d'abord à ces exécutions cruelles, ces énormes effusions de sang opérées par la main des Hébreux, malgré la Loi formelle qui leur défendait de le répandre ; parlons de ces fléaux lancés sur des Peuples innocents pour l'expiation des fautes de leurs Chefs ; parlons, dis-je, de toutes ces souffrances dont plusieurs ont été les victimes, non seulement pour les prévarications de leurs Ancêtres, mais encore pour celles d'autres coupables, avec qui ils semblaient n'avoir pas les mêmes rapports.

La première de ces difficultés se résout par la contradiction même. Plus la défense faite au Peuple Hébreu de répandre le sang était précise, plus la Sagesse faisait connaître que le droit de Justice lui était réservé à elle seule, et qu'ayant pu seule donner la vie aux hommes, il n'y avait qu'elle qui eût le pouvoir légitime d'en disposer.

Mais en se réservant le droit exclusif d'agir sur l'homme, cette Sagesse ne perd pas le droit d'agir par lui ; ainsi, de quelque manière qu'elle montre son action, elle ne change rien aux Lois qui la constituent ; puisque c'est toujours elle qui opère, et puisqu'en employant la main de l'homme, elle ne fait qu'exercer d'une manière plus rapprochée de l'état grossier des coupables l'empire qu'elle exerce continuellement sur toute la postérité de l'homme, comme sur tous les Êtres.

L'homme n'étant alors que l'agent ou l'organe de la Justice, il n'y a pour lui ni prévarication ni crime, et tant qu'il ne répand pas le sang par sa propre autorité, et pour sa propre cause, il n'est point comptable aux yeux de la justice. Vérité que les hommes ont souvent appliquée mal à propos à leur Justice conventionnelle, et à tous les ressorts de l'ordre social, tandis qu'elle ne convient qu'à l'homme dans sa véritable Loi : vérité néanmoins dont cette Justice humaine conserve encore les traces et l'empreinte, puisqu'elle regarde comme innocents, tous ceux qui jugent et qui tuent au nom du Prince, et qu'elle ne sévit que contre ceux qui jugent et qui tuent en leur propre nom.

L'Écrivain Hébreu nous montre en effet combien la main de l'homme était passive dans ces grands événements, et combien elle était dirigée par une force supérieure, puisque en un instant et par le moyen d'une quantité d'hommes insuffisante, il nous en présente souvent des nombres prodigieux immolés à la Justice.

Quant à ces exécutions sanguinaires et cruelles, pour des crimes auxquels le Peuple n'avait point participé; sans rappeler ici ce qui a été dit sur le crime de l'homme, on doit distinguer les crimes particuliers d'avec ceux qui sont communs à toute une Nation. Car la constitution des corps est telle, que le mal comme le bien sont reversibles sur tous les membres. Nous en voyons même des exemples dans l'ordre simple des choses humaines.

D'ailleurs ce qui devrait étouffer tout murmure, c'est cette incertitude où nous sommes si la Sagesse suprême ne paie pas les services qu'elle exige de nous; si, après qu'elle a exercé ses pouvoirs sur les objets de sa Justice pour effrayer l'œil du coupable, elle ne les dédommage pas des travaux qu'ils ont supportés; si, enfin, plus noble et plus féconde que tous les Souverains de la Terre, elle ne peut pas verser dans l'âme des hommes quelques rayons de sa gloire, qui mettent à leurs yeux les récompenses au-dessus de tout rapport avec les peines et les services. En considérant sous ce point de vue la marche de cette Sagesse, qu'avons-nous à dire, lorsqu'elle nous emploie? L'injustice n'est pas de faire travailler l'ouvrier, mais de le faire travailler et de lui retenir son salaire.

Si l'on veut ensuite rassembler dans la pensée les maux qui sur toute la terre affligent la postérité de l'homme, et les comparer avec les fléaux de toute espèce, dont, suivant les Traditions Hébraïques, le Peuple Juif a tant de fois éprouvé la rigueur, on y verra seulement que ces peines ont été plus rapprochées et plus multipliées sur le Peuple destiné à manifester tous les effets des *vertus* divines.

Car, malgré la difficulté d'admettre des fléaux si généraux, et des maux si nombreux, infligés à la fois sur une seule Contrée et sur un seul Peuple, je l'ai déjà dit, les prévarications générales ont dû attirer des molestations générales. Et d'après ce que nous avons laissé entrevoir sur les droits de la volonté de l'homme, soit pour, soit contre lui-même, il n'y a plus de moyens ni de faits qui doivent le surprendre, ni lui paraître surnaturels à sa véritable essence.

Il est vrai qu'en général les maux naturels qui affligent les Nations, s'opérant sans le concours de la main de l'homme, sont hors de la comparaison avec les faits rapportés dans les Livres des Hébreux, où la Justice divine contre les coupables s'exerce presque toujours par des hommes. Mais si la Sagesse suprême a pu faire choix d'un Peuple parmi tous les autres Peuples, pour l'accomplissement de ses desseins; si elle a vraiment fait ce choix pour retracer à l'homme le rang privilégié qu'elle lui avait donné autrefois entre toutes les autres puissances; quel que soit ce Peuple choisi, il faut que nous voyions réunies en lui toutes les actions diverses qui constitueraient un ordre d'Êtres, s'ils étaient dans leur état de perfection.

Mais la postérité de l'homme étant dans la dégradation, ne peut représenter cet ordre d'Êtres qu'avec une très grande irrégularité; et cette irrégularité consiste à montrer dans une même espèce toutes les actions des espèces opposées. Elle consiste à tellement rétrécir le tableau, que dans le même ordre d'Être, on voit des *vertus* actives et des *vertus* passives ; elle consiste en ce que dans une même Race, dans un même Peuple, il se trouve à la fois le Juge, le Vengeur et le Coupable, pendant que ces noms devraient appartenir à des Êtres différents.

« Quant à la défense de répandre le sang, cherchons pourquoi il est dit dans les Livres hébreux, que Dieu redemandera l'âme de l'homme à la *main* de l'homme, et même à celle des animaux. »

« Et au sujet du mot *main*, relevons d'abord une erreur des Traducteurs. יד *iad*, main, vient de ידה *iadah*, il a lancé ; parce qu'en effet la main est l'instrument qui lance. Mais le mot יד *iad* signifie aussi *force*, *puissance*. Or si l'intelligence avait conduit les Traducteurs, ils auraient dit dans les Proverbes que la mort et la vie étaient *dans la force de la langue*, ce qui eût été très expressif ; au lieu de nous dire, comme ils l'ont fait, qu'elles étaient *dans la main de la langue*, ce qui n'offre qu'une idée inintelligible et extravagante. »

« Transformons donc ici le mot *main* dans le mot *puissance*, et rappelons-nous quels dangers menacent l'homme impur qui sort de son corps avant son temps. »

« La Loi des Êtres étant irrévocable, ils sont forcés de la remplir ; or si l'homme intellectuel doit séjourner pendant un temps dans le sang, et qu'on le prive du sien, il s'attache à un autre sang ; et communément à celui de son meurtrier, soit homme, soit bête, parce qu'alors ce sang est plus prochain et plus développé. »

« Dans ces deux cas, il ne peut résulter que de très grands désordres pour lui, puisqu'un Être ne peut habiter que le corps qui lui est propre et naturel. En s'attachant au sang d'un autre homme, il le gêne sans trouver à s'y reposer, parce qu'un autre Être siège dessus : en s'unissant au sang de la bête, il se lie à des entraves encore plus grossières et plus étrangères à lui-même, et tous ces maux sont autant d'obstacles qui le retardent et le molestent pendant sa marche ; on peut donc voir pourquoi Dieu redemandera l'âme de l'homme à la *main* ou à la puissance de tout ce qui est sang, puisque l'homme est sa dîme par les rapports *originels* de son quaternaire avec *dix*; on peut voir sur quoi est fondée l'horreur que les hommes ont généralement des meurtriers ; enfin, pourquoi toutes les Nations de la Terre ont regardé comme couverts de la dernière marque de réprobation, ceux dont les cadavres sont exposés à être la pâture des oiseaux et des autres animaux. »

Venons à la seconde question, concernant l'ingratitude du Peuple choisi.

La plupart des Observateurs sont choqués de ce que les Livres hébreux, présentant un Peuple élu par la Sagesse suprême, pour être comme le miroir de ses *vertus* et de ses lois, ce Peuple soit devenu le plus grossier, le plus barbare et le plus ignorant de la Terre; de ce que loin de combattre pour la main qui l'avait choisi, il s'arme à tout moment contre elle ; de ce que n'observant que la lettre des Préceptes de cette Sagesse, il a été comme inutile à ses desseins.

Si les Observateurs avaient ouvert les yeux sur la véritable destination de l'homme, sur l'amour inextinguible de son Principe, qui brûle de zèle et d'ardeur pour lui, sur la persuasion de tous les Peuples que ce Principe s'occupe sans cesse à les délivrer de leurs ténèbres et de leurs privations, ils auraient reconnu que les Livres des Hébreux, ainsi que toutes les autres Traditions, n'étaient que l'histoire de l'homme.

Ils auraient reconnu que ce Principe premier, dont l'homme était chargé de manifester l'image sur la Terre, lui fournissait encore ici-bas les moyens d'accomplir sa destination; que celui de tous le plus sensible était de lui montrer, dans sa propre postérité, le type de ce qu'il aurait été, s'il eût conservé les droits de son origine; qu'ainsi ce Principe premier avait pu et dû choisir parmi cette postérité criminelle, quelque Être moins coupable et plus rapproché de lui, le rendre dépositaire des *vertus* que sa Justice permettait d'accorder à la Terre, pour la ramener à son centre; donner à cet être, par une suite de la convention primitive, la promesse que s'il en faisait un usage légitime, non seulement il les conserverait pour lui et pour sa postérité, mais encore qu'il les augmenterait sans fin et jusqu'à l'immensité des nombres; que si, au contraire, lui et ses descendants venaient à les mépriser, tous ces dons leur seraient retirés, et qu'alors au lieu d'éclairer les Nations, et de les ramener à leur centre, ils deviendraient l'objet de sa Justice et l'opprobre de la Terre.

Les Observateurs auraient vu enfin que c'était répéter dans un tableau sensible et temporel cette convention première sur laquelle l'émanation de l'homme était fondée, et par laquelle il devait jouir de tous les avantages inhérents à la splendeur de sa source, s'il y demeurait attaché, comme il devait attendre tous les maux et tous les avilissements, s'il s'en séparait.

Mais, quoique la suprême Sagesse ait pu et dû faire temporellement le choix dont nous parlons; quoiqu'elle ait élu un Être juste pour lui confier le trésor de ses bienfaits, puisque nul impie ne peut y participer; si dans la suite la postérité de ce Juste vient à s'écarter de sa loi, qu'elle devienne par conséquent un réceptacle d'ignominie, et l'objet du mépris de tous les Peuples, dira-t-on pour cela que le choix de cette Sagesse ait été indigne d'elle? Et le premier choix qu'elle aurait fait, en aurait-il été moins pur, quoiqu'il fût devenu l'impureté même? Il faudrait donc dire que l'homme, émané de la Sagesse suprême, fut sans gloire et corrompu dans son origine, parce qu'aujourd'hui nous le voyons ramper dans le crime et l'opprobre.

Avouons donc que ce Peuple, malgré qu'il ait si peu secondé la main qui l'avait choisi, n'était pas moins, lors de son élection, le flambeau vivant qui devait briller dans nos ténèbres, et nous retracer des tableaux temporels dont l'homme invisible est le modèle. Enfin, reconnaissons qu'il devait être la preuve parlante du principe qui a été exposé sur la nécessité de la communication des *vertus* subdivisées de la Sagesse suprême parmi les hommes.

On ne peut nier même que dans la dispersion absolue à laquelle il est livré, il ne présente encore des indices de cette vérité. Ce Peuple choisi par la Sagesse pour être son signe sur la Terre, représentait l'état glorieux de l'homme dans la pureté de son origine, et les sublimes fonctions qui l'appelleraient à manifester cette Sagesse dans l'Univers : ce Peuple représentait même l'ordre et l'harmonie de cette Unité suprême que tous les Êtres devraient contempler sans cesse, afin de se conformer à la régularité de leur modèle ; en un mot, il était comme le fanal des Nations et le flambeau qui devait successivement les éclairer.

Lorsque le Peuple hébreu est tombé dans de coupables divisions, lorsque ces crimes l'ont entraîné dans l'oubli de ses titres, dans un culte faux et impie, et dans la rigoureuse dispersion qui en devait être la suite, sa nature première n'a point changé : quoique l'exercice de ses droits et de ses facultés lui soit retiré, son unité d'élection n'a point été anéantie : quoique les membres de ce corps se soient entièrement dispersés et subdivisés, ils conservent toujours leurs rapports fondamentaux.

Ainsi ce Peuple offre toujours l'empreinte primitive qui le constitue : il a toujours sur lui le *sceau* du Ministère auquel il fut appelé ; et il porte partout son essence indélébile, comme l'homme a conservé la sienne, malgré son crime et sa dégradation. Ainsi, lorsque la Justice laisse ce Peuple errer parmi toutes les Nations, elle leur montre toujours en lui des traits, quoique altérés, d'une origine respectable, qui attestent l'existence des *vertus* et perfections divines ; enfin elle leur représente encore les colonnes du Temple, quoiqu'elle ne les offre que renversées.

Par là elle donne donc encore aux Nations, dans des images défigurées, les indices secrets de ces *vertus* que l'amour et la sagesse ont fait pénétrer dans les demeures des hommes, pour leur montrer toujours des tableaux vivants de l'Être vrai sur lequel fut modelée leur existence; et ce Peuple étant dispersé parmi toutes les Nations de la Terre, elles ont à la fois devant les yeux, et les Agents qui devraient être les organes de la vérité, et les fléaux qui les poursuivent pour avoir osé la mépriser.

Nous ne pouvons mieux terminer ce qui concerne les Traditions des Hébreux, qu'en montrant sur quoi reposent les sublimes privilèges dont ce Peuple est dépositaire. C'est qu'il est celui qui a eu dans sa Langue le premier *Nom* positif et collectif de toutes les facultés et tous les attributs du grand Être, *Nom* qui renferme distinctement le *principe*, la *vie* et *l'action primordiale et radicale* de tout ce qui peut exister; *Nom* par lequel les astres brillent, la terre fructifie, les hommes pensent; *Nom* par lequel j'ai pu, Lecteur, écrire pour vous ces vérités, et par lequel vous pouvez les entendre.

Ce grand *Nom* a passé, il est vrai, dans toutes les autres Langues de la Terre; mais il n'a porté dans aucune l'image complète qu'il présente dans la Langue des Hébreux. Les unes n'en ont fait qu'une dénomination indicative de l'existence d'un Être supérieur, sans rien exprimer de ses *vertus*. D'autres ont conservé quelques-uns de ses traits principaux; mais ayant fait abstraction de tous les autres, elles n'ont pas peint à notre intelligence un juste tableau de notre Dieu. D'autres, enfin, telles que les Langues voisines de l'hébreu par leur antiquité, ont conservé en grande partie les lettres qui composent ce *Nom* du Dieu universel; mais en ayant altéré la forme et la prononciation; elles ont bientôt cessé d'y attacher les vastes et profondes idées dont il est le germe. L'Hébreu seul possède intact ce *Nom* suprême, tige sur laquelle sont et seront entés tous les autres *Noms* destinés au soutien de la postérité humaine. Ne soyons donc point étonné que ce Peuple nous soit présenté comme étant le fanal des Nations, et le foyer visible sur qui, depuis la chute de l'homme, ont réfléchi les premiers rayons du grand Être.

Nous croyons avoir présenté jusqu'ici un ensemble

de principes assez liés, assez conséquents, assez vrais, pour renverser toutes les doctrines de l'erreur et du néant, et nous ne doutons pas de leur en avoir substitué une plus solide, plus lumineuse et plus consolante. Si l'homme a négligé jusqu'à présent de chercher à manifester les propriétés de la source dont il descend, au moins ne peut-il plus l'accuser, ni se plaindre qu'elle ne lui en ait pas fourni les moyens.

Car, quoique l'homme, par une suite naturelle de ses écarts, ait été réduit à ne pouvoir contempler les images des facultés divines, que dans une subdivision douloureuse et pénible, elles se sont tellement multipliées pour lui, qu'elles ne laissent plus de motifs à ses plaintes.

Non seulement toutes les substances et toutes les actions de la Nature expriment chacune un trait des facultés créatrices qui les ont produites ; non seulement tous les faits de l'homme annoncent qu'il est émané d'une source pensante, qu'il en a été séparé par un crime, et que par un besoin indestructible et par la loi qui le constitue, la Sagesse et lui doivent sans cesse tendre à se réunir ; mais encore toutes les Traditions de la terre démontrent que cette source n'a cessé de se rapprocher de l'homme, malgré sa souillure ; qu'elle circule autour de lui par des canaux innombrables dans toutes les parties de son habitation corrompue, et qu'elle se montre visiblement sur tous ses pas.

Ainsi, tout ce que l'homme peut apercevoir par les yeux corporels, tous les actes qu'il peut exercer et produire selon les lois de la Région sensible, tout ce qu'il peut recevoir par la pensée, tout ce qu'il peu même apprendre par les Traditions, par les différentes doctrines de ses semblables, par le spectacle d'un culte sublime donné à la Terre, par l'état honteux et méprisable de ceux qui l'ont perdu pour l'avoir profané ; enfin, par le tableau passé et présent de tout l'Univers ; ce sont là autant de témoins irrévocables qui lui parlent le langage de son Principe et de sa Loi.

Si la sagesse forme l'homme sous la condition expresse qu'il la manifesterait dans l'Univers, ne la croyons donc plus injuste, ni impuissante, en contemplant les voies qu'elle ne cesse d'employer pour rétablir l'union qui aurait dû toujours régner entre elle et nous ; reconnaissons, en un mot, que tandis que nous manquons sans cesse à notre *convention*, la Sagesse ne s'occupe qu'à remplir la sienne.

XVII

Cherchons maintenant à nous mettre en garde contre l'abus que les hommes ont fait de ces vérités, et considérons les différentes branches de la *Science* qui dans leurs mains ont été si souvent séparées de leur *tige naturelle*.

Je remplirai d'autant plus volontiers cette tâche que les temps semblent approcher où il devient en quelque sorte nécessaire de rapeler les hommes à ces objets importants. Les traces de la barbarie se sont effacées ; on se lasse de ces études vagues et oiseuses qui leur ont succédé ; les systèmes absurdes qui s'étaient élevés trop précipitamment sur leurs ruines, s'ensevelissent dans les ténèbres, et paraissent tendre à leur fin ; et quoique ces plantes vénéneuses aient poussé en divers lieux de profondes racines, comme elles ont jeté à la fois toute leur semence, il ne leur en reste plus pour s'accroître, en sorte qu'elles doivent s'anéantir par leur propre impuissance.

Parmi les débris informes de ces colosses de l'imagination et de la corruption, nous voyons paraître une classe d'Observateurs prudents et judicieux, qui, instruits par les égarements de ceux qui les ont précédés, s'attachent à rendre leur marche plus assurée.

Un secret penchant fixe leur attention sur les vestiges des vérités éparses dans l'Univers. Leur émulation dirigée en quelque sorte par la Nature, leur fait découvrir journellement des traits de lumière, dont quelques moments plutôt, ils n'auraient pas soupçonné l'existence : en un mot, les esprits fermentent, et se purgent sensiblement des substances étrangères avec lesquelles ils se sont si longtemps confondus.

Il est donc probable que les Observateurs s'étant occupés encore quelque temps, des lois, des Êtres, des phénomènes célestes et terrestres, des rapports physiques de l'homme avec tout ce qui existe, du rapprochement des Langues, du véritable sens des Traditions, apercevront enfin l'immense contrée des connaissances de l'homme, et qu'ils jouiront alors d'un systême de science, vrai, conséquent, universel.

Observons ici que la plus importante et la principale de toutes ces découvertes, ce serait de reconnaître la *sensibilité* de la *Terre;* car il est facile de s'assurer que notre planète jouit de cette faculté, puisque nous en jouissons nous-mêmes corporellement, et que notre corps vient de la terre.

De même que les plus petites parties de notre corps communiquent en effet leur sensibilité jusqu'au Principe corporel immatériel qui nous anime, de même tous les êtres terrestres communiquent invisiblement la leur jusqu'au *Principe sensible* de la Terre. Et l'on doit juger quel est l'extrême degré de sa sensibilité, puisqu'elle réunit, et la nôtre, et celle de tous les autres êtres sensibles de notre Région, sans compter qu'elle a des rapports d'un autre genre, avec d'autres classes d'êtres qui sembleraient encore plus éloignés, et ne pouvoir correspondre avec elle que par leur *nombre* et par leurs *actions secondaires.*

Mais pour mieux comprendre l'importance de cette doctrine sur la sensibilité de notre Globe, sachons qu'il est la *base* de tous les phénomènes sensibles, comme l'homme est la *base* de tous les phénomènes intellectuels, et qu'ainsi la Terre et l'homme sont les deux points sur lesquels réfléchissent toutes les *actions* et toutes les *vertus* destinées à se manifester dans le temps.

Voilà une des sources de ces sublimes connaissances

vers lesquelles les hommes paraissent marcher sans le savoir, et qui doivent leur apprendre un jour quelle est la véritable occupation et la véritable destination de leur Être.

Mais on ne peut réfléchir sur l'homme, sans reconnaître que cette époque peut être aussi à craindre qu'à désirer pour lui.

Car dans quels temps *l'arbre de la Science* n'a-t-il pas été accablé sous le poids des *rameaux étrangers* qui s'y sont entés? Nous avons vu que l'Idolâtrie provient de ce que l'homme est descendu de l'idée pure et du culte simple de son *Principe* à des *objets inférieurs*.

Or si le temps matériel n'a commencé pour l'homme qu'avec son crime, on voit combien il lui est difficile qu'étant dans le temps matériel, il ne soit dans l'Idolâtrie.

En effet, qu'est devenu ce *culte simple* auquel l'homme était appelé par sa nature, et dont il a aperçu si peu de vestiges autour de lui depuis sa dégradation? Ce *Culte* que des Êtres purs et indépendants des entraves qui nous resserrent offrent à l'Éternel selon leurs *vertus* et leur *nombre?* Trop sublime pour la Terre, il se dérobe à nos yeux, et ne nous permet plus de le contempler.

L'oubli de ce culte ayant été le premier pas que fit l'homme en s'éloignant de son Principe, sa seule ressource fut dans ces *Agents* purs, jadis ses *Ministres*, maintenant ses *Maîtres*; ces Agents liés au temps comme lui, mais non pas renfermés comme lui dans les entraves d'un corps grossier et corruptible; enfin, ces Agents sur lesquels Dieu *écrit* sans cesse aujourd'hui, comme il *écrivait* autrefois sur l'homme, et qui à leur tour *écrivent* sur toutes les parties de l'Univers, afin que l'homme soit partout à portée de s'instruire.

Nous pourrions dire, en quelque sorte, que nous vivons habituellement dans les lois de cette *seconde classe,* puisque nous recevons des pensées journalières qui ne peuvent nous venir que de ceux qui la composent et qui l'habitent. Cependant, comme nous sommes presque toujours *passifs* dans ces *communications*, et qu'un *culte* quelconque annonce de *l'activité*, on doit présumer que cette seconde classe présente à nos études des *objets* plus *physiques*, plus *pressants*, plus *positifs*, et que dès lors elle exige des *soins* plus vigilants et mieux *dirigés* que ceux qui occupent la plupart des hommes.

Cette classe, sans être aussi parfaite que la première, est le plus haut terme où l'homme puisse sagement porter ses vues pendant l'instant rapide qu'il passe sur la terre; elle ne demande aucunes matières, aucuns intruments, aucuns organes étrangers à ceux dont l'homme est pourvu par sa nature; l'homme dès sa naissance en apporte avec lui tous les *matériaux* et toutes les *bases*; sans cela jamais cet édifice ne se pourrait élever.

Cette classe connaît néanmoins des *temps* et des *suspensions* dans les actions qui lui sont permises, attendu que telle est la loi de tous les Agents renfermés dans le temps; et s'il est des Maîtres qui enseignent le contraire, ils sont ou ignorants ou imposteurs.

Mais plus cette classe est sublime, plus il est difficile à l'homme de s'y maintenir; il faut pour l'atteindre, que tout ce qu'il y a de prestiges en lui, disparaisse et s'anéantisse, pour ne laisser briller que son essence pure et réelle. Tout en conservant cette intégrité indestructible de son Être, les illusions qui le remplissent, doivent faire place à des substances solides et vraies; comme ces tendres végétaux qui dans la terre perdent leur mollesse, et reçoivent dans leurs canaux une matière durable, qui, sans changer leur forme, leur donne une consistance à toute épreuve; enfin, l'homme joignant la *vie* d'un *autre Être* à la sienne propre, doit se renouveler perpétuellement sans cesser d'être lui-même, et la *vie* de cet autre Être est celle de l'Infini.

Ne soyons donc pas surpris si cette classe a paru si élevée à ceux qui l'ont connue, que depuis la chute de l'homme, plusieurs d'entre'eux ont borné là leurs adorations, et que ç'ait été la première source de l'Idolâtrie temporelle.

Il y a une *classe inférieure* à celle-ci; quoiqu'elle ne soit qu'au troisième rang, elle est la plus conforme à l'état infirme et dégradé de l'homme; elle est mixte comme lui, elle renferme comme lui deux *bases* considérables.

La première de ces bases a pour objet les connaissances analogues à la véritable nature de l'homme; la seconde n'embrasse que la nature sensible; toutes deux sont pures, respectables, pleines de merveilles pour qui sait en suivre les rapports, et n'y apporte qu'une intention simple, tranquille, humble, et disposée plutôt à contempler, à admirer ces beaux spectacles, qu'à régner sur eux, et à se glorifier d'y avoir place.

Toutes deux sont les dépots de ces emblèmes hiéroglyphiques qui ont servi de germe aux symboles de la Fable; toutes deux ont été connues par plusieurs Sages anciens et modernes; toutes deux sont la source des différents Cultes qui s'exercent visiblement sur la Terre, parce qu'il n'en est aucun qui n'en ait au moins des vestiges; et quand ces traces seraient encore plus altérées, les désirs purs et constants de l'homme qui les parcourt dans la simplicité de son cœur, peuvent leur faire recouvrer leur efficacité primitive.

Si la première de ces bases doit servir de modèle à la seconde, la seconde doit soutenir la première, pour satisfaire à toutes les lois de notre Être, et pour mettre un équilibre parfait dans toutes les facultés qui nous composent : car si l'homme aspirant à la *science intellectuelle* néglige les *ressources* que la Nature lui présente, il court risque de ne faire que passer de l'ignorance à la folie.

En effet, si la Nature élémentaire nous est nuisible, c'est lorsque nous nous laissons asservir par elle, et non lorsque nous en pénétrons les *vertus*. En un mot, ignorer la Nature, c'est ramper devant elle, c'est se subordonner à elle, et rester livré à son cours ténébreux; la connaître, c'est la vaincre, et s'élever au dessus d'elle; et ceux qui s'occupent des *objets vrais*, reconnaissent si bien son utilité, que quand ils sont fatigués par une trop grande abondance *des fruits de leurs études*, il leur suffit quelquefois de fixer un objet physique pour se soulager.

D'ailleurs, si nous nous trouvons placés au milieu de ces objets physiques, c'est une preuve que l'Être suprême veut que nous commencions à le connaître de cette manière; s'il nous a mis ce livre devant les yeux, c'est pour que nous le lisions préalablement aux *livres* que nous ne voyons point encore. Enfin, c'est un des plus grands secrets que l'homme puisse connaître, que de ne pas aller à Dieu tout de suite, mais de s'occuper longtemps du chemin qui y mène.

Gardons-nous néanmoins de jamais séparer cette base inférieur, du *mobile intellectuel* qui doit la vivifier, et qui en est le vrai but. C'est-à-dire, tâchons de ne point contempler ces objets physiques, sans prendre pour guides le *flambeau de l'intelligence*; car elle est le Dieu de la Nature. Sans cette lumière nous ne verrons en eux qu'une apparence confuse, et nous ne pénétrerons jamais dans la sagesse de l'ordre et de l'harmonie qui les constituent, de même que nous n'approcherons jamais du Dieu supérieur à l'intelligence, si nous ne commençons par *diviniser* notre cœur, attendu que rien ne s'opère que par analogie.

Gardons-nous de perdre de vue ce but supérieur et de nous borner exclusivement aux connaissances sensibles et élémentaires; c'est le danger dans lequel sont tombés les hommes de presque tous les temps; c'est celui où tomba Ismaël, et ensuite Esaü, qui perdit par là son droit d'aînesse. Et voilà pourquoi les Arabes qui viennent d'Ismaël, et qui ont été des sources si fécondes des Sciences naturelles, qu'ils passent en ce genre pour être les Instituteurs de toutes les Nations, sont demeurés néanmoins au-dessous de la véritable destination de l'homme.

C'est en s'éloignant encore plus de cette classe, que les Mahométans ont réduit la Religion des Arabes à de simples observances corporelles sans intelligence et sans lumière; que chez eux, la liberté des sens est pour ainsi dire sans frein: et peut-être n'est-ce pas sans des raisons relatives à cet objet, que Mahomet se disait inspiré par l'Ange de la Lune.

Ainsi, pour obtenir un ensemble complet de connaissances et de *vertus*, il est clair que les *deux bases* intellectuelle et élémentaire doivent se prêter mutuellement des secours.

De la division de ces deux bases, opérée par les Arabes, aussi bien que par les premiers hommes, est résulté une source immense d'abus et d'erreurs, qui forment une quatrième classe. Les hommes de cette classe, entraînés vers les substances naturelles, ont rétréci leur vue à force de les fixer seules.

Ils n'ont eu pour but que l'Être inférieur de l'homme; et s'ils se sont occupés quelquefois de son Être supérieur, c'est pour ne lui présenter que des objets qui ne sont pas dignes de lui.

De là sont nées dans tous les temps, ces Sciences fondées sur des formules et sur des secrets; ces Sciences dont tout le succès, selon ceux qui les enseignent, dépend exclusivement d'une matière morte, d'amulettes, de pentacles, de talismans; ou de l'observation des objets sensibles, du vol des oiseaux, de l'aspect de certains astres, des linéaments et de la structure du corps humain; ce qui est compris sous les noms de Géomancie, Chiromancie, Magie, Astrologie, toutes Sciences dans lesquelles le *Principe* étant subordonné aux *causes secondes*, laisse l'homme dans l'ignorance de la *vraie Cause*. Or de l'ignorance à l'erreur et à l'iniquité, il n'y a qu'un pas, comme un terrain inculte, couvert de ronces, devient bientôt un repaire de serpents. C'est par là que des Maîtres aveugles et imposteurs, abusant de la foi des Peuples dont ils flattent les passions et les vices, détournent journellement les hommes de leur destination originelle, et du véritable objet de leur confiance.

Je ne parle point de ceux qui jouissant parmi les hommes de la réputation la plus célèbre sont encore au-dessous de ceux que je viens de peindre ; non seulement ils ont éloigné comme eux, le mobile invisible qui préside à toutes les lois des Êtres ; non seulement ils sont devenus aveugles sur la destination et le Principe des choses naturelles, mais ils ont même perdu la connaissance des propriétés des moindres substances ; ils n'ont observé que les effets extérieurs des corps, sans s'occuper des vrais rapports de ces Êtres avec l'homme.

Cependant l'intelligence de l'homme ne pouvant pas toujours sommeiller, ils ont cherché au moins les lois et les rapports que ces Êtres pouvaient avoir entre eux ; mais ayant séparé ces Êtres de leur Principe, ils se sont vus forcés de les expliquer par eux-mêmes ; et de là sont résultés ces doctrines matérielles et incohérentes de la production des astres, par des divisions d'une même masse de matière en incandescence ; ces comparaisons si rabaissées de la naissance de ces grands et vivants mobiles, avec les fusions passives et mortes de nos substances terrestres ; systèmes qui coûtent à leurs Auteurs infiniment plus d'efforts qu'il ne leur en aurait fallu pour s'élever d'abord à un Principe actif ordonnateur de tous les Êtres, qui infuse en chacun d'eux une mesure de *force*, de *vertus* et de *vie* analogue à ses desseins ; parce qu'il n'y a que le faux et l'erreur qui tiennent l'homme en travail, et qu'il est dans une action paisible et naturelle quand il est dans la vérité. Mais je l'ai dit, je ne dois pas parler de cette ordre de savants ; ils sont nuls relativement à la science et aux objets dont nous traitons.

Enfin, il existe une *cinquième classe* de Sciences, c'est celle de l'abomination même ; elle a des *moyens*, des *emblèmes intellectuels* et *sensibles* comme les classes précédentes ; elle connaît le *nombre* et les *propriétés* de la *fumée* ; elle a un *culte*, il faut même une certaine pureté pour l'opérer ; enfin, il y a une Nation sur la Terre qui vend aux autres Peuples une partie des *ingrédients* nécessaires à ce culte ; mais les *résultats* en sont horribles; les *signes* en sont communément tracés sur ceux qui la professent et qui l'exercent, afin que les hommes aient devant eux les exemples parlants de la Justice. Car l'*objet* de cette Science étant *faux* et corrompu, elle conduit les hommes par des sentiers inverses de ceux de la vérité. Mais aussi cette vérité étant partout, les monstres dont nous parlons ne peuvent faire un pas sans la rencontrer, et ne se présentant point à elle par les *sentiers naturels*, ils ne l'approchent que pour en être repoussés; ils ne la connaissent que pour éprouver ses rigueurs; et non pour jouir de la paix qui lui est propre.

A ces différentes classes de Sciences, il faut joindre les nuances intermédiaires : on ne doit pas oublier que chacune de ces classes peut mener à des termes indéfinis, soit dans le nombre des branches qu'elle renferme, soit dans l'étendue de ces branches; qu'elle peut s'allier aux autres classes en tout ou en partie, avec les plus voisines comme avec les plus éloignées, et former des amalgames où la pensée de l'homme a de la peine à se reconnaître.

Car depuis les sables de la mer jusqu'aux régions les plus élevées des Êtres, l'homme peut asseoir partout des *signes* multipliés et variés de ses *titres primordiaux*; il peut, comme il le prouve tous les jours par ses Arts, par ses goûts, par ses passions, mettre son âme dans ses yeux, dans ses oreilles, dans ses mains, dans ses pieds, dans son palais, dans sa tête, dans son cœur, dans ses organes impurs; et toutes ces choses liées corporellement avec lui-même, ne sont que l'image des objets distincts de lui, avec lesquels il peut s'identifier.

D'après cela, il ne faut point être étonné du mélange qu'on aperçoit parmi les doctrines de la Terre, et d'y voir ces différentes combinaisons, du divin, du spirituel du naturel, du matériel et de l'impur; parce que toutes les classes sont ouvertes à l'homme, et que quand il ne règle pas sa marche par un *guide infaillible*, il laisse entrer dans son *œuvre* des traces de sa corruption et de son ignorance; enfin, il est constant que l'homme, par sa nature, peut agir dans Dieu, avec Dieu, par Dieu, sans Dieu et contre Dieu.

Il n'est pas difficile de voir pour laquelle de toutes ces Sciences, il serait de notre intérêt de nous décider. Mais vu le mélange auquel elles sont exposées en passant par la main des hommes, il se pourrait que sous des dehors spécieux on nous conduisît à l'erreur ; défendons-nous donc des Maîtres qui n'appuieront leur Science que sur une base matérielle, sur des formules, sur des recettes scientifiques, toujours concentrées dans les causes secondes ; car, je le répète, de ces causes secondes aux causes corrompues, il n'y a presque aucun intervalle. Et c'est beaucoup, si ceux qui s'attachent exclusivement à de semblables moyens et qui les enseignent, ne méritent que notre compassion.

Ceux qui annoncent une Science plus relevée, et des *moyens supérieurs*, demandent encore plus notre vigilance et nos réflexions, parce que leur marche étant moins connue, il doit leur être plus facile de nous tromper. Il y a donc deux manières de les juger ; par leurs instructions et par leurs *faits* : je mets les faits au dernier rang pour ceux qui n'en sont que les témoins, quoiqu'ils soient très utiles pour ceux qui ont le bonheur d'en être les instruments ; mais comme cette carrière est aussi celle de l'illusion, de l'astuce et de la mauvaise foi, le premier devoir de la prudence est d'observer avec soin tout ce qui s'annonce, et tout ce qui s'emploie, afin de ne pas prendre pour l'effet des causes supérieures ce qui pourrait n'être que celui des causes naturelles et subordonnées. Il y a aussi une mesure à garder dans ces sortes d'observations, c'est de ne pas s'aveugler au point de vouloir expliquer tout par le seul mécanisme des causes secondes ; ce qui est arrivé à quelques Commentateurs des Livres hébreux, qui en parlant de la Loi, donnée sur le Mont Sinaï, ont représenté comme de simples météores, l'éclat, les feux, les sons imposants qui accompagnèrent cet événement.

L'instruction est donc la pierre de touche la plus sûre pour juger de la Science qu'un Maître annonce ; pour connaître le but qui l'anime, et la marche qu'il a donnée à ses facultés.

Cette instruction, nous osons le dire, est celle qui a été présentée dans cet Ouvrage ; instruction fondée sur la nature de l'homme, sur ses rapports avec son Principe, et avec les Êtres qui l'environnent.

C'est cette instruction qui lui apprend combien il est supérieur à la nature élémentaire, puisque celle-ci n'étant qu'une *unité composée*, ou une fraction de la grande unité ; suit nécessairement la loi des *fractions numériques* qui est de décroître dans leur exaltation, ou d'être toujours plus nombreuses dans leur racine que dans leurs puissances ; qu'ainsi plus l'univers matériel avance en âge, plus il se rapproche du néant, puisqu'il s'élève à ses puissances.

C'est cette instruction qui présente l'Être intellectuel de l'homme comme un *entier*, puisqu'il tient à la racine intellectuelle et divine dont toutes les puissances sont des entiers ; qui annonce, par conséquent, que selon la loi des *entiers*, il doit s'agrandir et s'étendre à mesure qu'il s'élève à ses puissances, puisque le privilège des *entiers*, est de manifester de plus en plus leur grandeur et l'indestructibilité de leur être.

C'est cette instruction qui montrant le *nombre* de l'homme comme étant plus vaste à mesure qu'il s'élève à ses puissances, nous fait comprendre qu'il doit y avoir un terme où l'action temporelle de ce *nombre* étant complète, il ne puisse plus agir que dans l'infini, et par conséquent hors des bornes matérielles, particulières et générales. Et en effet, voici le tableau du cours progressif de l'homme intellectuel ; dans l'enfance il ne pense point, à cause de son corps ; dans la jeunesse il pense par le corps ; dans l'âge mûr il pense avec le corps ; dans la vieillesse il pense malgré le corps ; après la mort il pense sans le corps.

C'est cette instruction qu'on ne peut pas taxer de vouloir dominer sur la croyance des hommes ; puisqu'elle les engage, au contraire, à ne pas faire un pas sans examen : c'est cette doctrine, qui montrant dans l'homme les vestiges et les ruines d'un magnifique Temple, lui présente toutes les *actions* de la Sagesse et de la Vérité, comme tendant sans cesse à le relever sur ses fondements ; qui lui apprend que les voies tracées par les hommes éclairés, ou les Élus généraux, lui sont nécessaires dans le moyen âge de sa réhabilitation : mais que les vraies lumières qui conviennent à chacun en particulier, arrivent par un canal plus naturel encore, et à couvert de toute illusion, quand l'homme a fait longtemps une abnégation absolue de lui-même, qu'il ne s'est point rempli de sa propre suffisance, qu'il n'a point été sage à ses propres yeux, et que comme la fille de Jephté, il a pleuré sincèrement sa virginité.

C'est cette instruction qui lui démontre que le crime de l'homme a fait subdiviser relativement à lui toutes les *vertus*, dont il pouvait autrefois contempler d'un coup d'œil le vaste ensemble ; mais que la nature des Êtres étant indélébile, dès que l'homme est l'expression caractéristique du Principe suprême, il faut éternellement que cette loi opère.

C'est cette instruction qui le porte à reconnaître que la multitude de faits, d'actions, d'*Agents*, de *vertus* répandues dans l'Univers, suivant les Traditions de tous les Peuples, ne sont que l'exécution même de cette loi coéternelle et indestructible, qui ayant constitué l'homme, l'accompagne, et l'accompagnera à jamais dans tous les instants de son existence.

Enfin, c'est cette instruction qui lui fait considérer tous les faits de la nature, comme l'expression de sa véritable science, et de la sublimité de ses fonctions primitives, ainsi qu'on peut le voir dans l'arc-en-ciel ; phénomène qui est formé par la réflexion des rayons solaires, comme les *vertus* intellectuelles sont des *reflets* de l'*Action* du Dieu suprême : qui ne paraissant que lorsqu'il y a des nuages, semble poser la borne entre leur ténébreux cahos, et le séjour de la lumière : qui porte un nombre régulier dans ses couleurs : qui se présente sous la forme d'une circonférence tellement subordonnée à l'homme, que celui-ci en occupe toujours le centre, et s'en fait suivre à tous les pas ; qui offre par là à ses yeux un tableau immense, où il peut voir quels étaient ses premiers rapports avec l'unité, avec les Agents soumis dont il disposait à son gré, et avec le séjour du désordre et de la confusion dont ces Ministres fidèles le tenaient soigneusement séparé : qui en un mot, présente un tableau si fécond, que la Sagesse ne pouvait pas choisir un plus bel emblème, quand elle voulut, lors du Déluge, annoncer ces *vertus* supérieures et universelles dont elle a fait de tout temps les organes et les signes de son alliance avec l'homme.

Ceux qui, avec une doctrine aussi sublime, se présenteraient pour nous guider dans la carrière de la vérité, pourraient mériter notre confiance : car s'il arrivait que leur marche ne fût pas conforme à leurs principes, ces principes seuls nous auraient assez ouvert l'intelligence pour que nous sentissions le faux de leur marche, et que la pureté de nos désirs rendit leurs efforts impuissants.

Ils mériteraient d'autant plus cette confiance, s'ils nous apprenait à discerner la science d'avec la sagesse qui est le complément et le but de toute science.

Il ne faut pas croire, en effet, que cette sagesse soit à notre seule disposition et dépendre absolument de nous, comme l'habitude des exercices corporels auxquels nous pouvons nous former à force de répétitions, et être comme assurés de réussir.

Nous avons en nous, il est vrai, plusieurs facultés intellectuelles et spirituelles qui peuvent se perfectionner par notre travail ; telles sont les *vertus secondaires*, et même la science ; mais quant à la sagesse, ce n'est point à force ouverte que nous y parviendrons ; c'est la Cour des Rois où il faut marcher avec humilité, soumission, prévenance, attention constante à captiver leur bienveillance, où, à quelque instant qu'ils nous prennent, il faut toujours qu'ils nous trouvent prêts à leur plaire, et à nous sacrifier pour eux. C'est autant par la patience que par l'autorité et par la violence, qu'il faut écarter les rivaux qui nous traversent. La douceur et l'amour, voilà les routes qui mènent à la félicité ; encore, malgré tous ces soins, le *Prince* peut-être ne jugera-t-il pas à propos de nous honorer d'un regard.

Jugeons maintenant si la sagesse est une chose précieuse, et s'il est rien à quoi elle puisse se comparer. L'homme devrait la demander sans cesse, mais avec des paroles de feu qui exprimassent combien il la désire ; son visage devrait porter d'avance la joie dont ce trésor peut le remplir ; c'est une soif ardente, c'est un besoin voluptueux, c'est tout son Être intérieur qui doit parler.

Nous pourrions écouter nos Maîtres, s'ils nous peignaient les imprudences auxquelles l'esprit de l'homme est exposé dans sa marche, par ses jugements trop précipités ; s'ils nous disaient qu'à quelque degré de connaissance, de sagesse et de *vertus* que nous puissions être, il nous reste toujours plus à acquérir que nous ne possédons ; que les plantes qui poursuivent dans une paisible persévérance le cours de leur action devraient nous servir de modèles ; que tous les moments que l'homme emploie à se contempler sont pris sur ceux destinés à sa *croissance* ; que non seulement il ne faudrait pas compter pour quelque chose les jouissances les plus vastes auxquelles nous pouvons tendre comme hommes, mais qu'il faudrait regarder bien moins encore les jouissances et les faveurs particulières, comme le complément de l'œuvre ; ni une science isolée comme l'universalité des merveilles renfermées dans l'alliance de l'homme avec son Principe car cette fausse manière de voir serait le premier obstacle à nos progrès ; et si nous venions à l'insinuer à d'autres, nous pourrions être assurés que nous les trompons, et que nous nous trompons nous-mêmes.

Nous pourrions écouter attentivement ces Maîtres, si après nous avoir instruits par ces principes, ils nous engageaient à examiner s'il n'y a pas un complément à ce grand œuvre ; et ici nous allons voir naître un nouvel ordre de choses.

Que seraient les connaissances de l'homme, que serait cet Être fait pour posséder l'unité des sciences et des vérités, s'il n'avait pu espérer de connaître qu'une subdivision des *vertus* divines? Sa nature l'appelant à contempler la réunion de ces mêmes *vertus*; et à être leur signe vivant, comment aurait-il jamais recouvré des priviléges aussi sublimes, s'il n'eût vu que des rayons épars de cette unité?

En effet, que sont ces Héros, ces demi-Dieux, ces Agents célèbres, dont les Traditions historiques et fabuleuses nous présentent sans cesse la correspondance avec la Terre? Ils n'ont été chacun dépositaires que de quelques *vertus* particulières de l'unité. L'un en a manifesté la force par la *grandeur* de ses entreprises, et par ses immenses travaux. L'autre en a manifesté la *justice* par la punition des *malfaiteurs* et par l'asservissement des *rebelles*. D'autres, enfin, en ont manifesté la bonté, la bienfaisance, par les Sciences et les secours qu'ils ont apportés aux *malheureux*, et par les douceurs qu'ils ont fait goûter aux hommes de paix. Et même on peut dire de ces Agents, sans excepter ceux dont il est parlé dans les Traditions des Hébreux, qu'ils ne montraient à l'homme que des *vertus isolées*, temporelles et passagères, et que par conséquent ils ne lui donnaient point une idée parfaite de son Etre, ni des droits qui sont attachés à sa nature.

Il lui manquait encore le complément de cette connaissance pour concevoir le sens de tous ces emblèmes grossiers qui avaient bien représenté la loi de l'homme : mais qui ne l'avaient représentée que matériellement au lieu qu'elle devait l'être par la *vertu* de l'homme, et par des faits qui émanassent de lui-même.

Il fallait donc qu'une ACTION PUISSANTE démontrât la réelle et féconde existence de l'homme, en lui facilitant l'intelligence de son Etre, et en l'élevant à un état de supériorité, auquel il ne cessait de tendre, depuis sa chute par une loi irrésistible de son essence; il fallait, dis-je une troisième époque; il fallait un type total, qui lui offrît une loi plus simple et plus *une* que toutes celles qui avaient précédé; une loi plus analogue à la vraie nature de l'homme, dont nous ne cesserons de défendre la grandeur et la sublimité.

Enfin, il fallait que la Sagesse fît *ouvrir* pour la postérité humaine, une *porte* de plus que celles qui sont contenues dans le *carré* de la *puissance* de l'homme; c'est-à-dire, que cette Sagesse devait faire *ouvrir* une cinquantième porte, pour abolir le *nombre de servitude* opéré par la double puissance du mal, afin que l'homme, après s'en être délivré lui-même, pût encore en délivrer son enceinte; « et tel était l'esprit de cette loi hébraïque, qui au bout de cinquante ans rendait la liberté aux esclaves; et faisait rentrer les biens aliénés dans les mains de leurs premiers Maîtres ».

Par cette *vertu* nouvelle, non seulement l'homme devait voir disparaître en lui les lois de l'instinct et des affections des brutes, mais encore y substituer les droits et les affections de l'intelligence. Non seulement il devait reconnaître tous les pouvoirs de l'ordre et de la justice; mais encore apprendre à s'élever au-dessus de la justice même, en se conduisant par une loi bien différente de celle qui n'avait été écrite que pour les esclaves et les malfaiteurs: en un mot, il devait apprendre à juger de la véritable destination de son Etre, qui n'était pas fait pour être resserré dans des entraves, mais pour faire le bien, comme Dieu, par nature, par amour, et sans être mu par l'appareil des punitions et des récompenses.

Pendant la première époque de son expiation, l'homme comme l'enfant dans les liens ténébreux de la matière, éprouvait sans doute les bienfaits de la Sagesse. Mais, recevant ces bienfaits, comme l'enfant, sans les apercevoir ni reconnaître la main qui les répandait sur lui il n'était que passif, et son Etre réel et intelligent ne goûtait pas encore sa vraie nourriture, qui consiste dans l'activité et la vie.

Dans la seconde époque, ses facultés plus développées le mettaient à portée de profiter des dons qui lui sont prodigués. C'était alors que des Agents vertueux et éclairés, placés près de lui, l'assujettissaient à des sacrifices, pour lui faire comprendre l'état de violence et de sujétion où toute la Nature se trouvait par rapport à lui; puisque tout donnait sa vie pour lui.

Par là, ces Agents l'instruisaient sur la destination des différentes parties de l'Univers. Ils lui apprenaient qu'il n'y avait pas un seul Etre dans la création universelle, qui ne fût l'image d'une des *vertus* divines ; que la Sagesse avait multiplié ces images autour de l'homme, afin que, quand il les lui présenterait elle fît à leur aspect sortir d'elle-même une nouvelle onction ; qu'ainsi elle transmit jusqu'à l'homme tous les secours dont il a besoin ; et que le modèle s'unissant à la copie, l'homme pût les posséder l'un et l'autre.

C'était lui peindre, en effet, sa destinée sous des couleurs vives, que de lui représenter l'Univers comme un grand Temple, dont les astres sont les flambeaux, dont la terre est l'autel, dont tous les Êtres corporels sont les holocaustes, et dont l'homme est le Sacrificateur. Par là il pouvait recouvrer des idées profondes sur la grandeur de son premier état, qui ne l'appelait à rien moins qu'à être le PRÊTRE DE L'ETERNEL dans l'Univers.

Mais, malgré cette brillante lumière, que les Élus de la seconde époque vinrent communiquer à l'homme, en lui annonçant qu'il était le Prêtre de l'Eternel, il n'avait point encore l'explication de ce titre sublime.

Le tableau des rapports que ces Élus lui présentaient quelque magnifique qu'il fût, ne lui offrait que des objets inférieurs à sa propre nature ; il n'y voyait que des puissances éparses et divisées ; que des holocaustes corruptibles : il n'y voyait ni les indices d'une offrande impérissable, ni l'unité des agents qui devaient y concourir; afin que par eux il pût jouir de la plénitude de ses droits.

Il était donc réservé à une troisième époque ; de lui faire acquérir la connaissance plus parfaite de la vérité, et de lui apprendre que, si de simples images temporelles, ont pu lui faire découvrir quelques-unes des *vertus* supérieures, il ne doit mettre aucune borne à ses espérances, en présentant à la *vérité* une image émanée d'elle-même, qui par les secours qu'elle envoie à l'homme, l'anime de la même unité, et l'assure de la même immortalité.

C'est donc là où l'homme découvrant la science de sa

propre grandeur, apprend qu'en s'appuyant sur une base universelle, son Être intellectuel devient le véritable Temple ; que les flambeaux qui le doivent éclairer sont les lumières de la pensée qui l'environnent et le suivent par tout ; que le Sacrificateur, c'est sa confiance dans l'existence nécessaire du Principe de l'ordre et de la vie ; c'est cette persuasion brûlante et féconde devant qui la mort et les ténèbres disparaissent ; que les parfums et les offrandes, c'est sa *prière*, c'est son désir et son zèle pour le règne de l'exclusive unité ; que l'autel, c'est cette convention éternelle, fondée sur sa propre émanation, et à laquelle Dieu et l'homme viennent se rendre, comme de concert, pour renouveler l'alliance de leur amour, et pour y trouver, l'un sa gloire, et l'autre son bonheur ; en un mot, que le feu destiné à la consommation des holocaustes, ce feu sacré qui ne devait jamais s'éteindre, c'est celui de cette étincelle divine qui anime l'homme et qui, s'il eût été fidèle à sa loi primitive, l'aurait rendu à jamais comme une lampe brillante et secourable, placée dans le sentier du Trône de l'Eternel, afin d'éclairer les pas de ceux qui s'en étaient éloignés ; parce qu'enfin l'homme ne doit plus douter qu'il n'avait reçu l'existence que pour être le témoignage vivant de la lumière et le signe de la Divinité.

XVIII

Pour mieux nous convaincre combien il était nécessaire qu'une *Unité* de *vertus* vînt achever devant les hommes le tableau de leur Etre, qui n'avait été que légèrement tracé par les manifestations particulières, je vais dire quelque chose des *Nombres* : mais auparavant je dois prévenir que cette carrière est si vaste, que jamais l'homme, ni aucun Etre que Dieu lui-même ne pourra en connaître toute l'étendue. De plus elle est si respectable que je ne puis en parler qu'avec réserve, soit parce qu'il est impossible de le faire clairement et à découvert en langage vulgaire, soit parce qu'elle renferme des choses auxquelles on ne doit pas prétendre sans préparation.

Cependant je ferai mes efforts pour que l'homme de désir me comprenne autant qu'il lui sera nécessaire, et je ne négligerai rien pour concilier son instruction avec la prudence.

Mais, s'il arrivait qu'il ne me comprît pas, je le prie pour son propre intérêt, de ne pas consulter sur ce que je lui confie, les Savants en titre et en crédit dans l'opinion humaine; car ils ont desséché la *Science* et ne s'en sont point susbtantés; ils n'en ont que le squelette décharné, et les *sucs* les plus nourrissants se sont évaporés devant eux, sans qu'ils aient eu la sagesse de les saisir.

La *Science* est libre; ils ont prétendu lui fixer des lois, et interdire au genre humain l'espoir de la découvrir ailleurs que dans leurs décisions; mais elle a fui devant eux, et ils marchent dans un vide obscur. Elle est incompressible comme l'eau; ils ont voulu la comprimer: elle a brisé les entraves qu'ils lui avaient données, et ils sont restés dans l'aridité.

Que le Lecteur n'aille donc pas à eux pour lever ses doutes; ils ne feraient que les augmenter, ou y substituer des mensonges. Si quelque chose l'embarrasse dans ce qu'il va lire, qu'il se replie sur lui-même; qu'il essaie par une *activité intérieure* de se rendre *simple* et *naturel*, qu'il ne s'irrite point si le *succès* se fait attendre; les *suspensions* qu'il éprouvera sont souvent les voies mêmes qui le préparent secrètement, et qui doivent l'y conduire.

Les *nombres* sont les enveloppes invisibles des Êtres, comme les corps en sont les enveloppes sensibles.

On ne peut douter qu'il n'y ait pour tous les Êtres une enveloppe invisible, parce qu'ils ont tous un *Principe* et une *forme*, et que ce Principe et cette forme étant aux deux extrêmes, sont à une trop grande distance l'un de l'autre pour pouvoir s'unir et se correspondre sans intermède ; or c'est l'enveloppe invisible, ou le nombre qui en tient lieu. C'est ainsi que dans les corps, la terre est l'enveloppe visible du feu, que l'eau est celle de la terre, et l'air celle de l'eau, quoique cet ordre soit fort différent dans les éléments non corporisés.

On n'ignore pas que les lois et les propriétés des Êtres sont écrites sur leurs enveloppes sensibles, puisque toutes les apparences par lesquelles ils se communiquent à nos sens, ne sont autre chose que l'expression et l'action même de ces lois et de ces propriétés.

On en peut dire autant de leurs enveloppes invisibles ; elles doivent contenir et porter sur elles les lois et les propriétés invisibles des Êtres, comme leurs enveloppes sensibles indiquent leurs propriétés sensibles. Si elles y sont écrites, l'intelligence de l'homme doit donc pouvoir les y lire, comme ses sens lisent ou éprouvent les effets des propriétés sensibles tracées sur les corps ; et agissant par l'enveloppe sensible des Êtres : voilà ce que la connaissance des nombres peut promettre à celui qui ne les prenant pas pour de simples expressions arithmétiques, sait les contempler selon leur ordre naturel, et ne voir en eux que des *principes* coéternels à la *vérité*.

Il faut savoir en outre que les Êtres étant infinis, et que les propriétés de ces Êtres étant de plusieurs genres, il y a aussi une infinité de nombres.

Ainsi il y a des nombres pour la constitution fondamentale des Êtres ; il y en a pour leur action, pour leur cours, de même que pour leur commencement et pour leur fin, quand ils sont sujets à l'un et à l'autre ; il y en a même pour les différents degrés de la progression qui leur est fixée.

Et ce sont là comme autant de bornes où les *rayons divins* s'arrêtent, et où ils réfléchissent vers leur *Principe*, non seulement pour lui présenter ses propres images, non seulement pour lui offrir les glorieux témoignages de son exclusive supériorité et de son infinité, mais encore pour y puiser la *vie*, la *mesure*, le *poids*, la sanction de leurs rapports avec lui; toutes choses que nous avons vues ne pouvoir exister que dans le premier Principe des Êtres.

Il y a aussi des nombres mixtes pour exprimer les différentes unions et compositions d'Êtres, d'actions, de *vertus*; il y a des nombres centraux, des nombres médians, des nombres circulaires, et des nombres de circonférence; enfin, il y a des *nombres impurs*, faux et corrompus. Et répétons-le; toutes ces choses ne font qu'indiquer les différents aspects sous lesquels on peut considérer les Êtres, et les différentes propriétés, lois et actions, soit visibles, soit invisibles, dont nous ne pouvons douter qu'ils ne soient susceptibles : et peut-être la vraie cause pour laquelle les nombres ont paru si chimériques à la plupart des hommes, c'est cet usage où sont les Calculateurs de faire dériver du zéro tous les nombres; c'est-à-dire, de commencer dans leurs divisions géométriques, en comptant par zéro, avant de nombrer la première unité. Ils n'ont pas vu que cette unité visible et conventionnelle qui devient la première base de leurs mesures, n'est que la représentation de l'unité invisible, placée avant le premier degré de toutes ces mesures, puisqu'elle les engendre toutes, et que s'ils étaient forcés de la représenter par un zéro, ce n'était que pour nous peindre son inaccessible *valeur*, et non pas pour la regarder comme un néant, lorsqu'elle est la source de toutes les bases sur lesquelles l'homme peut opérer.

On voit ici qu'autant les nombres sont infinis, autant l'idée qu'on en doit prendre est simple et naturelle.

Elle se simplifiera bien encore quand on remarquera que cette immense multitude de nombres, qui se subdivisent et s'étendent à l'infini, remontent par une marche directe jusqu'à dix nombres simples, lesquels rentrent dans quatre autres nombres, et ceux-ci dans l'unité d'où tout est sorti.

Voilà pourquoi existant au milieu de tous les objets

de la Nature, nous n'avons cependant que dix doigts, que quatre membres, et un seul corps, pour palper ces objets, pour en approcher, pour en disposer ; « car les doigts de nos pieds n'ont d'autre objet, que de nous donner la souplesse, l'élasticité, et la vitesse dans notre marche, ainsi que la solidité et la force quand nous sommes debout et de pied ferme ; et si à force d'habitude on a vu des hommes se servir avec succès des doigts de leurs pieds, l'exercice forcé qu'ils ont fait pour en venir là, et les tentatives inutiles de tant d'autres, prouvent assez que ces doigts ne nous ont pas été donnés par la Nature pour une semblable destination ; car s'ils portent le nombre dix, comme les doigts de nos mains, c'est que tout se répète, mais avec des qualités et des propriétés inférieures, selon l'infériorité des classes. »

L'allégorie du Livre de *dix feuilles* dans l'Ouvrage déjà cité, offre clairement les différentes propriétés attachées aux dix nombres intellectuels ; il suffit d'ajouter que de leurs différents assemblages et de leurs différentes combinaisons résulte l'expression de toutes les Lois et de toutes les actions des Êtres quelconques, comme de la combinaison active des différents Éléments résulte la variété infinie de toutes les productions corporelles et des phénomènes élémentaires.

Parmi les exemples que j'en pourrais citer, je me bornerai à un seul ; mais l'homme en sera l'objet, comme il est celui de cet ouvrage ; et par là on pourra apprendre à juger des exemples que je tairai, et des autres propriétés des nombres.

Les philosophes anciens nous ont transmis l'addition du nombre quatre, laquelle donnant dix pour résultat, offre un moyen naturel de lire à découvert l'immense vertu du quaternaire ; les philosophes nouveaux se sont contentés de jeter du ridicule sur toutes ces idées numériques, sans les comprendre, ni les réfuter.

On a vu dans cet Ouvrage, quelle est la destination originelle de l'homme, qui devait être le *signe* et le *Mi-*

nistre de la Divinité, dans l'Univers; on a vu aussi qu'il était marqué du *sceau quaternaire*.

Il est bien singulier que cette sublime destinée de l'homme se trouve écrite dans les expressions des anciens Philosophes. Car en portant le nombre quaternaire jusqu'au résultat de toutes les puissances qui le constituent, il rend deux nombres ou deux branches, qui étant réunies, forment le nombre dix, en cette manière :

$$1 \quad 0$$
$$. \quad .$$
$$. \quad .$$
$$4$$

Or le nombre quatre se trouvant placé entre l'unité et le nombre dix, ne paraît-il pas avoir la fonction de faire communiquer l'unité jusqu'à la circonférence universelle, ou le zéro ? ou pour mieux dire, ne paraît-il pas être l'intermède placé entre la Sagesse suprême, représentée par l'unité, et l'Univers représenté par le zéro ? En voici la figure naturelle :

$$1\ldots 4 \ldots 0$$

Je trace ici cette figure par des caractères numériques primitifs, qui sont attribués aux arabes; attendu qu'ils nous ont été transmis par eux, mais que les Savants de cette Nation reconnaissent appartenir à des peuples plus anciens.

Ces caractères qui, pour des yeux exercés, portent l'empreinte exacte des plus hauts secrets des Sciences naturelles et physiques, ne peuvent avoir été tracés au commun des hommes, par des Sages, et à ceux-ci par une main encore plus pure, que pour les aider à marcher d'un pas ferme dans la route des vérités.

On peut donc, par la loi des nombres, et par la figure que je viens de tracer, se convaincre de la première dignité de l'homme, qui correspondant du Principe de la lumière jusqu'aux Êtres les plus éloignés d'elle, était destiné à leur en communiquer les *vertus*.

On trouvera également dans ces nombres la marche par laquelle l'homme a pu s'égarer.

Si au lieu de se tenir au centre de son poste éminent l'homme ou le quaternaire s'est éloigné de l'unité, et s'est approché de la circonférence figurée par le zéro, jusqu'à s'y confondre et s'y renfermer ; dès lors il est devenu matériel et ténébreux comme elle, et voici la nouvelle figure que son crime a produite ;

$$1\ldots\ldots\ldots\;\textcircled{4}$$

« Ne pourrions-nous pas même trouver des traces de cette union du quaternaire au zéro, dans le nombre des jours nécessaires pour que le fœtus de l'homme ait la vie ? Car les Physiologistes nous assurent qu'il en faut environ 40 ; et alors il serait difficile de douter que telle eût été la source, et la suite du crime de l'homme, puisque ce nombre se retrace sous nos yeux dans la reproduction de l'espèce humaine. »

« Observons néanmoins, pour soulager l'intelligence du Lecteur à qui ces vérités peuvent paraître très étrangères, qu'il ne faut pas appliquer ce nombre de 40 jours au crime de l'homme, comme nous le voyons régner aujourd'hui dans sa reproduction corporelle. Le nombre actuel de cette Loi n'est qu'une conséquence et une expiation du *nombre faux* qui a agi antérieurement.

Enfin nous trouvons encore dans cette figure simple

$$1\ldots\ldots\ldots\;\textcircled{4}$$

une preuve évidente de tous les principes posés précédemment sur la nécessité de la communication des *vertus* supérieures jusque dans le malheureux séjour de l'homme.

Depuis *un* jusqu'à *dix*, il y a plusieurs différents nombres qui tiennent tous par quelque lien particulier au premier anneau de la chaîne, quoiqu'on ait le droit de les en séparer pour les considérer sous un aspect particulier. Si le quaternaire, ou l'homme, était descendu jusqu'à l'extrémité inférieure de cette chaîne, ou jusqu'au zéro, et que cependant le Principe suprême l'eût choisi pour son signe représentatif, ne faudrait-il pas, pour qu'il pût recouvrer la connaissance de ce qu'il a perdu, que tous ces nombres, ou toutes ces *vertus* supérieures et intermédiaires entre *un* et *dix*, descendissent vers lui, jusque dans sa circonférence, puisqu'il n'a pas le pouvoir de franchir la borne qui lui est prescrite, pour remonter jusque vers elle. Et ce sont là toutes les puissances de subdivision dont j'ai déjà exposé la correspondance avec l'homme, appuyée sur toutes les traditions et allégories des Peuples.

Mais cela ne suffit point encore pour l'entière régénération de l'homme : si l'*Unité* n'avait pénétré jusque dans la circonférence qu'il habite, il n'aurait pu en recouvrer l'idée complète, et il serait resté au-dessous de sa loi. Il a fallu aussi que cette *Unité* fût précédée par tous les *nombres intermédiaires*, parce que l'ordre étant renversé par l'homme, il ne peut connaître la *première Unité* qu'il a abandonnée, qu'après avoir connu toutes les *vertus* qui l'en séparent.

Ceci répand un grand jour sur la nature de cette *manifestation universelle* dont nous avons reconnu la nécessité pour l'accomplissement des décrets suprêmes.

Car quel que soit l'Agent chargé de l'opérer, il est certain qu'il n'a pu être inférieur aux Agents particuliers, qui n'ont manifesté les facultés supérieures que dans leurs subdivisions ; et si les Agents particuliers quoique réduits à des *vertus* partielles, ont cependant représenté les puissances de la Sagesse, sans quoi ils auraient été inutiles à ses desseins, à bien plus forte raison l'*Agent universel* devait-il être dépositaire des mêmes droits et des mêmes pouvoirs.

Ainsi cette manifestation universelle des puissances Divines succédant aux lois rigoureuses de justice qui résultaient de la subdivision de ces puissances, a dû mettre le comble à tous les biens que l'homme pouvait attendre, en lui rendant la vue de ces vérités positives, parmi lesquelles il a pris son origine.

Convenons en même temps qu'il ne fallait rien moins qu'un Agent revêtu d'un tel pouvoir, pour relever l'homme de sa chute et l'aider à rétablir sa ressemblance et ses rapports avec l'*Unité première*.

Si c'est par le plus élevé des hommes que tous les maux de sa malheureuse postérité ont été engendrés, il était impossible qu'ils fussent réparés par aucun homme de cette postérité : car il faudrait supposer que des êtres dégradés, dénués de tous droits et de toutes *vertus*, seraient plus grands que celui qui était éclairé par la *lumière* même : il faudrait que la faiblesse fût au-dessus de la force. Or si tous les hommes sont dans cet état de faiblesse ; s'ils sont tous liés par les mêmes entraves, où trouver parmi eux un Être en état de rompre et de délier leurs chaînes ? Et en quelque lieu que l'on choisisse cet homme, ne serait-il pas forcé d'attendre que l'on vienne briser les siennes ?

Il est donc vrai que tous les hommes étant respectivement dans la même impuissance, et cependant étant tous appelés par leur nature, à un état de grandeur et de liberté, ils ne pourraient être rétablis dans cet état que par un Être qui leur serait égal : ce qui prouve que l'Agent chargé de leur retracer l'unité Divine, doit être par lui-même plus que l'homme.

Mais si nous portons notre vue au-dessus des *vertus* de l'homme, nous ne pourrons trouver que les *vertus* de la Divinité ; puisque cet homme est émané d'elle directement, et sans le concours d'aucune Puissance intermédiaire. L'Agent dont nous parlons, ayant plus que les *vertus* de l'homme, ne peut donc avoir rien moins que les *vertus* de Dieu, puisqu'il n'y a rien entre Dieu et l'homme.

Il faut donc convenir que, si la *Vertu divine* ne s'était pas donnée elle-même, jamais l'homme n'en aurait pu recouvrer la connaissance : ainsi il ne lui eût jamais été possible de remonter au point de lumière et de grandeur où les droits de sa nature l'avaient appelé ; ainsi le sceau du grand Principe eut été imprimé en vain sur son âme ; ainsi ce grand Principe eût failli dans la plus belle de ses puissances, l'amour et la bonté, par lesquels il procure sans cesse à l'homme les moyens d'être heureux ; enfin ce grand Principe eût été déçu dans ses décrets, et dans la convention ineffaçable qui lie tous les Etres avec lui.

Quand j'annonce qu'il n'y a rien entre l'homme et Dieu, je le dis dans l'ordre de notre véritable nature, où vraiment nulle autre puissance que celle du grand Principe, ne devait nous dominer. Dans l'état actuel, il y a en effet quelque chose entre Dieu et nous : et c'est cette fausse manière d'être, c'est cette transposition des puissances, qui imprimant en nous le désordre universel, fait notre supplice, et l'horreur de notre situation passagère dans le temps.

Nouvelle raison pour que la *Vertu divine* se soit approchée de nous, afin de rétablir l'ordre général, en remettant toutes les puissances dans leur rang naturel ; en rétablissant l'*Unité primitive* ; en divisant la *corruption* qui s'était réunie dans le *centre* ; en distribuant les *vertus* du *centre* à tous les points de la circonférence, c'est-à-dire, en détruisant les *différences*.

Car c'est une vérité à la fois profonde et humiliante pour nous, qu'ici-bas les différences sont les seules sources de nos connaissances ; puisque si c'est de là que dérivent les rapports et les distinctions des Êtres, ce sont ces mêmes différences qui nous dérobent la connaissance de l'*Unité* et nous empêchent de l'approcher.

Or l'on sent que si la *Vertu divine* n'eût fait les premiers pas, l'homme n'aurait jamais pu espérer de revenir à cet *Unité*. Car de deux *vertus* séparées, comment la plus faible, celle qui est absolument impuissante, remonterait-elle, seule et par elle-même, à son terme de réunion ?

Enfin, sans cet Agent universel, l'homme aurait bien su, par toutes les manifestations précédentes, qu'il y avait des puissances et des *vertus* spirituelles ; mais il n'aurait jamais su, par expérience, qu'il y avait un Dieu, puisqu'il n'y avait que l'*Unité* de toutes ses *vertus* qui pût le lui faire connaître.

Ainsi reconnaissons avec confiance, que l'Agent dépositaire de l'unité de toutes les puissances, quelque nom qu'on lui donne, a dû posséder l'ensemble de toutes les *vertus* suprêmes, lesquelles avant lui n'avaient jamais été manifestées que dans leur subdivision; que cet Agent a dû porter avec lui le caractère et l'essence divine, et qu'en pénétrant jusqu'à l'âme des hommes, il a pu leur faire sentir ce que c'est que leur Dieu.

Et ici je rappellerai la figure précédente,

$$I\ldots\ldots\ldots④$$

qui représente l'état de privation où nous languissons tous par la séparation où nous sommes de notre Principe; on verra qu'en rapprochant ces caractères et en faisant pénétrer l'unité dans le quaternaire de l'homme, en cette sorte,

$$\text{Ⓛ}$$

l'ordre universel est rétabli; puisque ces trois caractères

$$I\ldots..4\ldots..O$$

se retrouvent dans leur progression et dans leur harmonie naturelle. Cet ordre existait sans doute lors même de la subdivision de ces types, puisqu'il est à jamais indestructible; mais là il n'existait qu'horizontalement, ou en latitude, au lieu que dans la figure qui les réunit ici sous le même point et sous le même centre, cet ordre existe selon son vrai nombre et sa vrai loi, qui est la *perpendiculaire*.

Enfin, pour parler sans voile, ce n'est qu'à cet époque que le *Grand* Nom donné aux Hébreux pût avoir toute son *action*. Sous la loi de justice, il n'avait agi qu'extérieurement: il fallait qu'il pénétrât jusqu'au centre pour opérer dans l'homme l'explosion générale dont son Être intellectuel est susceptible, et pour le délivrer de l'état de concentration, où sa chute l'avait réduit.

D'après les idées profondes que nous présentent ces démonstrations, ne nous étonnons point des différentes opinions auxquelles les hommes se sont arrêtés sur l'*Agent universel*. Quelque idée qu'ils s'en soient formée, il n'est rien en fait de *vertus*, de *dons* et de *pouvoir*, qu'ils n'aient pu trouver en lui. Les uns ont dit que c'était un Prophète ; d'autres, un homme profond dans la connaissance de la Nature et des Agents spirituels ; d'autes, un Être supérieur ; d'autres enfin, une Divinité ; tous ont eu raison, tous ont parlé conformément à la vérité ; et toutes ces variétés ne viennent que des différentes manières dont les hommes se sont placés pour contempler le même objet. Le tort qu'ont eu les premiers, c'est de vouloir rendre exclusif et général le point de vue particulier qui se présentait à eux ; les seconds, de ne pas se proportionner à la faiblesse de leurs Disciples, et de vouloir leur faire admettre, sans le concours de leur intelligence, les vérités les plus fécondes que l'esprit de l'homme puisse embrasser.

Les différents degrés de *Science* et de volonté sont donc les seules causes de la diversité des opinions qui règnent parmi les hommes sur ce grand objet ; car il en est pour qui cet *Agent universel* est venu, d'autres pour qui il vient, d'autres pour qui non seulement il n'est pas venu, mais même pour qui il ne vient pas encore.

Les mêmes principes qui ont été exposés, nous aiderons à découvrir quelle a dû être l'époque convenable à la manifestation de cet Agent. Car s'il est préposé par la Sagesse suprême, pour la guérison des maux attachés à la sphère étrangère et ténébreuse que nous habitons, il en a dû suivre toutes les lois.

Selon l'ordre physique, une maladie ne se guérit qu'après que le remède a pénétré jusqu'au siège même de la vie, jusqu'au centre de l'Être ; ce qui se voit avec évidence dans la plupart des dérangements corporels, auxquels on ne remédie parfaitement que par la purification du sang.

Mais le sang est le centre des corps animaux : c'est leur principe corporel le plus intérieur, puisque étant environné des autres principes, il peut se considérer comme au centre de la circonférence animale, et que c'est de là qu'il envoie les émanations de sa propre vie aux subdivisions corporelles les plus extrêmes.

Il a donc fallu que *l'Agent universel*, chargé du grand œuvre de la régénération de toutes les *Puissances*, pénétrât les *substances* les plus intimes de tout être impur, qu'il communiquât ses pouvoirs au *centre* même de toutes les choses temporelles ; que pour cet effet, il parût au milieu du temps, comme au milieu de toutes les actions des êtres émanés, afin d'agir plus efficacement et à la fois, sur le centre et sur la vie de toutes les circonférences.

Si l'on désirait de connaître sur cette manifestation, une époque positive et déterminée, il serait très possible de la découvrir en rassemblant plusieurs notions éparses dans les Traditions des Hébreux. Il faudrait se rappeler ce que leurs Écritures nous apprennent de la loi temporelle sénaire qui a dirigé la production des choses et sur la Loi sainte et septénaire qui en a fait le complément : il faudrait comprendre le sens de ce passage qui annonce que *mille ans sont comme un jour devant Dieu* ; car ceux qui en ont fait usage dans leurs discours, et ceux qui l'ont combattu, ne paraissent pas l'avoir compris mieux les uns que les autres ; enfin il faudrait connaître le rapport de toutes ces expressions, soit avec le nombre ternaire et apparent des éléments corporels, soit avec le *nombre réel* de l'unité de leur Principe ; et l'on y verrait que les lois et les actions supérieures sont aussi clairement désignées dans les *nombres* ou enveloppes intellectuelles des Êtres, que les lois matérielles le sont sur les corps.

Mais comme il faudrait au Lecteur des notions très détaillées sur ces matières, il serait inutile de lui en offrir des résultats qui resteraient nuls pour son instruction, jusqu'à ce qu'il s'en fût *assuré* lui-même. Je me contenterai de le mener sur la voie, en lui parlant encore de ce *nombre quaternaire* dont nous avons montré ci-dessus les propriétés.

L'homme, à qui le nombre quaternaire convient particulièrement, était émané pour occuper le *centre intermédiaire* entre la Divinité et l'Univers. Par sa chute il a été précipité dans une *circonférence* très inférieure à celle qu'il occupait précédemment; mais sa nature n'ayant pas changé malgré sa dégradation, il a dû occuper le centre de cette nouvelle région, comme il avait occupé celui de l'ancienne, et cela parce qu'à quelque degré d'infériorité que les Êtres descendent, leur caractère se conserve et se manifeste.

Si l'homme dans sa chute a encore occupé un centre, il a donc toujours porté en lui son nombre primitif quaternaire, quelque altération que ce nombre ait dû éprouver par l'opposition d'une région qui lui est si contraire.

Si l'homme, conservant son nombre *quaternaire*, occupe encore un centre dans le séjour même de la confusion qu'il habite, l'Agent universel, chargé de lui présenter son modèle, a dû le faire conformément à toutes ces lois; c'est-à-dire, qu'en paraissant au centre des temps, il a dû imprimer le nombre quaternaire jusque sur l'époque de sa manifestation temporelle; c'est-à-dire enfin, que le quaternaire des temps et le centre des temps ne sont qu'une seule et même chose.

« En effet, le quaternaire qui dirige nécessairement le *grand œuvre*, doit en diriger les suites, comme il en a dirigé les différentes préparations; car ce nombre qui tient à la fois à l'expiation et à la régénération, s'étend ou se resserre en raison de l'objet que les êtres ont à remplir. Le premier homme marcha par *quarante*, pour obtenir la rémission de sa faute, et la réconciliation de sa postérité temporelle; Jacob marcha par *quarante* pour obtenir la réconciliation de sa postérité spirituelle; le Libérateur des Hébreux marcha par *quarante*, pour obtenir la délivrance de son Peuple; le grand Régénérateur a préparé la réconciliation universelle par un *quadruple cube dénaire*, parce qu'étant le pivot, le centre et le premier de tous les types, c'est à lui seul que convenait l'œuvre du milieu des temps, par laquelle il embrassait les deux extrêmes, comme étant dépositaire du complément de tous les nombres. »

Depuis son avènement, ce nombre d'action quaternaire se simplifie et se simplifiera de plus en plus en raison des futures *oppositions extrêmes* pour lesquelles il faudra que l'homme puisse se régénérer en moins de temps que par le passé ; et cette progression ira en diminuant jusqu'à ce que le quaternaire *agisse* si rapidement, si instantanément, qu'il se confonde dans l'unité d'où il est sorti : et c'est alors que les choses temporelles finiront, et que l'amour et la paix règneront dans le cœur des hommes de désir.

Si l'on réfléchit, au nombre Sabbatique ou Septénaire qui a complété l'origine des choses, on connaîtra que ce même nombre doit en compléter la durée, et que *quatre* étant le centre des temps, est aussi le centre de *sept* ; mais gardons-nous de nombrer le cours temporel de la septième action, comme celui des six actions qui la précèdent ; cette septième action ne tombant point exclusivement sur les corps, se dérobe à nos calculs, et il serait impossible à l'homme d'en fixer le terme, parce qu'elle est gouvernée par des *nombres supérieurs* dont il ne saurait disposer.

Il y a ici de quoi exercer l'intelligence, mais il y a aussi de quoi la dédommager des efforts qui lui restent à faire pour s'assurer de l'âge et de l'antiquité du monde ; et tout ce que je puis dire, c'est que pour calculer ce point avec justesse, il faut prendre pour échelle l'année terrestre.

Pourquoi, me demandera-t-on, prendre pour échelle l'année terrestre, plutôt que nos jours, nos semaines, nos mois, et même les révolutions d'une autre planète que la nôtre ?

C'est que le temps étant l'expression des *six* et *une* actions premières et constitutives de la Nature, il fallait qu'il eût, dans ses périodes et dans ses époques particulières, un rapport direct avec elle ; il fallait qu'il nous présentât des tableaux réduits, mais complets, et proportionnés avec le grand tableau de l'origine de l'Univers, de sa durée totale et de sa destruction.

Or l'on sait que l'année terrestre est la période qui représente avec le plus de justesse ces grands traits du Principe des choses, puisqu'elle nous montre dans ce court espace, l'image de tout ce qui a été, de tout ce qui est et de tout ce qui sera : puisqu'elle est la seule dont le cours renferme pour nous la végétation, la production et la destruction universelle ; ce qui est la vraie répétition de toutes les choses passées, présentes et futures ; enfin, puisqu'elle réunit, tous les types, toutes les époques, soit matérielles, soit immatérielles, qui ont été accordées à l'intelligence de l'homme pour le faire *renaître*, et lui aider à sortir de ses abîmes.

On sait, dis-je, que cette période est la même que celle de toutes les révolutions terrestres ; qu'elle est le vrai calcul de la terre, et que cette terre peint en action vivante dans sa période particulière tous les traits de la période générale. Il n'en faut pas davantage pour démontrer que l'année terrestre est le nombre symbolique de la période universelle, et que comme telle, elle devient la base de tous nos calculs.

C'est même là ce qui pourrait venger la terre du mépris qu'ont affecté pour elle des hommes ignorants, qui ont voulu trouver dans son peu d'étendue relativement à l'Univers, des motifs pour la dédaigner. Si la terre ne tenait pas de plus près qu'aucun autre Être corporel, aux lois et aux Principes premiers qui ont dirigé et produit toutes choses, elle n'en porterait pas aussi clairement qu'elle le fait, le nombre et tous les caractères.

XIX

Quant à la *revivification* attachée à l'*acte universel*, *central* et *quaternaire*, nous en avons des traces indicatives dans les Traditions des Hébreux sur l'origine de l'Univers ; elles nous enseignent que le Soleil fut formé le quatrième jour, et qu'avant qu'il le fût, rien d'animé animalement n'avait la vie ; c'est son feu de réaction qui concourut à faire sortir du sein de la terre et des eaux tous les Êtres corporels dont l'Univers matériel est habité. N'était-ce pas nous annoncer par ce tableau, que si l'homme devenait criminel et qu'il s'assujettît au temps, il ne pourrait recouvrer sa vraie lumière qu'à la quatrième époque de la durée des choses temporelles ? N'était-ce pas fixer le nombre de cette lumière, et tracer la loi par laquelle elle s'est dirigée et se dirigera éternellement.

C'est pour cela que la Loi donnée au Peuple Hébreu ne portait la punition des crimes que jusqu'à la quatrième génération ; or le Réparateur universel en paraissant au quatrième âge de l'Univers, satisfaisait pleinement à la Loi, il pouvait à cette époque consommer l'expiation universelle des prévarications de toute la postérité des hommes ; par conséquent opérer celle des souillures et de l'illégitimité de ses propres ancêtres, et celle de toutes les malédictions où son ministère pouvait l'exposer de la part des hommes.

Toutefois, dois-je présenter la formation du Soleil au quatrième jour comme un signe prophétique d'un événement prévu alors, puisque selon plusieurs, le crime qui l'a occasionné ne pouvait se prévoir, sans que l'Auteur des choses ne fît le pour et le contre, et ne participât à l'erreur de sa créature ? Ne dois-je pas plutôt présenter cette formation du Soleil au quatrième jour comme une simple conformation de l'action universelle du nombre quaternaire, qui devait être complète avant que l'homme coupable et ténébreux pût recouvrer la vie de son Être intellectuel, ainsi que les animaux demeurèrent dans l'inertie, et pour ainsi dire dans le néant jusqu'au moment où le Soleil élémentaire vint donner l'essor à l'action qui leur était propre ?

Il est constant que si l'on a fait tant d'erreurs sur

la prescience Divine, c'est que ceux qui disputent sur ces objets, confondent deux ordres de choses très différentes ; l'ordre visible des choses corruptibles où nous vivons ; et l'ordre des choses incorruptibles, qui était celui de notre vraie nature.

A défaut de faire cette importante distinction, ils imputent à la Sagesse suprême un concours universel avec nos œuvres, qu'elle a peut-être pour quelques-uns de nous dans notre état actuel, où nous sommes liés aux actions variées des Êtres non libres, mais qu'on ne saurait lui imputer dans notre état primitif, sans l'injurier et sans dénaturer toutes ses Lois.

Ne nous arrêtons pas plus longtemps à cette question ; elle est au nombre de celles qui sont inutiles et dangereuses à traiter par le raisonnement séparé de *l'action*. Nous devons agir pour obtenir des bases de méditation, et non pas méditer avant d'avoir obtenu ces bases. Sans cela chacun erre dans le vide, et dans l'espace ténébreux ; chacun saisit un sens particulier que par ignorance et par légèreté il veut généraliser ; tout s'obscurcit, parce que tout se divise ; tout s'anéantit, parce que l'homme réduit à lui-même épuise ses forces et ne reçoit rien pour les renouveler ; et voilà d'où sont provenus les Schismes, les Sectes, c'est-à-dire, le néant ; enfin une des grandes sciences est de savoir s'arrêter à propos.

Bornons-nous donc à reconnaître que l'Agent universel paraissant au milieu des temps à une époque quaternaire, et donnant à l'homme la vraie réaction dont il avait besoin, l'a mis à portée de rentrer dans son ancien domaine et d'en parcourir toutes les parties : car si le corps de l'homme lui présente deux diamètres, si par là, ce corps est un signe périssable de la mesure universelle, son Être intellectuel tenant au Principe infini, est à plus forte raison revêtu d'un signe quaternaire participant de l'infini, et avec lequel il peut mesurer à jamais tous les Êtres.

Mais les deux diamètres corporels de l'homme sont, pour ainsi dire, confondus, insensibles, défigurés, et sans action dans le sein de la femme, jusqu'au moment où parvenant à la lumière élémentaire, il lui est permis de les déployer, c'est donc nous indiquer que la mesure quaternaire de l'homme intellectuel était resserrée, et comme nulle depuis qu'il avait commis le désordre ; et qu'elle ne pouvait s'étendre et se développer qu'à l'époque de la grande lumière, à cette époque où les *vertus* de l'*Unité* se sont elles-mêmes *sensibilisées*, afin de couler dans les quatre canaux qui forment le caractère hiéroglyphique de l'homme.

Cette époque rend donc à l'homme les moyens positifs d'exercer à son tour la même réaction sur tout ce qui est encore obscur et caché pour lui ; et il n'y a plus rien dans les lois et dans la nature des Êtres qui doivent pouvoir se refuser à son empire puisque tous les Êtres sont eux-mêmes des subdivisions de la mesure universelle, et qu'ils tiennent tous partiellement au *grand quaternaire*.

Mais pour que ce développement universel produisit de semblables effets, il a dû s'opérer au milieu du temps universel, et au milieu du temps particulier qui en est la répétition abrégée, et qui divise par *quatre* le cours de la Lune ; l'Agent chargé de cette œuvre a dû la compléter, non seulement entre la nouvelle et la pleine Lune, mais encore au milieu d'une période septénaire de jours sous-multiple de la période lunaire ; enfin, c'est à la fois au centre d'une semaine, au centre du mois *périodique* de la Lune, et au centre du cours universel de la Nature, que cet Agent a dû divulguer aux hommes la Loi secrète voilée pour eux depuis leur exil dans ce séjour d'expiation, afin qu'en agissant virtuellement dans ces trois centres, il ouvrît pour ainsi dire le passage aux *vertus* des trois facultés suprêmes, qui seules pouvaient revivifier les trois organes intellectuels de l'homme, et rendre l'*ouïe*, la *vue*, et la *parole* à toute sa postérité.

C'est à cette triple époque qu'il a dû entrer dans le *Saint* des *Saints*, s'y revêtir de cet *Ephod*, de cette *Robe de lin*, de ce *pectoral*, de cette *Tiare* dont les

Grands Prêtres des Hébreux faisaient usage dans leurs fonctions sacerdotales, et qui n'étaient pour eux que le symbole des *vrais vêtements* dont le Régénérateur devait couvrir un jour la nudité de la postérité humaine.

Là, il a dû développer la *Science* aux yeux de ceux qu'il s'était choisis ; il a dû rétablir devant eux, les *mots* qui s'étaient effacés dans cet *ancien Livre* confié autrefois à l'homme, et que cet homme avait défigurés ; il a dû même leur donner un *nouveau Livre* plus étendu que le premier, afin que par là ceux à qui il serait transmis, pussent connaître et dissiper les maux et les ténèbres dont la postérité de l'homme était environnée ; et qu'ils apprissent encore à les prévenir et à se rendre invulnérables.

Là, il a dû préparer cet *antique parfum* dont il est parlé dans l'Exode, composé de *quatre aromates d'égal poids*, et que les Prêtres des Hébreux ne pouvaient employer qu'aux usages du Temple, sous les défenses les plus rigoureuses ; il a dû en remplir l'*encensoir sacré*, et après avoir *parfumé* toutes les *régions* du Temple, il a dû convaincre ses Élus, qu'ils ne pouvaient rien sans ce *parfum*.

Enfin son œuvre eût été inutile pour eux, s'il ne les eût pas initiés à ses connaissances, en leur enseignant à *cueillir* eux-mêmes ces *quatre précieux aromates*, à en *composer* à leur tour ce même *parfum* incorruptible et à en *extraire* ces *exhalaisons pures* qui par leur vivante salubrité sont destinées depuis l'origine du désordre à *contenir* la *corruption*, et à assainir tout l'Univers.

Car l'Univers est comme un grand feu allumé depuis le commencement des choses pour la purification de tous les Êtres corrompus. Suivant la loi des feux terrestres, il a commencé par être couvert de fumée ; ensuite la flamme s'est développée, et doit continuer insensiblement à consumer toutes les substances matérielles et impures, afin de reprendre *sa première blancheur*, et de rendre à ces Êtres leurs couleurs primitives.

C'est pour cela que dans l'ordre élémentaire, lorsque la flamme a percé, lorsqu'elle est montée au-dessus des matières combustibles, elle en poursuit la dissolution jusqu'à leur destruction totale ; c'est pour cela qu'à mesure qu'elle a attirée vers elle tous leurs *Principes de vie*, qu'elle les a dégagés et unis à sa propre essence, elle s'élève avec eux dans les airs, et leur rend cette existence libre et active dont ils ne jouissaient pas dans les corps.

Le Chef Universel de tous les Instituteurs spirituels du culte pur et sacré a dû comme eux retracer sur la terre ce qui se passe dans la classe supérieure ; et cela conformément à cette grande vérité, que tout ce qui est sensible n'est que la représentation de ce qui ne l'est pas, et que toute action qui se manifeste, est l'expression des propriétés du Principe caché auquel elle appartient. L'Élu Universel doit même avoir accompli cette Loi d'une manière plus éminente que ne l'avaient fait tous les Agents dont il venait compléter l'œuvre, puisque ceux-ci n'avaient montré sur la terre que le culte de justice et de rigueur et qu'il venait lui-même y apporter le culte de gloire, de lumière et de miséricorde.

Ainsi dans tous ces actes, et dans le culte qu'il a exercé, il a dû démontrer tout ce qui s'opère dans l'ordre invisible. Du haut de son trône, la Sagesse Divine ne cesse de créer les moyens de notre réhabilitation : ici-bas le Régénérateur universel n'a pas dû cesser de coopérer au soulagement corporel et spirituel des hommes, en leur transmettant les différents dons relatifs à leur propre préservation, et à celle de leurs semblables, en leur apprenant à éloigner d'eux les pièges qui les environnent, et à se remplir de la vérité.

Du haut de son trône, la Sagesse Divine ne cesse de tempérer le mal que nous commettons, et d'absorber nos iniquités dans l'immensité de son amour : ici-bas le Régénérateur universel a dû pardonner aux coupables, et quand on les a accusés devant lui, il a dû montrer que c'était faire un plus grand œuvre de les renvoyer absous que de les condamner.

Enfin, du haut de son trône, la Sagesse Divine donne ses propres *puissances* et ses propres *vertus*, pour annuler le *traité criminel* qui a soumis toute la postérité de l'homme à l'esclavage : ici-bas le Régénérateur universel a dû donner ses sueurs et sa vie même pour nous faire *connaître sensiblement* les vérités sublimes, et pour nous *arracher à la mort.*

C'est ainsi que l'ordre visible et l'ordre invisible étant mûs par une correspondance intime, présentent aux hommes l'unité indivisible du mobile sacré qui fait tout agir. Il n'y a plus pour l'*Intelligence*, ni inférieur, ni supérieur parmi les pouvoirs suprêmes ; elle ne voit plus dans toutes les parties du grand œuvre qu'un seul fait, qu'un seul ensemble et par conséquent qu'une seule main.

Car c'est une vérité constante que tous ces faits n'auraient jamais eu lieu pour l'homme, si celui qui venait les opérer ne fût demeuré en jonction, dans tous les actes de son ministère, avec l'*Unité* à laquelle il tient éternellement par son essence ; de même que toutes les manifestations possibles des puissances Divines que la Sagesse envoie au secours de l'homme, seraient nulles pour lui, s'il y avait la moindre séparation, la moindre division entre ces puissances, puisque l'homme étant au dernier anneau de la chaîne, il ne pourrait jamais voir arriver jusqu'à lui, les *vertus* de l'extrémité supérieure, si quelques-uns des anneaux intermédiaires étaient rompus.

Et pour affermir notre confiance, soit sur l'union nécessaire de ces vertus avec leur Principe, soit sur la possibilité en général de toutes les manifestations dont j'ai parlé ; je rappellerai ici que la matière, quoique vraie relativement aux corps et aux objets matériels: n'est qu'apparente pour l'intellectuel ; que c'est en raison de cette apparence, que les actions supérieures peuvent parvenir jusqu'à nous, et que nous pouvons nous élever jusqu'à elles ; ce serait impossible, si l'espace qui nous sépare était fixe, réel et imperméable ; de même qu'il n'y aurait aucun commerce d'influences entre la terre et les astres, si l'air qui en occupe le milieu, n'était fluide, élastique et compressible.

Toute la récompense que je désire de celui à qui je dévoile ces vérités, c'est qu'il médite sur les lois de la réfraction ; qu'il observe qu'elle est plus grande en raison de la densité des milieux ; qu'ainsi il reconnaisse que l'objet de l'homme sur la terre doit être d'employer tous les droits et toute l'action de son Etre à raréfier, autant qu'il le peut, les *milieux* qui sont entre lui et le *vrai Soleil*, afin que l'opposition étant comme nulle, le passage soit libre et que les rayons de la lumière arrivent jusqu'à lui sans *réfraction*.

On doit voir que l'homme lui-même, quoique séparé de cette Sagesse dans laquelle il a puisé la vie, ne l'est que relativement à lui, et nullement pour la suprême Intelligence, qui embrassant l'universalité des Etres et leur donnant seule l'existence, démontre l'impossibilité qu'un Etre existe, et lui soit inconnu.

Mais dès que, malgré nos souillures et notre dégradation, nous ne pouvons jamais nous soustraire à la vue intime, entière et absolue du grand Principe, peut-être serait-il moins éloigné de la nôtre que nous ne le pensons, si pour nous apercevoir de sa présence, nous suivions des voies plus vraies et moins obscures ; peut-être, tous les obstacles seraient-ils nuls et insensibles, si nous employions, pour rétablir nos rapports avec lui, tous les efforts que nous mettons à les détruire.

Si de tels rapports sont le privilège des *Puissances pures*, qu'il plaît à la Sagesse de faire communiquer jusqu'à nous, c'est que ces *Puissances*, ne les altérant point comme nous par une marche déréglée, lui restent unies par leur volonté, comme elles le sont par leur essence, et conservent ainsi l'unité de toutes leurs facultés, et de toutes leurs correspondances avec lui.

Nous devons donc convenir que toutes les manifestations supérieures, dont nous sentons la nécessité pour nous retracer les droits de notre première Nature, ne présentent de séparation que relativement à nous qui sommes resserrés dans des bornes étroites, et qui par la faiblesse de nos yeux, ne pouvons voir qu'une partie du tableau, tandis que celui qui le tient dans sa main, le vivifie, le contemple et le voit toujours dans son entier.

Ainsi tout est lié pour Dieu, tout se tient, tout existe ensemble; toutes les *vertus*, soit inhérentes à lui, soit émanées de lui, tous les êtres qu'il a choisis, tous les hommes qu'il a fait naître, enfin tous les ressorts qu'il a employés depuis l'origine des choses, et qu'il emploiera jusqu'à leur fin et dans sa propre éternité, sont toujours présents devant lui : autrement son œuvre serait périssable; il ne produirait que des êtres mortels; et quelque chose pourrait être soustrait à son universalité.

Nous devons répéter aussi que la volonté fausse de l'Etre libre est la seule cause qui puisse l'exclure de l'harmonie universelle de l'*Unité*, puisqu'il tient toujours à cette *Unité* par sa Nature : d'où il résulte que, si tâchant d'imiter les *puissances pures*, qui manifestent devant lui les *vertus* Divines, sa volonté s'unissait à la volonté du grand Principe, il aurait comme elles la jouissance de tous ses rapports avec ce Principe.

Il lui ressemblerait par l'indestructibilité de son Etre, fondée sur la loi de son émanation, il serait compris dans l'harmonie de toutes les facultés divines; et parmi toutes les *vertus* que la Sagesse lui fait manifester, il n'y en aurait point qui ne lui fût connue et dont il ne pût jouir, autrement il ne connaîtrait pas leur unité.

Car, l'amour du bonheur des Etres étant spécialement de l'essence de la Sagesse, quand elle fait parvenir jusqu'à nous des puissances subdivisées et la sienne même, son objet n'est que de nous ramener à cette unité harmonique, dans laquelle seule tous les Etres peuvent jouir de la plénitude de leur action.

Elle n'a donc semé pour ainsi dire toutes ces *vertus* autour de nous, qu'afin de nous porter à les recueillir, à les rassembler et à en faire notre aliment journalier; en un mot, à en composer nous-mêmes une unité, en rapprochant les temps et les distances qui les tiennent éloignées, et en écartant d'elles tous les obstacles et tous les voiles qui les couvrent à nos yeux et nous empêchent de les apercevoir.

Ainsi toutes ces *vertus* Divines, ordonnées par le grand Principe, pour coopérer à la réhabilitation des hommes, existent toujours autour de nous, et près de nous et ne sortent jamais de l'enceinte où nous sommes renfermés ; comme les productions de la Nature élémentaire environnent continuellement nos corps et sont toujours prêtes à nous communiquer leurs propriétés salutaires, à nous guérir de nos maladies, et même à nous en préserver, si nos vues fausses et contraires à cette Nature ne nous éloignaient pas si souvent de la connaissance de ses trésors et des fruits qu'elle pourrait nous procurer.

Ainsi, sans les obstacles que nous opposons nous-mêmes aux actions bienfaisantes du grand Principe, il n'y aurait pas une de ces *vertus*, que nous ne pussions cueillir et nous approprier, si l'on peut ainsi s'exprimer, comme nous pourrions nous approprier toutes les *vertus* des substances salubres de la Nature élémentaire.

Ainsi, sans la dépravation ou la faiblesse de notre volonté, nous ne serions séparés qu'en apparence de tous ces Etres, de tous ces Agents salutaires, dont les bienfaits sont consacrés dans les différentes Traditions ; et nous serions près d'eux en réalité.

Toutes les œuvres de ce grand Principe nous seraient présentes, et depuis le commencement des temps jusqu'à nous, aucun Etre, aucun *nom*, aucune puissance, aucun fait, aucun Agent ne nous demeurerait inconnu ; de façon que ces Elus qui ont opéré sur la terre cette suite de faits transmis jusqu'à nous par les Traditions des Peuples, que toutes leurs lumières, leurs connaissances, leurs *noms*, leur intelligence, leurs actions ne formeraient pour nous qu'un seul tableau, qu'un seul point de vue, qu'un seul ensemble, dont tous les détails seraient destinés à notre instruction et soumis à notre usage. Ce qui démontre combien les Livres seraient inutiles, si nous étions *sages* : car les Livres ne sont que des recueils de pensées, et nous vivons au milieu des *pensées*.

En effet, si tout est essentiellement lié, inséparable, indivisible, comme provenant de l'essence Divine ; si toutes les *vertus* qui émanent du grand Principe, sont toujours unies et dans une parfaite et intime correspondance, il est évident que l'homme ne pouvant anéantir ni changer sa propre nature, qui le lie nécessairement à l'unité universelle, est sans cesse au milieu de toutes les *vertus* Divines envoyées dans le temps : qu'il en est environné ; qu'il ne peut faire un pas, un mouvement, sans communiquer avec elles ; qu'il ne peut agir, penser, parler dans la solitude la plus profonde, sans les avoir pour témoins, sans en être vu, entendu, touché ; et que s'il n'y avait entre elles et lui le fruit de sa volonté lâche et corrompue, il les connaîtrait aussi intimement qu'elles le connaissent, il aurait sur elles, les mêmes droits qu'elles ont sur lui ; et ce n'est point aller trop loin que d'assurer qu'il pourrait étendre ses privilèges jusqu'à connaître visiblement Fohi, Moïse, le Régénérateur universel lui-même, puisque ce privilège embrasse généralement tous les êtres qui depuis le commencement des temps ont été appelés sur la terre.

Quelle raison pourrait même nous empêcher de croire que sans notre volonté corrompue, nous aurions de pareils droits sur les grands faits et sur les grandes actions à venir? Si notre nature nous appelle à partager les propriétés de l'*unité*, ne devons nous pas, comme elle, embrasser tous les espaces, tous les temps, puisque nous sommes, comme elle, au-dessus de tout ce qui est passager et temporel?

Oui, s'il est vrai que dans notre essence nous soyions liés à l'*unité* d'une manière inséparable, nous devons l'être dans tous les faits qui lui sont propres, dans ceux qui ont existé avant les temps, dans ceux qui ont existé depuis le commencement des temps, dans ceux qui existeront jusqu'à la fin des temps, dans ceux même qui auront lieu après la dissolution et la disparition des choses apparentes et composées. Car nous ne tiendrions plus l'*unité*, si nos droits n'étaient que partiels, et que nous ne pussions pas contempler dans leur ensemble tous les détails du spectacle de l'immensité.

Nous voyons par là combien se simplifie l'idée qu'on a des Prophètes ; leur gloire, leurs lumières devraient être celles de tous les hommes ; tous les hommes sont des Prophètes par leur nature ; c'est leur faiblesse et leur dépravation qui les empêchent d'en manifester les privilèges.

L'étymologie de ce nom en est la preuve. Les Hébreux l'exprimaient par le mot *Roëh*, participe du verbe *Raah*, *il a vu*. Aussi nommaient-ils leurs Prophètes des *Voyants*. Aussi peut-on faire descendre de là les droits et les *vertus* des Rois, à qui, selon la vraie signification, devrait appartenir principalement la qualité de *Voyant*. Aussi le premier Roi d'Israël reçut-il ses titres et son autorité du *Voyant* Samuel, parce qu'alors les Chefs temporels des Hébreux étaient des *Voyants*, comme l'homme était dans son premier état, et comme toute sa postérité aurait dû l'être.

Enfin les *deux mondes* sont remplis de trésors nés ou à naître, qui se manifestent au gré de l'homme quand il est sage ; car il y a un *Seminal* universel dans l'un et dans l'autre ; ce *Seminal* est sans borne, sans nombre, sans fin ; il n'attend pour produire et pour se montrer qu'un choc ou une raison convenable, et cette raison est la pureté des désirs de l'homme. Peut-il donc se plaindre de son ignorance, peut-il avoir des maux et des peines, puisqu'à tout instant il a le pouvoir de s'instruire ou de prier *efficacement* son Dieu.

Au surplus ceux qui ne voudraient pas croire à leur âme, parce qu'on ne leur montrerait pas dans la leur tout ce qu'on leur dit devoir y être, annonceraient par là bien peu d'intelligence. En effet, la leur montrer dans l'état de ténèbres où ils l'ensevelissent, ce ne serait pas la leur montrer. Mais avant d'assurer que toutes les merveilles que nous lui attribuons, ne s'y trouvent pas, il faudrait qu'ils eussent fait quelques efforts pour les y chercher : et peut-être ces efforts les y auraient-ils fait naître ; peut-être reconnaîtraient-ils qu'il ne leur serait pas si difficile qu'ils le pensent de se rendre heureux, et que s'ils voulaient l'être, ils n'auraient qu'à *parler*.

XX

Il se présente ici une question importante ; savoir, quels sont les moyens sensibles que l'Agent universel a dû employer pour présenter visiblement l'unité de ses *vertus* à l'Univers, au milieu des temps et au centre de toutes les immensités temporelles, universelles et particulières.

Mais je dirai peu de chose sur cet objet ; car on n'a pas oublié qu'aucune *vertu* supérieure, qu'aucune pensée ne vient auprès de l'homme sans se condenser, pour ainsi dire, et s'unir aux couleurs sensibles de la région que nous habitons observant toutefois qu'elles suivent les Lois terrestres sans en être commandées, qu'elles les dirigent et les perfectionnent, au lieu d'être liées et resserrées par leurs actions passives.

On n'a pas oublié non plus quelle est la dignité de la forme de l'homme ; ainsi il suffit de savoir que cet Agent universel a dû suivre la loi commune à tous les Agents qui se sont manifestés ; ajoutons cependant que de même que par sa Nature Divine il a rassemblé en lui les *vertus* intellectuelles de tous les Agents qui l'avaient précédé, de même sa forme corporelle a dû renfermer toutes les *vertus* subdivisées et contenues dans tous les corps de l'Univers.

Ajoutons encore que s'il est vrai, selon l'ouvrage déjà cité, que le premier homme terrestre n'ait point eu de mère, puisque avant ce premier homme terrestre, nul corps humain *matériel* n'avait existé ; il fallait que celui qui pouvait seul rendre la lumière à sa postérité, n'eut point de père ; et cela ne surprendra pas, si l'on pénètre dans la connaissance du Principe qui forma primitivement ces corps.

Enfin le premier homme ayant placé le mal à côté du bien, il fallait que l'Etre régénérateur plaçât le bien à côté du mal, afin de balancer le poids et l'action du crime et de compléter les termes de la proportion.

Or la matière à laquelle l'homme s'est uni criminellement, n'est-elle pas la source de l'erreur et des pâtiments qu'il éprouve? ne le tient-elle pas comme enchaîné parmi des substances qui lui présentent dans l'ordre sensible, tous les signes de la réalité, tandis qu'elles n'en ont aucune pour son Etre pensant? Le Régénérateur universel, en s'unissant volontairement et *purement* à une forme sensible, doit donc avoir fait le type opposé ; c'est-à-dire qu'il a dû présenter aux yeux de la matière, tous les indices de la défectuosité, de la fragilité dont elle est susceptible, sans qu'aucune des sources de cette corruption ait pu atteindre jusqu'à *lui*. En un mot, si la matière avait *charmé* l'homme, et avait subjugué les yeux de son esprit, il fallait que le Régénérateur universel *charmât* la matière, et qu'il en démontrât le néant, en faisant régner devant elle le *vrai*, le *pur*, l'*immuable*.

Ainsi il ne s'est montré sur la terre, conformément à ces lois, que pour peindre à l'homme sa propre situation, et pour lui tracer l'histoire entière de son Etre ; c'est-à-dire, que si le Régénérateur a dû présenter à l'homme le tableau de son état mixte et dégradé, il doit aussi lui avoir manifesté celui de son état simple et glorieux ; et pour cet effet il faut que la mort ait opéré en lui, devant les hommes, une séparation visible des deux substances qui nous composent, afin que par cette visible *analyse*, nous ne puissions douter que ce qui forme aujourd'hui cet impur amalgame, est l'union d'un Principe supérieur et sublime, à un principe terrestre et corruptible.

« En un mot, il fallait que l'hiéroglyphe s'effaçât pour que la *langue* parût ; car nous avons vu que l'hiéroglyphe a été antérieur aux langues ; et c'est ce qui pourrait faire dire que tous les Elus précédents n'étaient que des hiéroglyphes dont l'Elu universel était la *langue*. C'est pour cela qu'il y avait deux alphabets, puisqu'il fallait qu'il sût deux *langues*; celle des Elus précédents et la sienne. Les *nombres* de ces deux alphabets sont faciles à connaître, puisqu'ils sont le double du *nombre* de l'homme : et le nombre de l'homme se trouve à la fois pour son élection, pour son terme et pour son *progrès* dans *cent quarante-cinq mille* huit cent *soixante-sept*. »

Il fallait en même temps que cette séparation visible s'opérât par un moyen violent, pour rappeler à l'homme que ce fut un moyen violent qui unit autrefois son Être intellectuel avec le sang.

Il fallait de plus que cette séparation fût volontaire, puisque la première union l'avait été.

Il ne fallait pas cependant que la Victime volontaire s'immolât elle-même; puisque alors elle n'eût plus été irréprochable, et le sacrifice eût été *sans effet*.

Il fallait aussi que ceux qui immolaient cette Victime, ne la connussent point pour ce qu'elle était, parce qu'ils ne l'auraient pas immolée.

Recueillons-nous ici, contemplons l'universalité des vertus Divines opposées à l'universalité des désordres qui avaient souillé toutes les classes des Êtres; considérons l'unité des biens effaçant l'unité des maux, en supportant et annulant à la fois tous leurs efforts: enfonçons-nous dans cet abîme de sagesse et d'amour, où la *Victime* généreuse *se sacrifie* elle-même sans crime, et où les aveugles sacrificateurs, en détruisant son enveloppe apparente, mettent à découvert l'unique modèle de l'ordre et de la pureté, et extraient, sans le savoir, un *électre universel*.

Car les bienfaits dont cet Agent est l'organe et le dépositaire, n'ont dû se borner ni aux lieux où il a paru, ni aux hommes qu'il s'était choisis, ni même à tous ceux qui existaient alors sur la terre: en communiquant ses dons à ses Élus, il ne leur avait donné que le germe de l'œuvre, il devait ensuite le développer, et l'opérer en grand dans toutes les régions que les suites du crime avaient atteintes, c'est-à-dire, dans toutes les classes des Êtres, puisqu'il n'y en avait aucune qui n'en eût été ébranlée.

Ainsi les corps et les Éléments, exposés par la faiblesse et par le crime de l'homme, à la contr'action, qui tend sans cesse à déranger leurs lois, ont dû recevoir par celui qui venait tout régénérer, des préservatifs propres à les conserver dans l'harmonie qui les constitue, et à éloigner les actions destructives. Enfin ils ont dû être préparés par là, à voir rendre encore sur eux les droits de l'homme et plus puissants et plus manifestes. Et si le fer, étant maintenu dans la direction propre à l'aimant, peut acquérir une partie des qualités magnétiques, devrions-nous être surpris que des hommes qui auraient suivi constamment le sentier des *vertus* de l'Agent universel, se fussent remplis de ces mêmes *vertus*, et que brûlant de zèle et de confiance, ils eussent calmé les vents et les flots, arrêté l'effet du venin des vipères, rendu l'action aux paralytiques, guéri les maladies, et même arraché des victimes à la mort.

Cette influence universelle sur la terre et sur les éléments a dû nous être marquée par quelques signes sensibles, de la part de celui qui venait la régénérer; comme lors de la sortie d'Egypte, parurent visiblement les indices d'un secours et d'une *vertu* supérieure, par ce sang appliqué sur les trois différentes parties des portes des Hébreux.

Or les signes de l'œuvre que le Régénérateur opérait invisiblement sur l'Univers, ont dû se trouver dans les lois de la décomposition de son propre corps, puisque son corps renfermait les Principes les plus purs et les plus actifs de la Nature.

Il a dû manifester trois actes successifs de purification, opérés par les trois substances pures de sa forme matérielle en dissolution sur les trois éléments terrestres qui ont servi de principes à tous les corps ; éléments que le crime avait infectés, et par eux toute la

Nature ; éléments qui avaient été souillés de nouveau par les prévarications des premières postérités de l'homme, et dont les Élus précédents, quelque virtuels qu'ils fussent, n'avaient pu compléter la purification.

En effet, l'unité ternaire qui avait tout produit, ne pouvait tout rétablir que par le même nombre : mais avec cette différence, qu'agissant alors sur les choses composées elle ne pouvait procéder que par des actions distinctes ; au lieu que dans l'origine, opérant sur les principes mêmes, elle avait tout produit dans un seul fait.

Après avoir régénéré les trois bases fondamentales de la Nature, il fallait régénérer les *vertus* qui lui servent de mobiles et de réaction : il fallait rendre à tous ces mobiles invisibles, l'activité qu'ils avaient perdue par la criminelle négligence de l'homme, qui, chargé de présider à leur harmonie, en avait laissé altérer la pureté et la justesse ; ou plutôt il fallait détruire tous les obstacles que le crime de l'homme avait laissé naître près de ces mobiles, et dans toutes les parties de l'Univers. Ce sont là ces barrières terribles que toute sa postérité doit franchir avant de rentrer dans le séjour de la lumière ; ce sont là ces différentes suspensions qui se présentent à la pensée comme inévitables pour l'homme, après qu'il sera séparé de sa forme sensible.

C'est donc sur ces barrières invisibles que le Réparateur a dû étendre ses *vertus*. Par le droit dont il était dépositaire, il a pu en faciliter tellement l'accès, que tous ceux qui y étaient arrêtés depuis l'origine du désordre, et tous ceux qui n'en avaient point encore approché, se fortifiant de ces mêmes *vertus*, pussent aujourd'hui surmonter ces obstacles sans péril, comme portant de nouveau sur eux le même *caractère*, et le même *nom* qui devait autrefois leur faire ouvrir toutes les enceintes, et leur procurer, au milieu des plus terribles malfaiteurs, le respect et la sécurité.

« Les *vertus* de ces mobiles supérieurs sont retracées et mises sensiblement en action par les sept Astres

Planétaires. Ce sont elles dont il est question, dans l'ouvrage déjà cité, sous l'allégorie des sept arbres, et de l'échelle géographique de l'homme. Elles sont les organes du nombre quaternaire, dont la force et l'existence sont démontrées par les quatre espèces d'astres qui composent la région céleste, savoir les Planètes, les Satellites, les Comètes et les étoiles fixes. »

« Comme telles, elles sont du plus grand prix, pour l'homme. Ce sont là en effet ces colonnes puissantes qui devaient lui servir de rempart, et qui ont été pour lui l'obstacle le plus redoutable, jusqu'à ce qu'une main bienfaisante soit venue l'aider à le vaincre. Ce sont là les sept portes de la science, qui ne peuvent être ouvertes que par celui qui possède la double clef quaternaire. Ce sont là les sept dons qui depuis le crime ont été retirés aux hommes, et qui néanmoins circulant sans cesse autour de nous, sans que nous en jouissions, ont fait dire que le Juste même péchait sept fois par jour, selon la *vraie définition* du mot *Péché*; c'est par ce nombre que les murs de Jéricho furent renversés; c'est par ce nombre que fut guérie la lèpre de Naaman. Ce sont enfin les sept *types* de ces sept *actions* que les Traditions hébraïques nous représentent comme ayant dirigé et complété l'origine des choses; et comme devant, pendant leur durée, servir de colonnes au Temple que l'homme aurait dû occuper dans l'univers. »

« Car, depuis le crime, ces sept Types demeuraient comme sans action, attendant celui qui devait les ranimer. Dès qu'il a paru, ils ont repris la vie; et se reproduisant dans leurs propres *vertus*, comme Dieu même, ils ont dès lors manifesté leur acte sensible. La première puissance de cette manifestation étant désignée par le nombre quarante-neuf, c'était sept semaines ou quarante-neuf jours après la consommation de l'œuvre que ces dons visibles devaient se répandre; parce que c'était alors que devait s'ouvrir cette cinquantième porte de laquelle tous les esclaves attendaient leur délivrance, et qui se rouvrira de nouveau à la fin des temps pour ceux qui, selon Daniel, auront le bonheur d'attendre, et de parvenir jusqu'à *treize cent trente-cinq jours*. »

N'était-il pas également nécessaire que celui qui devait verser ces dons sur la terre, parcourût l'espace qui la sépare du premier Auteur des Êtres; qu'après avoir purifié les sept canaux, par lesquels toutes les *vertus* doivent couler dans le temps, il allât prendre sur l'*Autel d'or*, *le pain de proposition* qui est sans cesse placée devant l'Éternel, et que le transportant dans toutes les régions de l'Univers, il le distribuât non seulement aux hommes qui depuis le commencement des siècles avaient traversé l'habitation terrestre que nous occupons, mais à ceux-mêmes qui existaient corporellement sur ce théâtre d'expiation, attendu qu'ils étaient tous encore dans la disette de leur véritable nourriture.

D'ailleurs, nous ne pouvons nous dispenser de convenir que c'est par une parole que ce grand acte devait se produire; puisque si nous n'avons pas d'autre instrument pour manifester nos idées, il résulte que l'Être principe dont nous sommes le signe et la représentation, ne pouvait également nous apprendre que par la parole, les desseins sacrés qu'il avait eus sur nous dès l'instant de notre existence, et que l'homme avait méprisés; par conséquent, s'il devait nous manifester au milieu des temps une unité de parole, il devait donc nous manifester de nouveau la profondeur de toutes ses pensées, et nous mettre à portée de recouvrer le secret même de sa sagesse et de toutes ses *vertus*.

Or voici quelle est la progression de la manifestation de ses puissances. L'Univers matériel est l'expression de sa *parole physique*, les Lois et les trésors de la première Alliance de l'*Être principe* avec la postérité de l'homme sont l'expression de sa *parole spirituelle*: le grand œuvre opéré par la seconde Alliance est l'expression de sa *parole divine*.

Il paraîtrait en même temps nécessaire que ce grand

œuvre se couronnât sur la terre par la multiplication des langues.

Les premières postérités de l'homme, en s'abandonnant à des excès criminels envers la vérité, avaient subi pour leur punition cette terrible *confusion des langues*, qui avait rendu tous les individus et tous les Peuples *étrangers* les uns aux autres.

Les remèdes de la Sagesse suprême se proportionnant toujours à nos maux, devaient donc prendre la voie la plus favorable pour nous, qui était de multiplier les *dons des langues* dans ceux qu'elle chargerait d'annoncer ces *vertus* et de les manifester sur la terre.

Car au moyen de cette multiplication des langues, ils devraient se trouver à portée de faire parvenir les remèdes partout où le mal aurait gagné, et de rappeler à l'union, à l'intelligence et à la vie, tous ceux que le crime aurait livrés à la dispersion, aux ténèbres et à la mort : c'est-à-dire, qu'ils pouvaient par cette multiplication des langues, rassembler et réunir tous ceux que la *confusion des langues* avait *séparés*. Vérité profonde, instructive pour ceux qui ne sont point étrangers aux rayons de la lumière, et qui sont assez heureux pour *contempler* quelquefois avec confiance, les *voies* et les *fruits* de la Sagesse !

Enfin, si nous ne pouvons ici-bas connaître les choses que par leurs signes, et non par leurs Principes ; si dans une circonstance si importante, les desseins de cette Sagesse en faveur de l'homme, devaient être exprimés d'une manière qui fût à couvert de toute équivoque, il fallait que pour signes sensibles, elle prît des *langues de feu*.

Voilà comment les *vertus* Divines étant toujours invisiblement liées les unes aux autres, auront pu disposer de nouveau l'Univers pour l'homme, et rétablir en même temps l'homme dans ses droits sur l'Univers.

C'est alors que l'œuvre universelle temporelle est accomplie ; car le Réparateur ne pouvait ramener le calme dans l'Univers, il ne pouvait régénérer la vie dans l'âme de l'homme, sans rendre la paix et la félicité aux Êtres d'une autre classe, à ces Êtres supérieurs au temps par leurs fonctions primitives, mais qui, par zèle pour le règne de la vérité, se trouvaient en aspect du désordre depuis son origine, tandis qu'ils n'étaient faits que pour contempler à jamais le spectacle vivifiant de la perfection et de *l'ordre*.

Car, si la dégradation de l'homme leur a fait, pour ainsi dire, exercer des fonctions étrangères à leur véritable emploi, l'acte qui a dû être opéré pour sa réhabilitation, leur rend l'espoir de leurs premières jouissances, qui sont de voir régner par tout la régularité, la justesse et *l'unité*.

Il est temps de l'avouer ; la principale vérité que cette époque universelle temporelle pût découvrir à l'homme c'était de lui apprendre le véritable usage de cette bienfaisance que tous les Peuples ont pratiquée dès qu'ils ont été hors de l'état de nature brute, mais qui étant encore séparée de l'état de la loi d'intelligence, se bornait à des actes d'humanité, au soulagement des besoins du corps et aux devoirs de l'hospitalité.

Lorsque l'exercice de cette *vertu* commença à se perfectionner, elle enseigna toujours à l'homme les mêmes devoirs, mais elle lui apprit aussi à rendre à ses semblables *d'autres services*. Elle lui fit comprendre qu'il est comptable envers eux de toutes les *vertus* qui sont en lui, puisqu'elles ne lui ont été données que par la Sagesse suprême, que comme une *voie de réaction*, pour faire sortir à leur tour les *vertus* qui sont en eux ; qu'ainsi, pour une œuvre aussi sublime, la tâche de l'homme lui présente des devoirs très rigoureux, puisqu'il ne peut rester au-dessous de lui-même sans porter préjudice à ses semblables, puisqu'enfin une seule de ses *faiblesses* doit coûter aux autres une *vertu*.

Mais en s'unissant à l'Intelligence qui a dû se découvrir lors de la grande époque, cette bienfaisance devient encore plus éminente, en ce qu'elle tient à l'action immédiate du premier de tous les Principes avec laquelle notre nature nous appelle à concourir.

L'ardeur de son amour pour nous, fait qu'il détache

de lui, pour ainsi dire, des *Vertus* sans nombre, et des *Puissances* aussi pures, aussi actives que lui-même. En les détachant, il les expose, si l'on peut se servir de ces expressions, à la *nudité*, au *froid*, à la *faim*, et à toutes les *souffrances* de la région temporelle ; et comme il ne les détache que pour nous, que pour les faire parvenir jusque dans nous, nous ne pouvons jamais mieux l'honorer nous ne pouvons jamais exercer l'hospitalité plus à son gré, ni plus avantageusement pour nous, qu'en mettant *à couvert* ceux qu'il nous envoie, mais qui sont *dehors* et qui ne demandent qu'à *entrer* ; qu'en *rétissant* ceux qui se *dépouillent* pour nous ; qu'en donnant à *manger* et à *boire* à ceux qui souffrent la *faim*, la *soif*, la *pauvreté* la plus entière, pour venir se nourrir, se désaltérer, se réchauffer, se revêtir de l'homme, si l'on peut parler ainsi ; ou plutôt pour le revivifier lui-même, et *transvaser* leur propre *sang* jusque dans ses veines.

Serait-ce une chose inadmissible, que le Réparateur universel eût choisi une substance matérielle pour la faire servir de base à ses *vertus* spirituelles Divines, et que la faisant entrer dans le culte qu'il aurait établi, elle reçût de lui une virtualité qu'elle n'aurait pas par sa nature ? Cette idée est d'autant plus vraisemblable que d'après la connaissance que nous avons de l'homme il peut transmettre ses faibles *vertus*, à telle substance qu'il juge à propos ; ce qui dans le physique, comme dans le moral, a été malheureusement la source d'un grand nombre d'illusions sur la terre.

« La plus favorable de toutes les substances de la nature corporelle que le Réparateur eût pu employer dans le Culte qu'il venait établir, c'est le froment. Outre ses qualités particulières qui le rendent propre à la nourriture de l'homme il porte dans la langue Hébraïque le nom de *bar* qui exprime aussi la pureté, la purification, et sa racine *barar* ou *barah* signifie un choix, une élection, d'où sont dérivés *bérith*, alliance, et *barouch* bénédiction. D'ailleurs ce n'est pas en vain que, suivant les Traditions Juives, le pain, le froment, la fleur de farine paraissent si souvent employés, soit dans les Sacrifices, soit dans les alliances des hommes avec les Êtres supérieurs, soit dans la préparation que les Hébreux subissaient pour se disposer à leurs Fêtes ; et mille preuves tirées de l'ordre temporel peuvent justifier tout ce que nous venons de dire en faveur de cette substance. »

« Le vin était aussi du nombre de celles que la Loi religieuse des Hébreux leur prescrivait d'employer dans leurs cérémonies saintes. Il n'offre pas cependant des propriétés aussi étendues, ni aussi salutaires que le froment ; et la vigne démontre même par des signes matériels que son *nombre* est opposé à la pureté. Mais le Régénérateur universel a dû nécessairement employer le vin dans son culte, parce qu'il est le type du sang dans lequel nous sommes renfermés ; qui comme *l'iniquité* doit être consommé et disparaître, afin de nous montrer quelles sont les conditions que la justice exige pour que les traces de notre privation soient effacées. »

Si des hommes séduits par les lueurs spécieuses de leur jugement, étaient choqués de voir que des substances matérielles tiennent en effet leur place dans le culte établi par le Réparateur universel ; s'il regardaient en conséquence ce culte, et le sacrifice qui s'y doit opérer, comme absolument figuratifs, et comme une simple apparence, ils seraient visiblement dans l'erreur : parce que dès lors ce sacrifice serait nul, et par cela même inutile aux Êtres vrais pour lesquels il doit être offert.

D'un autre côté, si l'esprit de l'homme voulant contempler les droits de cet acte efficace et réel, ne les cherchait que parmi *les nombres passifs*, n'y aurait-il pas à craindre qu'il ne trouvât alors que l'apparence de la réalité, au lieu de la réalité même ? ne perdrait-il pas de vue les fruits essentiels de ce culte qui doit rétablir *tous les nombres* dans leur ordre naturel, afin que nous nous voyons à la fois, dans le même acte, se manifester la sublimité *des nombres vrais*, disparaître la nullité *des nombres passifs* et rectifier l'irrégularité *des nombres faux* ; c'est à dire que dans cet acte, la plénitude des nombres doit se déployer devant l'homme, pour effacer la difformité qui résulte de leur séparation.

Enfin y aurait-il du danger à croire que dans cet acte à la fois corporel, spirituel et divin, dans cet acte qui ne tend qu'à délivrer l'homme de tout ce qui est sang et matière, tout dût être ESPRIT ET VIE comme celui qui l'a institué et qui le vivifie, et comme l'homme qui doit y participer ? Mais s'il est certain que ce Culte doit exister sur la terre, c'est à ceux qui en sont les dépositaires à prononcer.

Bornons-nous à reconnaître que toutes les autres parties d'un Culte qui n'est qu'ESPRIT ET VIE, doivent tendre à nous éclairer dans nos ténèbres. Il faut qu'elles soient comme une interprétation sensible des plus grandes vérités que l'homme puisse connaître, et qui lui sont vraiment analogues. Il faut que ce culte considéré dans ses *temps*, dans son *nombre*, dans ses diverses cérémonies, soit comme un cercle *d'actions vivantes* où l'homme intelligent et non prévenu puisse trouver la représentation caractéristique des lois de tous les Etres, de tous les âges, de tous les faits ; c'est-à-dire, que l'homme doit pouvoir y reconnaître non seulement sa propre histoire depuis sa primitive origine, jusqu'à sa réunion future avec son *Principe* ; non seulement celle de la nature entière, et de tous les Agents physiques et intellectuels qui la composent et qui la dirigent, mais encore celle de la main féconde qui rassemble sans cesse sous nos yeux les traits les plus saillants et les plus propres à l'explication de la vraie nature de notre Etre.

Voilà quels doivent être les signes sensibles des dons que le Réparateur universel a apportés sur la terre ; voilà le tableau abrégé de tout ce qu'il a dû opérer, afin que les hommes fussent liés à lui par l'unité d'action, comme il est lié par l'unité d'essence avec la Divinité.

C'est assez détailler les pouvoirs de l'Agent universel, c'est assez montrer les droits qu'il doit avoir à la confiance de l'homme : il nous suffit de pouvoir, par les seules lumières naturelles, reconnaître combien il était nécessaire que nous eussions un pareil type devant les yeux.

Ce serait être imprudent et offenser cet Agent que de prétendre l'annoncer plus clairement, puisque pour le faire avec une véritable efficacité, il a fallu qu'il parût lui-même.

D'ailleurs, fixer plus longtemps les yeux des hommes sur ces recherches profondes, ce serait paraître exclure les personnes simples et sans études, des privilèges qui ont été accordés à toute la postérité humaine.

L'homme, dont le cœur brûlant consume sans cesse les plantes sauvages et malsaines dont il est environné ; l'homme qui regarde l'*Agent* dont il reçoit la pensée, comme un être de jalousie qui s'afflige lorsqu'on aime quelque chose qui n'est pas lui ; l'homme qui en s'immolant perpétuellement lui-même, est toujours humble et tremblant devant Dieu, *parce que le secret de Dieu ne se révèle qu'à ceux qui le craignent ;* l'homme simple qui suit avec fidélité et confiance les Préceptes que l'Agent universel doit avoir enseignés, et qui viennent d'une source trop bienfaisante pour conduire à l'illusion et au néant. Tel est celui qui peut prétendre à entrer dans le conseil de paix ; d'autant que la science la plus élevée qui se puisse acquérir est un édifice frêle et chancelant, lorsqu'elle ne repose pas sur toutes ces bases qui en seront toujours le plus ferme appui.

Car enfin si l'homme dirigeait ses vues vers l'*Electre* universel, et qu'il se réchauffât à la chaleur d'un seul de ses rayons, il serait bien plus pur, plus lumineux, plus grand qu'il ne pourrait jamais le devenir par les discours et les raisonnements de tous les Sages de la terre.

D'ailleurs, s'il est des vérités qu'on doive divulguer, il en est beaucoup aussi qu'on doit taire, et l'expérience s'unit à la raison pour engager à la réserve, en montrant les maux inévitables qui, dans tous les temps, sont provenus de la publicité.

Parmi les Institutions savantes et religieuses les plus célèbres qui aient existé, il n'en est aucune qui n'ait couvert la *Science* du voile des mystères. Prenons-en pour exemple le Judaïsme et le Christianisme. Les Traditions Juives nous apprennent comment fut puni le Roi Ezéchias, pour avoir montré ses *trésors* aux Ambassadeurs de Babylonne ; et nous voyons par les anciens Rites chrétiens, par la Lettre d'Innocent I à l'Évêque Decentius, et par les écrits de Basile de Césarée, que le Christianisme possède *des choses de grande force et de grand poids, qui ne sont point et ne sauraient jamais être écrites.*

Tant que ces choses qui *ne sauraient jamais s'écrire* ne furent connues que de ceux qui devaient en être les dépositaires, le Christianisme jouit de la paix ; mais quand les Empereurs Romains, fatigués de persécuter les Chrétiens, désirèrent d'être initiés à leurs mystères ; quand les Maîtres des Peuples mirent le pied dans le Sanctuaire, et voulurent porter sur les objets les plus sacrés du Culte des yeux qui n'y étaient pas préparés ; lorsqu'ils firent du Christianisme une Religion d'État, et qu'ils ne la considérèrent que comme un ressort politique ; lorsque leurs Sujets furent forcés de se faire Chrétiens, et que l'on se vit ainsi dans le cas d'admettre sans examen tous ceux qui se présentaient ; alors naquirent les incertitudes, les doctrines opposées, les hérésies. L'obscurcissement devint presque universel sur tous les objets de la Doctrine et du Culte, parce que les plus sublimes vérités du Christianisme ne pouvaient être bien connues que d'un petit nombre de Fidèles, et que ceux qui ne faisaient que les entrevoir étaient exposés à des interprétations fausses et contradictoires.

C'est ce qui arriva sous Constantin, surnommé le Grand. Aussi à peine eut-il adopté le Christianisme, que les Conciles généraux commencèrent, et ce temps peut être regardé comme la première époque de la décadence des vertus et des lumières parmi les Chrétiens.

A l'exemple de Constantin, ses Successeurs désirant d'étendre le Christianisme, employèrent les privilèges et les grâces afin de lui procurer des Prosélytes. Mais ceux qu'ils devaient à de tels moyens, voyaient moins la Religion à laquelle on les appelait, que les faveurs du Prince et les attraits de l'ambition.

De leur côté, les Chefs spirituels eux-mêmes, pour s'attirer de nouveaux appuis, favorisèrent les désirs et les passions des Princes; et s'alliant chaque jour au temporel, ils s'éloignèrent de plus en plus de leur pureté primitive; en sorte que les uns *christianisant* le civil et le politique, les autres *civilisant* le Christianisme, il se forma de ce mélange un monstre, dont chacun des membres étant sans aucun rapport, il n'en put résulter que des effets discordants.

Les Sophistes des différentes Écoles, qui furent admis au Christianisme, augmentèrent encore le désordre, en mêlant à cette Religion simple et sublime, une foule de questions vaines et abstraites, qui au lieu de l'union et des lumières ne produisirent que la division et les ténèbres. Les Temples du Dieu de paix furent convertis en Écoles scientifiques, où les différents Partis disputèrent avec plus de violence que ne l'avaient fait les philosophes sous les portiques d'Athènes et de Rome. Leurs disputes étaient d'autant plus dangereuses qu'elles nuisaient aux choses à cause des mots; car le grand nombre ne savait pas que la *vraie science* a une langue qui lui est particulière, et qu'elle ne peut s'exprimer avec évidence que par ces propres *caractères* et par des *emblèmes ineffables*.

Dans cette confusion, la clef de la science ne cessa pas d'être à la portée des Ministres des Autels, comme dans un *centre d'unité* qu'elle ne doit jamais abandonner : mais la plupart d'entre eux ne s'en servaient point pour pénétrer dans le sanctuaire; ils empêchaient même l'homme de désir d'en approcher, de peur qu'il n'aperçût leur ignorance; et ils défendaient de chercher à connaître les mystères du Royaume de Dieu, quoique selon les Traditions mêmes des Chrétiens, *le Royaume de Dieu soit dans le cœur de l'homme*, et que dans tous les temps la Sagesse l'ait pressé d'étudier son cœur.

Ceux des Chefs spirituels qui se préservèrent de la corruption, gémissant sur les égarements de la multitude, s'efforçaient par l'enseignement et l'exemple, de conserver chez les hommes le zèle, les *vertus* et l'amour de la vérité. Mais ce fut en vain qu'ils s'élevèrent contre les abus, le monstre qui avait déjà reçu la naissance, était trop favorable aux désirs ambitieux de ses Partisans, pour qu'ils ne prissent pas soin de le fortifier. Jeune encore sous les premiers Empereurs Grecs, quoiqu'il annonçât déjà sa fierté, il ne porta pendant quelques siècles que des coups faibles et peu éclatants; telles furent les légères entreprises de Symmaque contre l'Empereur Anastase. Mais ayant atteint l'âge où il pouvait déployer sa férocité, les premiers Empereurs Français lui en facilitèrent les moyens. Le père de Charlemagne avait vu le pape à ses pieds, pour le supplier de le défendre contre les Lombards, et d'avance, le Prince avait reçu le Sacre de sa main, en récompense des services qu'il allait lui rendre. Ce commerce bizarre ne tarda pas d'avoir les suites les plus étranges. Ceux qui d'abord n'avaient fait que joindre une cérémonie pieuse, aux droits politiques d'un Souverain, prétendirent bientôt lui avoir donné ces mêmes droits, bientôt en être les dépositaires, bientôt enfin pouvoir, quand il leur plairait, les retirer à ceux à qui ils se persuadaient de les avoir donnés.

Aussi le fils de ce Charlemagne, dont le Père avait vu le Pape à ses pieds, non seulement fut aux pieds du Pape, mais fut même, au milieu d'une assemblée de ses propres Sujets, déposé par l'Evêque Ebbon. Seconde époque, dans laquelle les égarements vinrent de la part des Chefs spirituels.

Dès que ce torrent eut rompu ses digues, il n'est point de désordre, qu'on n'en vît naître; l'ambition et le despotisme se couvrant alors du voile de la Religion, firent couler plus de sang en dix siècles que les hordes des Barbares n'en avaient répandu depuis la naissance du Christianisme, et pour frémir d'horreur, il ne faut qu'ouvrir l'histoire de Comnène à Constantinople, des Philipe en France, des Frédéric en Allemagne, des Suinthila en Espagne, des Henri et des Edouard en Angleterre. Cependant le moment arriva où les yeux devaient commencer à s'ouvrir.

Quand les Chefs du Christianisme se furent confondus avec le Temple et le Tabernacle, tandis qu'ils n'en devaient être que les colonnes ; quand ils voulurent sanctifier leur ignorance; quand ils eurent porté l'extravagance jusqu'à lancer des décrets qui défendaient aux Souverains anathématisés de remporter des victoires, et jusqu'à interdire aux Anges par les mêmes décrets de recevoir les âmes de ceux qu'ils avaient proscrits; quand enfin il s'éleva plusieurs prétendants à la Tiare, qu'on les vit s'anathématiser réciproquement et se livrer des batailles sanglantes jusque dans les Temples des Chrétiens; les Peuples étonnés se demandèrent si ces têtes pouvaient encore être sacrées, étant couvertes d'anathèmes, et ils se permirent de laisser reposer leur enthousiasme pour y substituer la réflexion.

Mais dans ces temps malheureux où le sacré et le profane étaient confondus, où la dispute était la seule science du Christianisme public, où les Clercs n'étaient jugés dignes des fonctions de l'Autel, qu'après avoir passé par les frivoles épreuves d'une scholastique barbare, les réflexions des Peuples pouvaient-elles être susceptibles de justesse et de maturité ?

Ces hommes grossiers, voyant les désordres de ceux qui professaient les dogmes sacrés, ne se contentèrent pas de douter des Maîtres, ils portèrent l'imprudence jusqu'à suspecter les dogmes mêmes, et à force de les considérer dans cet esprit de défiance, ils crurent y voir des difficultés insolubles. Troisième époque, dans laquelle les égarements vinrent de la part des membres.

De là les différentes Sectes qu'on a vu naître, depuis trois ou quatre siècles dans le sein du Christianisme ; lesquelles à leur tour servant de prétexte à l'ambition, en ont été mutuellement les instruments et les victimes.

Mais des malheurs d'un autre genre se sont mêlés à

ces erreurs, d'autant qu'on a vu à la fois, la *croyance des choses vraies*, et la *crédulité criminelle* confondues, et proscrites par des sentences barbares, ce qui enhardi, les *Ouvriers mauvais*, et fait taire de plus en plus les *Ouvriers légitimes*.

Alors ceux des Chefs spirituels qui avaient conservé le dépôt dans sa pureté, n'auraient pas été entendus, s'ils avaient voulu diriger la pensée de l'homme vers la hauteur de ce *Sacerdoce ineffable* qui l'approche de la Divinité; et s'ils eussent voulu l'engager à la recherche des *sciences Divines* en repliant son action sur lui-même, et en se dépouillant de tout ce qui est étranger à son Etre pour se présenter tout entier avec un désir pur aux rayons de l'intelligence.

Aussi les controverses passionnées et sanglantes des derniers siècles n'ont-elles produit que des systèmes absurdes et des opinions plus hardies encore que celles qui avaient déjà égaré les hommes depuis la naissance du Christianisme. Car les Observateurs révoltés de la diversité et de l'opposition des idées sur les Dogmes les plus essentiels, attaquèrent la base même de l'Institution chrétienne, et ne tardèrent pas à la rejeter, l'ayant confondue avec l'édifice monstrueux que l'orgueil et l'ignorance avaient élevé dans son sein.

Que devait-on attendre d'eux, après qu'ils eurent porté ce coup à la seule Religion qui ait présenté aux hommes le caractère frappant de s'être répandue, sans avoir jamais plié devant les Peuples conquérants; d'avoir vaincu non des Nations grossières et barbares, comme on l'a vu de la Religion de Mahomet, mais des Nations savantes et policées; de les avoir vaincues, non par les armes, mais par les seuls charmes de sa douce Philosophie.

Des Observateurs qui avaient ainsi méconnu la base du Christianisme, ne pouvait pas porter un jugement plus favorable des autres Religions; en sorte que n'apercevant plus aucun lien entre l'homme et son Principe invisible, ils l'en crurent tellement séparé que nulle Institution religieuse ne pouvait l'en rapprocher. Quatrième époque de dégradation, dans laquelle l'homme devenant Déiste, ne s'est trouvé qu'à un pas de sa ruine.

Les progrès de l'erreur ne se sont point arrêtés là; il s'est présenté de nouveaux Observateurs qui pour se tirer de la confusion que le Déisme avait répandue sur les sciences religieuses, ont enseigné des opinions encore plus destructives.

Non seulement ils ont dit que les Instituteurs du Christianisme et de toutes les Religions étaient ignorants, trompeurs, ennemis même de la morale qu'il professaient; que leurs Dogmes étaient nuls et contradictoires, dès qu'ils étaient contredits; enfin que la base sur laquelle ces Dogmes s'appuyaient était imaginaire, et que par conséquent l'homme n'avait aucun rapport avec les *vertus* supérieures; mais ils ont été jusqu'à douter de sa nature immatérielle. Ils ont accompli par là cette menace faite aux Hébreux, que s'ils négligeaient leur loi, ils finiraient bientôt par tomber dans un tel degré de misère et d'abandon, *qu'ils ne croiraient plus à leur propre vie.*

Enfin ils ont été conduits par là à nier l'existence même du Principe de toutes les existences, puisque nier la nature immatérielle d'une production telle que l'homme c'est nier la nature immatérielle de son Principe générateur. Cinquième et dernière époque de dégradation, où l'homme n'étant plus que ténèbres, est au-dessous de l'insecte même.

C'est de ce système funeste que sont provenus tous les déraisonnements philosophiques qui ont régné dans ces derniers temps. Les premières postérités avaient péché par *l'action*, en voulant égaler Dieu par leurs propres *vertus*; les dernières pèchent par *nullité*, en croyant qu'il n'y a dans l'homme ni *action* ni *vertus*.

C'est de là qu'est venu le délire d'un Athée moderne, qui écrivant contre la Divinité, a cru en démontrer le néant, en ce que, selon lui, si elle eût existé, elle aurait puni son audace.

Ne pouvait-on pas lui répondre que la Divinité peut

exister et ne pas punir des attaques impuissantes ? que l'on doit plutôt croire que vraiment il ne l'a pas attaquée ? que de vains écrits peuvent ne point allumer les foudres de sa colère ? enfin qu'il n'était pas *assez avancé* pour *élever sa voix* jusqu'à elle, ni *assez instruit* pour *proférer* contre elle de *véritables blasphèmes* ?

Nous avons vu quelle a été, depuis le commencement du Christianisme, la progression du désordre dans lequel les disputes scientifiques ont entraîné les hommes, et celui qu'a produit la trop facile publicité de choses qui ne peuvent être bien conçues par la multitude, ni cesser d'être secrètes sans qu'elles soient exposées à être mal comprises ou mal interprétées. Quelle est donc la route que l'esprit de l'homme doit prendre pour sortir de cet état désordonné et dévoué à l'incertitude ? C'est celle qu'il découvrirait presque sans effort, s'il tournait ses regards sur lui-même.

Une considération attentive de notre Être, nous instruirait sur la sublimité de notre origine ; et sur notre dégradation ; elle nous ferait reconnaître autour de nous et dans nous-mêmes, l'existence des vertus suprêmes de notre Principe ; elle nous convaincrait qu'il a été nécessaire que ces *vertus* supérieures se présentassent à l'homme visiblement sur la terre, pour le rappeler aux sublimes fonctions qu'il avait à remplir dans son origine ; elle nous démontrerait la nécessité d'un culte, afin que la présence de ces *vertus* ne fût point sans efficacité pour nous.

Nous suivrions les traces de ces vérités dans toutes les Institutions religieuses ; et loin que la variété de ces Inscriptions dût nous faire douter de la base sur laquelle elles reposent, nous rectifierons par la connaissance de cette base, tout ce qu'elles peuvent avoir de défectueux ; c'est-à-dire, que nous rallierions dans notre pensée ces vérités éparses, mais impérissables, qui percent au travers de toutes les Doctrines et de toutes les Sectes de l'Univers.

Nous élevant ainsi de vérités en vérités, avec le secours d'une réflexion simple, juste et naturelle, nous remonterions jusqu'à la hauteur d'un type unique et universel, d'où nous dominerions avec lui sur tous les Agents particuliers intellectuels et physiques qui lui furent subordonnés, parce qu'étant le flambeau vivant de toutes les pensées et de toutes les actions des Êtres réguliers, il peut répandre à la fois la même lumière dans toutes les facultés de tous les hommes.

Et c'est là cette brillante lumière que l'homme peut faire éclater en lui-même, parce qu'il est le mot de toutes les énigmes, la clef de toutes les Religions et l'explication de tous les mystères. Mais, oh homme! lorsque tu seras arrivé à cet heureux terme, si tu es sage, tu garderas ta science dans ton cœur.

XXI

La Loi sensible et la subdivision universelle auxquelles les hommes ont été assujettis, les ayant soumis à une forme de matière, la terre est trop étroite pour qu'ils puissent l'habiter tous ensemble; et il a fallu qu'ils vinssent successivement y puiser les forces et les secours qui leur sont nécessaires pour traverser l'espace par lequel ils sont séparés de la source de toute lumière.

Si l'homme doutait encore de sa dégradation, il ne faudrait que cette seule preuve pour l'en convaincre, puisqu'il est impossible de concevoir rien de plus honteux et de plus triste pour des êtres pensants, que d'être dans un lieu où ils ne peuvent exister qu'avec un petit nombre de leurs *Concitoyens*; pendant que par leur nature, quelque nombreux qu'ils soient, ils sont faits pour habiter et agir tous ensemble.

Voilà pourquoi les hommes qui n'étaient pas nés, lors de la manifestation générale au milieu des temps, n'ont pu alors en recevoir les avantages effectifs et directs, comme ceux qui avaient déjà parcouru cette surface, ou qui l'habitaient à cette époque. On peut dire même que l'*Agent universel* s'étant soumis à la loi temporelle, et apportant l'intelligence visiblement sur la terre, n'a pu la manifester à la fois par ses actes dans tous les lieux de notre habitation terrestre ; que s'il l'a fait en puissance dans toutes les parties de cette terre, il ne l'a fait en acte que dans les lieux qu'il a habités, ou peut-être dans *quelques autres contrées*, mais d'une manière étrangère à la matière, et en faveur de quelques Élus destinés à concourir à son œuvre. Car la vertu et les pouvoirs de ces *signes visibles* qui accompagnent partout ici-bas les pensées, devaient résider avec une entière supériorité dans celui qui produit toutes les pensées.

Aujourd'hui même, tous les hommes n'étant point encore nés, la postérité humaine ne voit point l'ensemble des fait de l'unité ; elle ne voit point en acte sur toute son espèce, l'œuvre universelle de la Sagesse ; ce grand œuvre, dont l'objet est que tous les Êtres aient à la fois devant les yeux les signes réels de l'infini, et que les bornes du temps étant disparues, ils aient tous, comme avant le crime, la preuve intuitive que c'est le même Dieu qui conduit tout.

Ajoutons que l'Univers entier étant la prison de l'homme, jamais l'espèce humaine ne pourra à la fois, sans que l'Univers matériel soit détruit, être témoin du grand spectacle de l'immensité dont elle est sortie.

Le cours de la vie de l'homme particulier vient à l'appui de cette vérité. A mesure que son Être intellectuel s'élève vers la lumière, son corps s'affaisse et se replie sur lui-même, et l'on doit être convaincu que quand il a rassemblé en lui toutes les *vertus* que comporte sa région terrestre, sa forme corruptible ne peut plus exister avec lui ; comme certains fruits qui se séparent naturellement de leur enveloppe, quand ils ont acquis leur maturité ; en sorte que la vie de l'un est la mort de l'autre.

Par la même Loi, quand le nombre des hommes qui doivent exister matériellement sur la terre sera complot, la forme universelle repliant son action, disparaîtra pour eux, et la plénitude de ce nombre temporel rendra inutile pour l'homme l'existence de l'Univers.

Enfin si les facultés de l'homme particulier ne peuvent jouir de l'universalité de leur propre action tant qu'il est lié aux moindres vestiges de sa matière ; s'il ne peut être vraiment libre tant qu'il est soumis aux influences des êtres contraires à sa nature ; s'il ne peut contempler l'ensemble de la Région sublime où il a pris naissance, tant que la moindre parcelle corruptible existe entre lui et ces sublimes tableaux, il en est de même pour l'espèce universelle de l'homme.

Or la terre, et toutes les grandes colonnes de l'Univers, recèlent encore les rayons de ces *substances pures* qui ont été entraînées avec lui dans sa chute. Il faut donc, si l'homme est destiné à se rapprocher d'elles, que tous les *décombres* disparaissent, pour que d'un côté les substances supérieures, et de l'autre les *vertus* de tous les hommes, formant comme deux faisceaux de lumière, puissent s'animer réciproquement et manifester tout leur éclat.

On sait que les témoignages universels des Peuples s'accordent sur ce point. Tous regardent l'état violent de la Nature et de l'homme, comme la suite du désordre, et comme une préparation à un état plus calme et plus heureux. Tous attendent un terme aux souffrances générales de l'espèce, comme la mort en met chaque jour aux souffrances corporelles des individus qui ont su garantir leur Être de tout amalgame étranger. Enfin, il n'est pas un Peuple, et l'on pourrait dire pas un homme, rendu à lui-même, pour qui l'Univers temporel ne soit une grande *allégorie*, ou une grande *fable* qui doit faire place à une grande *moralité*.

La dissolution générale suivra les mêmes lois que la dissolution des corps particuliers. Lorsque l'univers sera dans la septième Puissance de sa racine septénaire, tous les Principes de vie répandus dans la création, se rassembleront dans son centre, comme la chaleur des animaux mourants abandonne insensiblement toute la forme pour se réunir au cœur. Car on ne peut se dispenser d'admettre dans la Nature un centre igné, actif et vivant, puisque les moindres corps particuliers ont chacun un principe ou un centre de *vie* quelconque qui les fait exister.

Ce centre actif et universel étant adhérent à la terre, il est naturel de penser que c'est à elle que tous les autres centres se réuniront ; et quand les Traditions des Chrétiens nous font l'étrange prédiction qu'à la fin des temps, *les étoiles tomberont sur la terre*, elles ne parlent que de la réunion de ces différents centres avec le centre universel : ce qui ne doit plus être difficile à comprendre, puisque les étoiles ne pourront tomber sur la terre qu'en laissant évanouir leur forme ; comme les différentes parties de nos corps se dissolvent et disparaissent à mesure que leurs principes secondaires se réunissent à leur Principe générateur.

Une seule différence se fait remarquer entre la mort des corps particuliers et la mort de l'Univers : c'est que les individus corporels n'étant que des faits seconds, subissent des lois secondes après leur mort, qui sont la putréfaction, la dissolution, et la réintégration. Au lieu que l'Univers étant un fait premier dans l'ordre corporel, n'a besoin que d'une seule loi pour compléter le cours de son existence. Sa naissance et sa formation ont été l'effet de la même opération, il en sera ainsi de sa mort et de sa disparition totale. Enfin, si pour que l'Univers fût, il suffit que l'Éternel ait *parlé* ; il suffira que l'Éternel *parle*, pour que l'Univers ne soit plus.

Qu'on se rappelle ici qu'à l'image du grand Être, l'homme emploie les mêmes moyens et les mêmes facultés pour donner l'existence à ses ouvrages matériels que pour les détruire.

Avant cette disparition finale, il y aura des maladies dans la Nature universelle, comme la diminution de la chaleur en occasionne dans les corps particuliers avant qu'ils cessent totalement leur action. Les vertus *ternaires* des éléments qui servent de colonnes à l'Univers, se suspendront, comme la force et l'activité nous abandonnent, lorsque nous approchons naturellement de notre fin. Et tel est le sens des Traditions des Chrétiens, lorsqu'elles nous présentent tous les fléaux ternaires se manifestant à la *voix* des *sept Agents* supérieurs ; c'est-à-dire, quand ces sept Agents remettront au grand Être, les droits et les *vertus* dont il les avait remplis pour l'accomplissement de ses desseins dans l'Univers.

Tel est, dis-je, le sens de ces Traditions, lorsqu'elles nous offrent aux différents termes de cette époque septénaire, l'altération, l'incendie, la destruction de la troisième partie de la terre, des arbres, de l'herbe verte ; de la troisième partie de la mer, des poissons, des vaisseaux, des fleuves et des fontaines ; de la troisième partie du Soleil, de la Lune et des Étoiles ; de la troisième partie des hommes ; lorsqu'elles nous parlent de la naissance de nouveaux animaux, s'élevant du sein de la terre sur sa surface pour en tourmenter les Habitants, comme des vers et des insectes dégoûtants sortent quelquefois de la chair de l'homme et le dévorent avant son terme ; lorsqu'elles nous parlent du changement de couleur dans les astres, de la transposition des îles et des montagnes ; enfin, lorsqu'elles nous peignent la combustion de tous les éléments, pour nous retracer à la fin des temps les *désordres* qui les ont fait commencer.

Mais l'homme avancé en âge non seulement éprouve du dépérissement dans son corps, il en éprouve encore dans son intelligence, s'il n'a pas eu soin de mettre à profit les secours qui lui ont été offerts dans les différentes époques de sa vie, et de coopérer au développement de ses facultés, qui sont destinées à une croissance continuelle : son esprit se trouve alors dans une double privation, ne jouissant ni des trésors de la Sagesse, qu'il n'a pas su acquérir, ni de l'activité de sa jeunesse, dont l'époque est passée pour lui.

Tel est aussi le sort de l'homme général : les secours envoyés aux hommes, ont été en croissant depuis l'origine des choses jusqu'au milieu des temps, quoique l'usage qu'ils en ont fait, n'ait pas été dans la même proportion.

Ces secours croissent également depuis le milieu des temps, parce qu'ils ont ouvert alors le sentier de l'infini ; mais comme ils se simplifient de plus en plus, et deviennent plus intellectuels, ils seraient imperceptibles et inutiles pour la postérité humaine, si elle ne suivait pas la même progression, en sorte qu'elle pourrait en venir à perdre de vue, même les fruits inférieurs que ces secours avaient commencé de lui procurer.

Peignons-nous donc les postérités futures accablées par les désordres des causes physiques, et par ceux qu'elles auront laissé dominer dans leur Être intellectuel. Peignons-nous les hommes des temps à venir, perdant l'espérance de se voir renaître et condamnés à la stérilité dès qu'ils toucheront au complément du nombre temporel des hommes. Peignons-nous les d'autant plus effrayés de cette stérilité qui leur présentera l'image importune du néant, qu'ils seront plus tourmentés par les *actions corrosives*, lesquelles ils verront alors s'accumuler sur eux, parce qu'il y aura moins d'individus sur qui elles puissent se partager.

Peignons-nous ces hommes exposés aux effroyables convulsions de la Nature, et n'ayant acquis dans leur intelligence, ni les lumières, ni les forces suffisantes pour s'en défendre, ni la résignation pour se soumettre à celles qui seront inévitables.

Voyons-les tellement éloignés de leurs *appuis*, qu'ils n'en pourront plus entendre la voix ; et néanmoins cherchant encore ces *appuis* par le besoin irrésistible de leur nature. Ce sera là cette faim et cette soif qui, selon les Prophètes, *doivent être envoyées sur la terre, non la faim du pain, ni la soif de l'eau ; mais la faim et la soif de la parole* : désir d'autant plus douloureux, que selon les mêmes Prophètes, les hommes *circuleront partout pour chercher cette parole, et ne la trouveront point.*

Représentons-nous enfin ces hommes maudissant

peut-être le Dieu suprême, tandis qu'il ne cessera de leur tendre la main pour les aider à passer sans accident sur le *puits de l'abîme*. Car cette main bienfaisante qui n'a jamais retenu ses dons pour les enfants de l'homme, les retiendra bien moins encore dans un temps où leurs besoins seront extrêmes.

Pour comble d'afflictions, les hommes de ces temps futurs apercevront à découvert le tableau des siècles, comme l'homme particulier approchant de sa fin, voit ordinairement se tracer devant lui, par des traits rapides et vifs, tout le cercle de sa vie passée. Ces malheureux hommes seront déchirés de douleur, en comparant dans ce tableau des siècles, l'immense et inépuisable abondance des *biens* dont la terre n'a cessé d'être comblée, avec l'horrible prostitution que la postérité de l'homme en a faite dans tous les temps : ils y verront rassemblés, d'un côté, les nombreux trésors de *vertus* qui ont été depuis l'origine des choses envoyées au secours de l'homme, et qui sont toujours à sa portée ; de l'autre, il aura devant les yeux les *fruits* impurs de l'*iniquité*, qui se sont également accumulés dans le creuset du monde, et qui en ont retardé l'épurement pour un si grand nombre de ceux qui l'ont habité.

Au milieu de ces désordres, peignons-nous des hommes ignorants, *impurs*, imposteurs, cherchant à éteindre dans leurs semblables, les derniers rayons de la lumière naturelle qui nous éclaire tous, et tâchant de se substituer dans leur esprit, au véritable et unique appui dont les hommes puissent attendre des secours. Peignons-nous enfin ces temps futurs infectés des poisons d'une doctrine de *mort* qui éloignera les hommes de leur but au lieu de les en rapprocher. Car ce qui rendra ces aveugles Maîtres si dangereux, c'est que l'*homme criminel* étant alors plus *développé* qu'il ne l'est encore, il attaquera les hommes avec des *faits*, au lieu que jusqu'à présent, on ne les a presque attaqué que par des discours.

Si la postérité humaine a si peu profité des secours qui l'ont environnée, s'il elle n'a fait que substituer les ténèbres à la lumière, comment résistera-t-elle à de semblables Adversaires? On ne voit plus là qu'un affreux abîme dont l'obscurité et l'horreur ne peuvent aller qu'en augmentant, jusqu'à ce que n'y ayant plus aucun lien visible ni invisible entre l'Univers corrompu et le Créateur, la dissolution générale du Monde vienne terminer à la fois et les erreurs et les iniquités des hommes.

La Loi même donnée au milieu des temps n'a point anéanti le germe de ces désordres que les hommes sont toujours maîtres de produire et de multiplier. L'*Elu universel* n'a été chargé pendant sa manifestation temporelle, que d'apporter cette Loi aux hommes et de la leur expliquer, mais non pas de l'exécuter sans le concours de leur volonté.

Il lui suffisait donc de leur donner une idée juste de la *science Divine*, et de leur apprendre que cette science n'est autre chose que celle des *lois* employées par la Sagesse suprême, pour procurer aux Etres libres, les moyens de rentrer dans sa lumière et dans son unité. Cette connaissance une fois donnée aux hommes, les temps leur ont été accordés, non pour l'oublier et la profaner, mais pour la méditer et la mettre à profit.

Quand ces temps seront écoulés; quand, selon l'expression des Prophètes, *les siècles seront rentrés dans leur antique silence*, et que les *Astres* ayant rassemblé leurs *sept actions* en une seule, leur lumière sera devenue *sept fois* plus éclatante : alors à la faveur de leur clarté, l'intelligence de l'homme découvrira les *productions* qu'elle aura laissé germer en elle même; alors elle se nourrira des propres *fruits* qu'elle aura semés.

Malheur à elle si ces fruits sont sauvages, corrompus ou malfaisants; car n'ayant point alors d'autre nourriture elle sera forcée de s'en alimenter encore et d'en éprouver la continuelle amertume; car les substances fausses et impures, engendrées en elle par ses désordres, ne pouvant entrer dans la réintégration, il n'y aura que la violente opération d'un *feu actif*, qui ait assez de force pour les dissoudre.

Malheur à l'intelligence, si elle a versé le sang des Prophètes ; non pas seulement qu'elle ait contribué à la destruction corporelle de ceux qui ont porté ce nom sur la terre, mais bien plus encore, si elle a repoussé ces *notions intimes*, ces *Actions vivantes* que la Sagesse lui communiquait à chaque instant ; lesquelles n'ayant pour but que de présenter la vérité à l'homme, afin qu'il puisse la voir comme elles la voient elles-mêmes, deviennent pour lui de véritables Prophètes dont le *sang* lui sera redemandé avec une rigueur inflexible, s'il a été assez négligent pour le laisser *couler* sans profit, assez dépravé pour en arrêter l'influence sur ses semblables !

Malheur à l'intelligence, si ne devant agir que de concert avec son Principe, elle a cependans voulu agir sans lui ; parce qu'après la dissolution de ses liens corporels, elle sera réduite encore à agir sans ce Principe, ainsi qu'elle aura fait dans le cours de sa vie terrestre !

Car telle sera la différence extrême entre notre état actuel de la vie corporelle, et celui qui le doit suivre, lequel n'est encore sensible qu'à notre pensée. Nous ne connaissons pour ainsi dire ici-bas que par nos désirs l'action vivante et intellectuelle qui nous est propre ; parce que pendant notre séjour dans la matière, les moyens les plus efficaces de cette action nous sont refusés : mais au sortir de cette matière, lorsque pendant notre vie corporelle nous avons conservé la pureté de nos affections, ces moyens efficaces nous environnent et nous sont prodigués sans mesure ; et des jouissances inconnues à l'homme terrestre le dédommagent amplement des privations qu'il a supportées.

Or l'homme perd à la mort tous les objets, tous les moyens, tous les organes qui servaient d'aliment et de canal au crime : et si pendant sa vie corporelle ; il a nourri dans lui des penchants faux et des habitudes d'erreur, il ne lui reste, lorsqu'il est séparé de son enveloppe que le désordre de ses goûts et de ses désirs corrompus, avec l'horreur de ne pouvoir plus les accomplir.

Ainsi donc la situation future de l'Impie sera d'autant plus affreuse que l'enveloppe matérielle qui nous cache aujourd'hui la lumière étant dissoute, il verra le *flambeau vivant* de la vérité sans pouvoir s'en approcher; et ceci a été prédit d'avance dans l'Univers temporel, par les *satellites* de *Saturne*, qui, circulant autour de l'anneau dont cet astre occupe le centre, ne peuvent pénétrer dans son enceinte.

Nous en avons encore un tableau sensible dans plusieurs substances élémentaires. Lorsqu'elles ont subi les différentes opérations du feu, elles se vitrifient et acquièrent une transparence qui nous laisse apercevoir la lumière dont elles nous tenaient auparavant séparés. De même après les différentes *actions* des Etres destinés à accomplir les desseins du Créateur dans l'Univers, ils se dégageront, par les *vertus* d'un *Feu* supérieur, de toutes les substances de leur Loi temporelle, lesquelles ne sont qu'impureté relativement au premier état dans lequel ils ne devaient jamais cesser d'être. Alors ils prendront une clarté vive; ils formeront autour de l'Impie, une barrière lumineuse au travers de laquelle sa vue intellectuelle pourra pénétrer; mais que lui-même ne pourra jamais franchir tant que sa volonté demeurera impure, et qu'il n'aura pas vomi jusqu'à la dernière goutte le breuvage d'iniquité dont il aura été forcé d'éprouver toute l'amertume et l'horreur pendant la durée des siècles.

C'est là que se trouvera le complément *d'un temps, des temps, et de la moitié d'un temps*. Car après l'enfantement universel, il y aura un *délivré* comme dans les enfantements particuliers; et c'est le *demi-temps* de *Daniel*.

Or d'après l'idée que nous avons donnée de la volonté il est impossible de fixer d'autre terme à cette privation ou à ce *demi-temps*, que celui que l'Impie se sera fixé lui-même; car comment nombrer alors la durée de ses actes? Il faudrait qu'ils pussent se comparer avec le temps, et la *mesure* du temps sera brisée.

Mais parce que l'Impie sera près de la lumière, et qu'il ne pourra pas en jouir, ses pâtiments seront inconcevables. Il connaîtra ces pleurs et ces grincements de dents auxquels il a été fait allusion dans l'ouvrage déjà cité, par le nombre *cinquante-six*; attendu que cette expression représente à la fois, le Principe de l'idolâtrie, et la borne qui le séparera du séjour de la perfection.

Étant donc exclus de l'ordre et de la pureté, l'horreur et le désespoir seront sa vie; la fureur et la rage ses seules affections, jusqu'à ce qu'étant réduit à déchirer ses *flancs* pour se *nourrir* et à *étancher sa soif* dans son propre *sang*, il dévore lui-même la corruption dont il s'est infecté, et qu'il en fasse passer la source toute entière par les *ardeurs de son propre feu*.

Si au contraire l'homme n'a reçu et n'a cultivé en lui que des *germes* salutaires et analogues à sa vraie nature; s'il a été assez heureux pour arroser quelquefois de ses larmes cette *plante fertile* que nous renfermons tous en nous-mêmes; s'il a compris qu'il devait porter comme tous les Êtres, les signes caractéristiques de son Principe, et que nul autre que le premier de tous les Principes, ne pouvait lui avoir donné l'existence; s'il a désiré de ressembler à ce Principe, en se conformant à ses *images* envoyées dans le temps; s'il a essayé de le faire connaître à ses semblables, en les aimant comme il les aime, en tolérant leurs égaremens comme il les tolère, en se transportant par la pensée jusque dans ces temps de calme et d'unité où les désordres ne l'affecteront plus; enfin, s'il a tâché de traverser cette ténébreuse demeure, sans faire alliance avec les *illusions* qui la composent; n'ayant pris dans ce passage laborieux, que ce qui pouvait *étendre* sa propre nature et non la défigurer; alors il cueillera des fruits dont le *goût*, la *couleur* et le *parfum* flatteront les sens intellectuels de son Être, en même temps qu'ils en vivifieront continuellement toutes les facultés. Rien ne le séparera de ces sphères supérieures dont les sphères visibles ne sont que d'imparfaites images, et dont le mouvement dirigé selon des rapports inaltérables enfante la plus sublime harmonie et transmet les accords Divins à l'universalité des Êtres.

« Là, comme les Anges dans le Ciel, il ne sera pas marqué du nombre de réprobation exprimé aujourd'hui par la différence des sexes ; parce que le *Principe animal*, celui dont l'action génératrice et constitutive porte spécialement sur la production des sexes, sera retourné vers sa source, et n'agira plus matériellement. Il y aura cependant des corps, mais comme ces corps seront animés par une action plus vivante que celle de la matière, ils n'auront de caractérisées que les parties de notre forme qui servent de siège à l'esprit, et qui le manifestent, ou celles qui peuvent être employées à *l'exercice pur* de ses fonctions. »

Toutes les sciences, toutes les *vertus* des Agents que la Sagesse divine a préposés pour le soutien et l'instruction de l'homme, depuis l'origine du désordre, deviendront son partage : il aura leur force, leur zèle pour le règne de la vérité, leur intelligence pour la comprendre et leur pureté pour en jouir.

Ayant laissé loin de lui les allégories et les emblèmes, il reconnaîtra intuitivement ces mêmes *vertus* que la charité a détachées de leur Principe pour venir guider et soutenir l'homme jusque dans le lieu de sa laborieuse expiation. Elles jouiront en lui du fruit de leurs travaux : il jouira en elles de ce plaisir inexprimable de pouvoir toucher et bénir des mains bienfaisantes. Comme ils seront dégagés les uns et les autres de ces sollicitudes et de ces actes douloureux auxquels la Loi du temps les assujettit encore, ils porteront avec sécurité leurs *yeux* pleins de joie et d'attendrissement vers la source dont ils auront reçu toutes leurs jouissances ; et se revêtant de la simplicité de leur *premier caractère*, ils auront droit de *porter la main* à l'encensoir, et d'offrir chacun selon leur *mesure* et leur *nombre*, des *parfums* purs et volontaires à celui qui leur aura fait goûter la paix *sacrée* et les *virtuelles* délices de la vérité.

On sait que les témoignages universels des Peuples s'accordent sur cette Doctrine consolante. Si tous les

Peuples ont leur *Minos*, si tous ont l'idée de son redoutable Tribunal, et celle du *Tartare* où les hommes coupables passeront des jours d'horreur et de ténèbres; ils ont aussi celle de ces champs fortunés où les Êtres vertueux et paisibles, jouiront sans trouble et sans alarmes, du fruit des heureux dons qu'ils auront répandus sur la terre.

L'homme pur pourra donc alors recouvrer l'accès de ce *Temple impérissable* dont il devait publier les merveilles, et dont le crime l'a fait bannir. Il approchera de l'*Arche sainte*, sans craindre d'en être renversé, parce que plus puissante que celle dont les Traditions des Hébreux nous ont parlé, elle ne laissera entrer dans son enceinte que ceux qu'elle aura purifiés.

Là, aucun Être ne sera exposé à la punition d'Oza, parce que cette *Arche sainte* est le dépôt de la clémence et de la vie; et comme elle est à la fois le *centre*, le *germe* et la *source* de toutes les *Puissances*, il sera à jamais de toute impossibilité que l'homme se voit admis à son culte, sans qu'elle-même lui ouvre son Sanctuaire.

Le Grand Prêtre de la Loi antérieure au temps, le même qui a présidé invisiblement aux cultes de tous les Peuples de la terre, puisqu'il n'en est aucun qui n'annonce des traces de la vérité, le même qui a dû présenter aux hommes, au milieu des temps, le tableau de leur Être et la réunion de toutes les *vertus* Divines que le crime avait fait subdiviser pour nous, sera aussi celui qui présidera à ce culte futur et postérieur au temps puisqu'étant le seul Agent universel de la Sagesse suprême, il peut seul distribuer l'universalité des grâces qu'elle destine à tous ses enfants.

Il habitera donc au milieu des Lévites choisis, qui comme lui ayant vaincu la corruption, seront jugés dignes de remplir dans le Temple les fonctions saintes. Là, il les verra apporter sans relâche autour de lui, les offrandes de leurs louanges et de leur amour; et versant lui-même sur ces offrandes son *onction vivifiante*, il en fera exhaler des parfums odorants et *nombreux*, qui répandront la sainteté dans toute l'étendue de cet auguste enceinte.

Ces parfums se succédant avec une abondance intarissable, s'élèveront jusqu'à la source première de toute vie et de toute intelligence ; et cette source inépuisable, toujours pénétrée par leur activité, s'entr'ouvrira toujours pour laisser avec la même abondance et la même continuité, découler jusque dans l'âme des hommes, les douceurs de sa propre existence. Ainsi l'homme pourra se nourrir à jamais de la *vie* de son modèle ; ainsi le grand Être pourra se contempler éternellement dans son image, parce qu'en la régénérant sans cesse lui-même, il lui donnera par là, le droit sublime d'être le signe ineffaçable de son Principe.

Enfin chacun des hommes jouira, non seulement du don qui lui sera propre, mais il pourra encore participer à ceux de tous les Élus qui composeront l'*assemblée* des *Sages* ; comme ici-bas les différents hommes en se rapprochant, pourraient multiplier réciproquement leurs *vertus*, se nourrir chacun de celles qui brillent dans leurs semblables, répandre dans tous le *talent* d'un seul, faire germer dans un seul les *talents* de tous : et tel sera l'éclat futur de cette communication mutuelle, par laquelle tous les hommes unissant leurs jouissances à celles du grand Être et de toutes ses productions, feront que tous les individus vivront dans le même être, et le même Être dans tous les individus.

Ce culte futur ne ressemblera donc point à ces sacrifices rigoureux et sanguinaires, qui sont rapportés dans les Livres Hébreux pour faire connaître sensiblement à l'homme la sévérité de la justice, et pour lui rappeler la *séparation* pénible qu'il est continuellement obligé de faire ici-bas de toutes les *substances étrangères* à sa vraie Nature, s'il ne veut pas rester dans l'illusion et la mort.

Ce culte sera même supérieur au culte temporel, à cette Loi de grâce établie par le Régénérateur universel, où il doit y avoir encore des temps, des intervalles, des objets mixtes et passagers ; car alors il n'y aura plus de *différentes saisons*, plus de *levant*, plus de *couchant* pour les *Astres* qui nous éclaireront; plus de passages de la lumière aux ténèbres; plus de moments marqués pour la *prière* de l'homme, ni de moments auxquels ses besoins ou ses souillures l'obligent de la suspendre.

Ceux qui seront admis aux sacrifices, ne seront pas même gênés par la diversité de leur langage, l'ordre universel étant lié à l'uniformité de toutes les langues, et le Principe suprême, étant si majestueux qu'il ne faut rien moins que la réunion des *voix* de tous les Êtres pour le célébrer.

Ainsi donc tous les sages ensemble, au même instant, près du même Autel et sans jamais cesser, pourrons lire sans trouble et sans défiance dans le *Livre éternel* toujours ouvert devant leurs yeux, LES NOMS SACRÉS QUI FONT COULER LA VIE DANS TOUS LES ÊTRES.....!

XXII

Hommes de paix, hommes de désir, telle est la splendeur du Temple dans lequel vous aurez droit un jour de prendre place. Un tel privilège doit d'autant moins vous étonner qu'ici-bas vous pouvez poser les *fondements* de ce Temple, que vous pouvez commencer à *l'élever*, que vous pouvez même *l'orner* à tous les instants de votre existence.

La nature entière vous en offre l'exemple : lorsque les végétaux sont semés dans la terre, lorsque les animaux sont dans le sein de leur mère, tous travaillent et emploient continuellement leur action à changer leur état grossier et informe, en une manière d'être active, libre et rapprochée de la perfection qui leur est propre.

Mais pour avoir droit à cette sublime attente, sondez souvent votre Être, afin de vous assurer qu'il ne respire que pour le règne de la vérité et non pour le vôtre : c'est là cette boussole du Sage, ce pacte qu'il doit faire sans cesse avec lui-même. Conservez toujours une assez noble idée du Principe qui vous anime, pour croire qu'après celui qui vous a donné l'existence, il n'est rien pour vous de si respectable que vous-même. Ce sera un rempart qui vous défendra des approches, non seulement de tout ce qui est opposé à votre nature, mais encore de tout ce qui n'en est pas digne et qui n'a pas des rapports vrais avec vous.

Les hommes étant l'expression des facultés du grand Principe, chacun d'eux est marqué plus spécialement par l'une de ces facultés ; mais quoiqu'il doive plus naturellement manifester les propriétés qui y sont analogues ; quoique tous soient assujettis à éprouver ici-bas des lenteurs, à parcourir différentes progressions et différents degrés dans l'acquisition et le développement du don qui leur est propre ; néanmoins, tenant par leur essence au Principe universel des Êtres, ils ont tous des rapports avec l'universalité de ses *vertus* et de sa lumière, mais d'une manière proportionnée à la sphère qu'ils habitent, et à l'infériorité de la production relativement à son Principe générateur.

Dès lors si l'homme parvenu à l'âge mûr est encore étranger à quelque science, à quelque lumière, s'il est inaccessible à quelque *jouissance* pure, honnête, naturelle et vraie, ce n'est pas un homme complet ; car la *connaissance* et le bonheur ne sont autre chose que l'application de *l'usage actif et vivant des vertus* suprêmes, aux différents objets, aux différentes classes, aux différentes situations où il peut se trouver. Ainsi l'*homme malheureux* est comme mort, puisqu'il ne connaît pas la *vie* ; l'*homme ignorant* est un malade et un infirme qui n'est devenu tel que pour n'avoir pas exercé ses forces ; enfin l'*homme misanthrope et sans charité* est un lâche et un impie, puisqu'il ne fait pas usage *de ce qui est en lui* pour vivifier ce qui lui répugne, et qu'il n'a pas assez de confiance en son Principe pour croire que ce Principe en ait la force quand il l'appellera à son secours.

Oh ! hommes, j'essaierai de vous présenter ici quelques moyens préservatifs, pour vous garantir de ces écarts et des malheurs qui en sont la suite.

Souvenez-vous que, selon l'enseignement des Sages, les choses qui sont en haut sont semblables à celles qui sont en bas ; et concevez que vous pouvez concourir vous-même à cette ressemblance, en faisant en sorte que les choses qui sont en bas soient comme celles qui sont en haut. Là on est simple et pur comme le Principe qui a tout en lui. Là règnent l'ardeur et le zèle pour que *les Lois du Temple* soient intactes et à jamais honorées de la vénération des Êtres. Là enfin, des vœux et des désirs brûlants ne cessent de s'exhaler devant le Trône de l'Éternel, soit pour implorer sa clémence envers les malheureux prévaricateurs, soit pour célébrer ses *vertus* et ses bienfaits. Apprenez donc dans ces actes sublimes, le *ministère* qui vous est confié ; les Agents qui les exercent ne font que vous tracer vos obligations, et vous n'auriez pas la *faculté de lire* en eux, si vous n'aviez celle de les imiter.

« Ne négligez pas les secours de la terre sur laquelle vous marchez, elle est la vraie corne d'abondance pour votre état actuel ; et ce n'est pas sans raison qu'elle est regardée par quelques observateurs, comme contenant un *aimant* énorme dans son sein ; car elle est en effet le point de ralliement de toutes les *vertus* créées. Elle est même en quelque sorte, le réservoir de la vraie fontaine de Jouvence, dont la fable nous a transmis tant de merveilles ; puisque c'est en elle que se prépare la substance qui sert de base et de premier degré à la régénération, ou à la renaissance de tous les Êtres. Enfin elle est le creuset des âmes autant que celui des corps ; heureux celui qui saura en découvrir les propriétés ! car ne pas connaître les choses par elles-mêmes, c'est ne rien savoir, et il ne suffit pas de croire que tout se tient, que tout est actif, il faut chercher à s'en assurer et à le sentir. »

« Vous apprendrez alors ce que c'est que d'aider la terre à *Sabbatiser*, et pourquoi les Hébreux méritèrent tant de reproches pour avoir négligé ce devoir pendant qu'ils habitèrent la terre promise. Car dans le *physique actif* il en est de même que dans le physique passif, où nous voyons que si l'homme ne prête ses soins à la terre par la culture, elle ne rend que des végétations grossières et sauvages. »

« Les propriétés de l'eau ne vous seront pas moins utiles à connaître, parce qu'étant la mine de tous les sels et contenant en elle tous les germes de corporisation, elle est en principe et en puissance, ce que la terre n'est qu'en acte, comme étant une matière déjà déterminée. Vous y verrez que la couleur verte est particulièrement affectée au règne végétal qui n'est que l'expression des principes de l'eau, et qui tient parmi les trois règnes le rang intermédiaire que l'eau tient parmi les trois éléments, et le vert parmi les sept couleurs de l'arc-en-ciel. »

« Ne dédaignez pas d'observer que sur toute la surface du globe terrestre, l'eau est toujours plus basse que les terres qui l'environnent, quoique par sa nature fluide et volatile elle soit destinée à être plus élevée : vous verrez dans cette image physique une représentation naturelle et sensible du rang inférieur que toutes les *vertus* occupent aujourd'hui pour venir à votre secours, tandis qu'elles sont faites pour dominer sur toutes les régions. »

« Vous pourrez aussi considérer l'eau sous un autre point de vue ; savoir, par rapport aux désordres qu'elle a causé sur la surface terrestre, parce que dans le sensible tous les types sont doubles, et que celui de l'eau porte spécialement ce nombre. En comparant donc les différents endroits qu'elle a submergé, avec ceux qu'elle laisse à découvert; en considérant, dis-je, la figure extérieure de notre globe, sur lequel l'eau et la terre sont si diversement mélangées, vous pourrez étendre vos lumières sur les effets progressifs, généraux et particuliers du crime, et sur le véritable état de la Géographie intellectuelle, ancienne, présente et future. Mais sur cet article, ainsi que sur tous ceux de ce genre, ne vous tenez point au premier aperçu. Plus les découvertes sont susceptibles d'êtres étendues, plus il est important de ne les adopter qu'avec beaucoup de précaution et de prudence. »

« Enfin, les propriétés du feu, si vous avez le bonheur d'en acquérir la connaissance, vous paraîtront préférables à toutes les autres forces élémentaires, parce qu'alors vous toucherez la racine même du grand arbre temporel, auquel tiennent tous les phénomènes physiques, et par où coule la sève qui anime et nourrit tous les Agents sensibles. Et pour vous retracer avec certitude le véritable rang de cet élément sur les deux autres, observez que le Soleil est toujours lumineux par lui-même et dans tous les sens, tandis que la Lune et la terre n'ont qu'une lumière d'emprunt, et que la moitié de leur surface est toujours ténébreuse. »

« Si vous voulez ensuite juger de l'état pénible et dégradé de l'homme ici-bas, tant par rapport aux connaissances élémentaires que relativement aux connaissances supérieures qu'elles représentent, vous remarquerez que de ces trois Agents destinés particulièrement à notre instruction, le Soleil a toujours son plein pour nous, quand il se montre à nos yeux; la Lune ne l'a qu'une fois par mois ; et la Terre ne l'a jamais, puisque nous n'en pouvons découvrir qu'un horizon très borné. »

« Mais pour ranimer votre espérance au milieu des privations que vous subissez, faites attention qu'à l'exemple de l'action universelle de la *vie*, tous les fluides quelconques, aquatique, igné, magnétique, électrique, tendent toujours à recouvrer leur équilibre, et à se porter dans les lieux où ils manquent. Faites attention que l'air le plus grossier, le plus concentré dans les corps matériels, soit toujours en correspondance avec l'air de l'atmosphère ; que cet air passe continuellement dans nos corps et pénètre jusqu'à nos plus petits vaisseaux : mais que lorsqu'il se *sensibilise*, pour ainsi dire, et qu'il se modifie selon toutes nos situations, et selon tous les états de notre forme, il ne cesse pas pour cela de garder sa communication avec l'air le plus pur, le plus libre et le plus délié de l'éthérée. »

« Si toutes ces connaissances élémentaires vous paraissaient indifférentes, c'est que vous n'auriez pas encore saisi l'ensemble et l'universalité de l'empire de l'homme. Mais les Sages de tous les temps les ont recherchées soigneusement et les ont regardées comme un bien qui fait partie de leur domaine, et comme une route favorable pour monter à des degrés plus élevés. Ces mêmes Sages ont été trop prudents pour vouloir marcher dans une pareille carrière sans avoir des lois et des règles constantes, parce qu'ils ont senti qu'il ne devait rien y avoir d'arbitraire dans le culte que l'homme est chargé d'exercer sur la terre. »

« C'est ici où les nombres sensibles exercent merveilleusement leurs droits, en classant dans un ordre exact toutes les propriétés de toutes les régions, de tous les règnes, de toutes les espèces et de tous les individus de l'Univers élémentaire. C'est ici où l'on peut commencer à acquérir une connaissance certaine des Lois initiales, médianes et *terminatives* de toutes les choses corporelles, parce que ces choses étant mixtes sont susceptibles de décomposition et d'analyse, et que le nombre de leurs Principes constitutifs est analogue au nombre de toutes leurs actions, soit primitives et d'origine, soit d'existence et de durée, soit de dépérissement et de destruction. »

« Enfin c'est ici que se font les premières applications du vrai sens du mot *initier* qui dans son étymologie latine veut dire *rapprocher, unir au principe*; le mot *initium* signifiant aussi bien *principe* que *commencement*. Et dès lors rien de plus conforme à toutes les vérités exposées précédemment, que l'usage des initiations chez tous les peuples, rien de plus analogue à la situation et à l'espoir de l'homme que la source d'où descendent ces initiations, et que l'objet qu'elles ont dû se proposer partout, qui est d'annuler la distance qui se trouve entre la lumière et l'homme; ou de le rapprocher de son *Principe* en le rétablissant dans le même état où il était *au commencement*. »

« Lorsque tous les Agents sensibles dont je viens de

parler, auront consommé par leur activité les substances impures qui souillent vos organes matériels ; lorsqu'ils vous auront *régénéré corporellement* par leur propre vie, et qu'ils auront ainsi contribué à laisser reprendre à vos facultés intellectuelles, l'équilibre et l'agilité proportionnée à votre situation infirme et douloureuse ; portez vos regards sur ces *vertus* éparses et subdivisées de tous les Êtres d'un autre ordre, qui ont été les prédécesseurs de l'époque de l'intelligence comme en étant les Agents et les Ministres. Tâchez, en mettant constamment à profit les pensées qu'ils vous envoient, de vous rendre assez analogue à eux, pour faciliter le rapprochement de leur essence et de la vôtre. Par cette union, ils vous convaincront, de nouveau et physiquement, que vous êtes destinés à les contempler dans leur ensemble et dans leur unité et ils vous confirmeront, la certitude de toutes les connaissances élémentaires dont vous aurez fait antérieurement la découverte et l'acquisition ; parce que le même Principe qui a produit les Êtres et les Agents de toutes les classes, les dirige et les gouverne tous par une seule et même Loi. »

« Aussi dans la même région, dans le même fait, dans le même phénomène où vous aurez aperçu une vérité naturelle élémentaire, soyez assurés, si vous faites à propos usage de vos facultés, que vous trouverez une vérité naturelle intellectuelle ; soyez sûr que vous apercevrez dans cette nouvelle classe, le même plan que dans la classe précédente ; que même vous y reconnaîtrez des propriétés analogues et tendant au même but, parce que tout se tient, tout se touche, tout est un dans les moyens comme dans l'objet que l'Auteur des choses s'est proposé. C'est ainsi que dans l'homme les organes corporels qui manifestent les fonctions animales les plus parfaites, telles que celles qui s'opèrent dans la tête et dans le cœur, sont également le siège des plus beaux traits de son Être immatériel, savoir de l'amour et de l'intelligence. »

« Enfin, non seulement il n'est aucun fait physique

qui ne soit voisin d'une vérité intellectuelle; mais il n'en est aucun dans les grands phénomènes, et dans le jeu des grands ressorts de l'Univers qui ne soit le pronostic de l'une de ces vérités, et qui ne l'annonce telle qu'elle doit arriver dans son temps: de façon que cet Univers matériel, considéré sous un tel aspect, est pour l'homme intelligent une véritable prophétie. »

Ces Agents supérieurs, servant d'intermédiaires entre les objets physiques et les objets Divins, vous retraceront par leur action, la vraie destination de l'homme, et la vraie place qu'il devrait occuper, c'est-à-dire qu'ils vous exposeront par eux-mêmes les véritables rapports qui existent entre Dieu, l'homme et l'Univers. D'un côté ils vous représenteront la multitude et la subdivision de toutes les choses élémentaires et inférieures, qui par la raison de leur nombre et de leur multiplicité, n'offrent en elles que confusion et dépérissement. De l'autre; par leur union mutuelle et générale, et par leur parfaite correspondance ils vous convaincront de l'unité du Principe suprême. Ils vous montreront par leur harmonie universelle, que l'unité est le seul nombre en qui reposent tous les dons que nos besoins ne cessent d'appeler sur nous, dons que tous les hommes de la terre sans exception poursuivent par des mouvements secrets dont ils ne sont pas maîtres.

Ils vous feront connaître que si à leur exemple nous nous tenions constamment en aspect de cette unité, c'est-à-dire sous notre ligne supérieure et Divine, il descendrait sur nous une *substance fixe et pure* de force et d'action, qui s'amassant autour de nous y formerait une *base* plus ou moins grande, plus ou moins vaste; selon que nous ouvririons plus ou moins nos *canaux immatériels* propres à s'en abreuver.

L'homme étant plus souvent ici-bas le type du mal que celui du bien ; justifie cette vérité par des exemples funestes, au lieu de la justifier par des exemples consolants : aussi, ce que nous éprouvons le plus fréquemment, c'est que la *base* dont je viens de parler, diminue pour nous à mesure que nous resserrons les *canaux intellectuels* qui sont comme les sens de notre esprit ; et lorsque nous interceptons tout à fait la communication, notre *centre intellectuel* ne recevant plus cette substance qui devait former sa base, chancelle sur lui-même, se renverse, et se voit exposé à la révolution des circonférences inférieures et horizontales, qui l'entraînent et le font errer selon leurs lois désordonnées : « c'est ce que les justices humaines ont représenté par l'usage où elles sont de jeter aux vents les cendres des criminels. »

Au contraire ces Agents purs et intermédiaires, ne pouvant offrir que les types du bien, doivent nous faire connaître que si nous ne fermions aucun de nos *canaux immatériels*, nous verrions notre *base* s'étendre à une distance immense, et acquérir peut-être assez d'étendue pour couvrir l'Univers entier.

Nous ne pouvons même en douter, en réfléchissant à notre destination primitive, et en nous souvenant que telle était la majesté de l'homme, qu'il ne lui fallait rien moins que toutes les *vertus* de l'Univers pour le contenir et lui servir de siège ; de même que dans son état actuel, la forme corporelle dans laquelle il est emprisonné, ne pourrait embrasser et soutenir son Etre intellectuel dans l'étendue de toutes ses facultés, si elle n'était la plus régulière de toutes les formes, et l'abrégé le plus ressemblant du grand Univers.

Ce n'est donc que d'une *base* aussi étendue, et d'un appui aussi solide ; ce n'est, dis-je, que de l'union générale, et du vaste assemblage de tous ces Agents purs et intermédiaires qui, planant au-dessus du monde sensible, tendent à vous seconder, à vous défendre, à vous environner, que vous pouvez vous élever comme eux avec sécurité, et avec une véritable lumière, jusqu'à cette *Unité* universelle qui les domine et qui les vivifie tous.

Dès lors, ces mêmes Êtres purs et intermédiaires, vous apprendront que l'Agent dépositaire de cette unité portant en lui la vie et la clarté, peut produire en vous, comme il le fait en eux, la force et la paix qui lui sont propres; car la plus belle de ses vertus est le désir de les partager toutes avec vous.

Ainsi cet Agent étant le mobile de tous les dons et de tous les secours qui peuvent parvenir dans votre région, deviendra celui de tous les mouvements de votre Être, lorsque toutes vos facultés disposées par vos désirs, « par la terre, par l'huile, par le sel, et par le feu » auront recouvert le degré de pureté qui leur est nécessaire pour vous faire ouvrir les premières portes du Temple, et pour vous y faire adopter par les *Guides* fidèles qui doivent vous transmettre ici-bas les *vertus* du Sanctuaire, jusqu'à ce que vous ayez acquis le droit et le pouvoir de les aller puiser vous-même à leur source.

Reconnaissez donc que depuis le degré le plus inférieur, jusqu'au plus supérieur, vous pouvez espérer des secours à tous les pas que vous avez à faire pour parcourir la carrière et vous réhabiliter dans les droits de votre origine.

Reconnaissez aussi qu'il n'est aucun de ces secours qui puisse être étranger à cet Agent universel qui a dû fixer l'époque de l'intelligence, et apporter aux hommes le complément de toutes les *vertus* et de toutes les lumières. Comme son essence est inhérente au centre même d'où proviennent toutes les essences, tous *les faits purs,* tous *les appuis,* rien de ce qui s'opère en bien, ne peut s'opérer sans son attache, et sans qu'il en soit le principe médiat, ou immédiat.

Ainsi lorsque vous vous occuperez à attirer sur vous les *vertus* diverses de ces Êtres immatériels chargés de réactionner votre pensée, ce seront les secours de cet Agent suprême que vous recevrez, puisque ces Êtres n'en sont que les organes et les administrateurs. Lors même que vous ne vous exercerez que sur des objets élémentaires, si vous sentez étendre vos connaissances et vos *forces,* soyez sûr que c'est encore lui qui opère par eux les succès que vous obtenez, comme c'est lui qui opère à tout moment leur existence, et tous leurs actes réguliers.

Il n'est donc point d'œuvre pure, de quelque genre

qu'elle soit, où vous ne puissiez reconnaître sa puissance; et pour ainsi dire, communiquer avec lui. La seule différence qui distingue ces diverses opérations, c'est que dans les unes il agit par de simples émanations actives, et que dans les autres il agit par des émanations intelligentes ; que par les unes, il préserve, il anime, il instruit, et que par les autres il renouvelle, il élève, il sanctifie. Mais dans cette diversité d'actions, et sous les noms de *préservateur*, d'*instructeur*, de *rénovateur* de *sanctificateur*, vous ne pouvez vous dispenser de voir le même Être, le même Agent suprême et universel, par qui tout se meut, par qui tout existe, et qui ne se revêt de ces différents caractères que pour mieux subvenir à tous nos besoins, à toutes nos situations, et pour remplir dans toute leur étendue les vastes desseins qu'il a sur nous.

Car il ne faut pas oublier que si les hommes étaient attentifs et soigneux de se prêter aux vues de la sagesse, ils verraient, chacun en particulier, s'opérer en eux, et par rapport à eux, le même ordre de faits, la même suite de manifestations que nous avons reconnu précédemment s'être opérés en général, sur toute notre espèce pour l'accomplissement du *grand œuvre*.

Si par ces voies médiates et secondaires, vous pouvez en quelque sorte recevoir toujours les secours du suprême Agent, qui dans toutes les époques a été l'artisan et le soutien de ce grand œuvre, et goûter sans cesse des consolations particulières il vous est facile de juger ce que seraient vos jouissances et vos succès, si par votre confiance dans ces secours et ces consolations, vous vous éleviez assez pour être étayé immédiatement de sa propre puissance.

Lors donc que vos maux deviendront trop pressants, quand les *eaux* de votre obscure demeure seront prêtes à vous inonder, et même quand les ténèbres de l'ignorance vous paraîtront pénibles et insuportables, demandez par lui à la Sagesse quelques rayons de son feu pour les dissiper. Pourrait-elle sans s'oublier elle-même, ne pas se rendre aux vœux de sa propre substance, et aux *vertus* de celui sur qui reposent à la fois son Nombre et son Nom. Demandez, dis-je, par lui à la Sagesse qu'elle supplée elle-même à votre impuissance, qu'elle mette sa pensée à la place de votre pensée, sa volonté à la place de votre volonté, son action à la place de votre action, ses paroles mêmes à la place de vos paroles, et quand elle aura ainsi renouvelé tout votre Être, quand elle vous aura rendu invincible et incorruptible comme elle, elle ne pourra refuser vos offrandes, puisque ce seront ses propres dons que vous lui présenterez.

Par là elle ne laisse plus de terme à vos espérances, par là elle assure la force à votre Être s'il est languissant, l'abondance s'il est dans la disette, la science s'il est ignorant; bien plus, elle lui assure la vie et la lumière, quand même il serait mort et enseveli au plus profond des abîmes. Car si ce Principe suprême a pu par ses facultés actives enfanter l'harmonie des Êtres sensibles, et par ses facultés pensantes produire votre Être intelligent, comment lui serait-il plus difficile de régénérer vos *vertus* que de leur avoir donné l'existence?

FIN

TABLE DES MATIÈRES

I.	1
II.	12
III.	23
IV.	36
V.	47
VI.	58
VII.	70
VIII.	82
IX.	99
X.	118
XI.	135
XII.	149
XIII.	169
XIV.	186
XV.	204
XVI.	217
XVII.	232
XVIII.	249
XIX.	264
XX.	276
XXI.	296
XXII.	340

Petite Imprimerie Vendéenne. — La Roche-sur-Yon. — 186.

CHAMUEL, Éditeur, 5, rue de Savoie, Paris

Valentin. — *Pistis Sophia*, traduite et commentée par E. Amé- lineau, vol. in-8 carré 7 50

— *Le Zohar*, traduction française et commentaires de H. Chateau, vol. in-8 . . . . 5 »

S. de Guaita. — Le Serpent de la Genèse.
  I. — *Au seuil du Mystère*, vol. in-8, avec planches. 6 »
  II. — *Le Temple de Satan*, — ... épuisé.
  III. — *La clef de la Magie noire*, — 10 »

Papus. — *Traité élémentaire de Science occulte*, 5ᵉ édition, vol. in-18 jésus de 430 pages avec dessins . . . . . . 5 »

— *Traité élémentaire de Magie pratique*, beau vol. in-8 raisin de 560 pages, avec 158 figures, planches et tableaux. 12 »

— *La Magie et l'Hypnose*, vol. in-8 carré, avec planches. 10 »

— *Martines de Pasqually*, sa vie, ses pratiques magiques, son œuvre, ses disciples, vol. in-18 jésus. 4 »

— *La Science des Mages et ses applications théoriques et pratiques*, brochure in-18 de 72 pages. 0 50

— *Peut-on envoûter*, broch. in-18 avec gravures. 1 »

Eliphas Lévi. — *Le grand Arcane ou l'Occultisme dévoilé*, vol. in-8 carré de 420 pages. 12 »

— *Le Livre des Splendeurs*, beau vol. in-8 carré. 7 »

F. Ch. Barlet. — *Essai sur l'Évolution de l'Idée*, vol. in-18 jésus avec figures. 3 50

— *L'Instruction intégrale*, programme raisonné d'instruction à tous les degrés, vol. in-18 jésus de 330 pages. 4 »

P. Sédir. — *Les Tempéraments et la culture psychique*, broch. in-18 jésus. 1 »

— *Les Miroirs magiques*, Divination, clairvoyance, évocations, consécrations, vol. in-18 jésus. 1 »

— *Les Incantations*, le verbe divin, le verbe humain, les sons et la lumière astrale, comment on devient enchanteur, vol. in-18 jésus avec dessins 3 50

A. de Rochas. — *L'Extériorisation de la Sensibilité*, beau vol. in-8 carré avec gravures sur bois dans le texte et 4 planches en couleurs. 7 »

— *L'Extériorisation de la Motricité*, vol. in-8 carré. 8 »

Decrespe. — *On peut envoûter*, broch. in-18 jésus. 0 50

— *La Matière des Œuvres magiques*, broch. in-18 jésus. 1 »

— *Les Microbes de l'Astral*, broch. in-18 jésus. 1 50

— *Les États superficiels de l'hypnose*, vol. in-8 carré avec gravures. 2 50

— *Les États profonds de l'hypnose*, vol. in-8 carré. 2 50

Marc Haven. — *La Vie et les Œuvres de Maître Arnaud de Villeneuve*, beau vol. in-4 couronne 5 »

Arnold. — *La Lumière de l'Asie*, vol. in-8 carré. 5 »

www.ingramcontent.com/pod-product-compliance
Lightning Source LLC
Chambersburg PA
CBHW060648170426
43199CB00012B/1717